Reise zur Achtsamkeit

Bhante Henepola Gunaratana
mit Jeanne Malmgren

Reise zur Achtsamkeit

Die Autobiografie des Bhante G.

Aus dem Englischen von Traudel Reiß

JhanaVerlag

Jhana Verlag im Buddha-Haus:
www.buddha-haus.de oder www.buddha-haus-shop.de
Gerne senden wir Ihnen unseren Katalog zu.

Titel des Originals: *Journey to Mindfulness. The Autobiography of Bhante G.*
Erschienen bei: Wisdom Publications, Boston, USA, 2003

Bibliografische Information der Deutschen Bibliothek
Die Deutsche Bibliothek verzeichnet diese Publikation in der Deutschen Nationalbibliografie; detaillierte bibliografische Daten sind im Internet über http://dnb.ddb.de abrufbar

ISBN 978-3-931274-43-6

1. Auflage 2012

Lektorat: Bärbel Wildgruber
Covergestaltung: Jörg Hoffmann, jhpDESIGN
Satz: Claudia Wildgruber
Druck: Druckerei Steinmeier GmbH & Co. KG, Deiningen

Inhaltsverzeichnis

Vorwort

Eine Autobiografie zu schreiben könnte für einen Bhikkhu, einen buddhistischen Mönch, unangemessen sein, denn wir Bhikkhus bemühen uns darum, das Ego auszumerzen statt es zu verherrlichen. Mit Meditation und Achtsamkeit wollen wir Anhaftungen loslassen und Selbstlosigkeit praktizieren. Warum sollte ich dann ein ganzes Buch über mich schreiben?

Die Idee entstand seltsamerweise in meinen Meditations-Retreats. Bei den Retreats, die ich leite, lade ich die Teilnehmer immer dazu ein, Fragen auf Zettel zu schreiben und sie in eine Schachtel zu werfen. Nach meinem formalen Dhammavortrag, einem Vortrag über das Wesen der Buddhalehre, ziehe ich an jedem Abend ein paar Zettel aus der Schachtel und beantworte nacheinander die Fragen, die darauf stehen.

Normalerweise wollen die Menschen etwas über Meditation wissen: Wie sie den Schwung, den sie bei einem Retreat aufgebaut haben, beibehalten können; was sie tun können, wenn sie so aufgeregt sind, dass sie kaum still sitzen können; wie sie praktizieren können, wenn sie keinen guten Lehrer in der Nähe haben. Manchmal fragt jedoch jemand nach meinem Leben:

„Wie lange sind Sie schon Mönch?"

„Wie war es, in Sri Lanka aufzuwachsen?

„Wie können Sie in dieser Welt voller Versuchungen monastische Disziplin aufrecht erhalten?"

Wenn ich solche Fragen beantworte, schweife ich gewöhnlich

ab. Ich erzähle Geschichten aus meinem Leben, und die Menschen scheinen sich daran zu erfreuen. Die Meditationshalle, gewöhnlich ein stiller Ort, füllt sich dann mit Lachen. Oft sagen die Schüler: „Bhante, Sie sollten Ihre Autobiografie schreiben!"

Ich habe einige Lebensgeschichten von spirituellen Männern und Frauen gelesen, und der Hauptperson scheinen darin immer wunderbare und erstaunliche Dinge zu passieren. Manchmal ist sogar die Hauptperson diejenige, die Wunder vollbringt.

Liest man diese außergewöhnlichen Geschichten, dann könnte man daraus schließen, dass spirituelle Menschen sich irgendwie sehr von normalen Menschen unterscheiden. Was mich betrifft, so kann ich nicht behaupten, Wunder vollbringen zu können. Ich bin in meinem ganzen Leben ein einfacher Mensch gewesen. Von früh an lernte ich, dass ich normalerweise gute Resultate erzielen würde, wenn ich hart arbeitete, daran ist nichts Übernatürliches. Auf viele Arten ähnelt mein Leben wahrscheinlich ziemlich Ihrem Leben.

Und deshalb zögerte ich damit, das Buch zu schreiben, das meine Schüler vorschlugen. Ich machte mir Sorgen, dass es als eine Betätigung des Ego erscheinen könnte. Ich befürchtete, die Menschen könnten denken, ich sei eitel geworden und in meinem hohen Alter nur mit mir selbst beschäftigt.

„Nicht notwendigerweise", sagte mir ein Freund. „Du könntest Belehrungen geben, indem du deine eigene Geschichte erzählst." Ich ließ mir das durch den Kopf gehen. Ich dachte an mein Leben und erkannte, dass dies tatsächlich eine Möglichkeit sein könnte aufzuzeigen, wie die Lehren des Buddha eine außergewöhnliche Richtschnur sein können, die so einfache Menschen wie mich zu einem Leben großen Glücks und tiefer Erfüllung führen kann.

Als Mönch habe ich mein Leben dem Schutz und Erhalt der Buddhalehre gewidmet. Ich habe festgestellt, dass das Dhamma mich deshalb ebenso beschützt und erhalten hat. Das habe ich in meinen 75 Lebensjahren gelernt. Und das ist die Essenz dessen, was ich in all diesen weitläufigen Geschichten über mein Leben mit Ihnen teilen möchte.

Zum Beispiel kann ich aufrichtig sagen, dass ich immer sehr litt, wenn ich arrogant war. Als junger Mann im Mönchskolleg spionierte ich anderen Studenten nach, ich klatschte und tratschte, ich suchte immer nach den Fehlern anderer. Und deshalb war ich unglücklich.

Tatsächlich kann ich sagen, dass dies immer meine größte Schwäche war: die Fehler anderer zu finden. Diese geistige Verunreinigung nur ein wenig zu überwinden dauerte viele Jahre, mit reichlich Versuch und Irrtum, und sogar jetzt kämpfe ich noch gelegentlich damit. Ich bin glücklich zu sagen, dass ich jetzt mehr oder weniger die Menschen so ziemlich annehmen kann, wie sie sind. Und als Ergebnis verläuft mein Leben (das der anderen gar nicht zu erwähnen!) viel reibungsloser.

Indem ich mich auf die Buddhalehre verlassen habe, habe ich langsam gelernt, von Konflikten abzulassen, anstatt sie direkt aufzugreifen, oder noch schlimmer, sie zu suchen. Auch das ließ das Leben unermesslich friedlicher werden.

Mithilfe der Buddhalehre und der Praxis der Achtsamkeit konnte ich die folgende Veränderung, die meines Erachtens am schwierigsten war, in mir selbst vornehmen: Jetzt kann ich Menschen leicht vergeben, was auch immer sie tun, und glauben Sie mir, diese Fähigkeit kam nicht so leicht! Ich musste lange und hart daran arbeiten. Aber mein eigener Ärger, meine Streit- und Kritiksucht waren fruchtbarer Boden für die Praxis. Nur weil ein Mensch Mönch wird, ist er keineswegs unmittelbar befreit von allen charakterlichen Verunreinigungen oder hat keine weltlichen Interessen mehr. Wie Sie in diesem Buch immer wieder lesen werden, begegnete ich sogar in der angeblich edlen Welt der spirituellen Arbeit – in mir und in anderen – kleingeistigem Neid, Verrat, Gleichgültigkeit und Grausamkeit.

Wenn ich jetzt daran zurückdenke, kann ich sehen, dass all diese Dinge, die damals so schrecklich schienen, letztendlich zu positiven Ergebnissen führten. All die Menschen und Situationen, die ich für schmerzhaft hielt, waren auch Lehrer, die mich in die Richtung stießen, in die ich gehen sollte, und die mir das aufzeigten, was ich lernen musste, um glücklich zu werden.

Rückblickend bin ich dankbar für die geheimnisvolle Kette von Ursachen und Wirkungen, die sich in meinem Leben entfaltete, auch wenn sich viele davon damals furchtbar anfühlten und mich unglücklich machten. Wenn mein Vater nicht solch ein strenger Zuchtmeister gewesen wäre, wäre ich vielleicht nicht von Zuhause weggegangen, um Mönch zu werden. Wenn mich meine Lehrer nicht so schwer bestraft hätten, wäre ich nicht zur Missionarsschule gegangen. Hätte ich nicht mein Gedächtnis verloren und ein „Heilmittel" benötigt, hätte ich mich vielleicht niemals für Meditation interessiert. Wenn ich bei der Arbeit mit den Unberührbaren Indiens nicht krank geworden wäre, wäre ich nicht nach Malaysia gegangen. Wenn mein Visum in Malaysia verlängert worden wäre, hätte ich es niemals gewagt, nach Amerika zu gehen. Wenn die Dinge in der Washington Buddhist Vihara nicht so schmerzlich in die Binsen gegangen wären, hätte ich die Bhavana Society vielleicht nie gegründet. Aber das ist mein Leben gewesen, und ich bin dankbar für all das.

Trotzdem schmerzte es mich, über einige dieser Dinge zu schreiben, Erinnerungen an alte Verletzungen und Konflikte auszugraben. Mehrere Male verlor ich fast meine Nerven und gab die Pläne für dieses Buch auf. In meinen Perioden des Zweifels erinnerte ich mich immer wieder an die Worte Mark Twains: „Nur tote Menschen sprechen die Wahrheit."

Ich dachte an die manchmal hässlichen Wahrheiten meines

Lebens und sorgte mich. Wenn ich darüber ehrlich schreiben würde, würde ich meine Schwächen und Mängel herausstellen. Aber die Wahrheit zu verbergen – nun, das fühlte sich auch nicht richtig an. Und darüber hinaus schien es für einen Mönch auch nicht passend zu sein, über unangenehme Gespräche und Situationen, die vor Jahrzehnten geschehen waren, zu schreiben, um Menschen preiszugeben, die unfreundlich zu mir gewesen waren, besonders wenn sich viele von ihnen nicht mehr selbst verteidigen können.

Zusätzlich zu meinen Sorgen schätzt es meine ursprüngliche Kultur tatsächlich nicht, wenn Konflikte offen diskutiert werden. Als meine singhalesischen Neffen einen frühen Entwurf dieses Manuskripts lasen, waren sie entsetzt. „So kannst du nicht über Menschen sprechen", sagten sie. „Warum willst du diese alten Probleme aufwärmen? Das kann nur Unruhe stiften."

Die Menschen in Sri Lanka wollen über die Fehler oder Charakterschwächen eines Mönchs nichts hören. Sie bevorzugen es zu denken, dass er ein erhabener, heiliger Mann ist, vor dem sie sich in Ehrerbietung verbeugen können. In der spirituellen Ökonomie asiatischer buddhistischer Klöster und der Laien bedeutet das Verehren eines ehrwürdigen Bhikkhu, indem man ihm Gaben überreicht oder ihn unterstützt, dass man spirituellen Verdienst erwirkt. Wenn man herausfände, dass er doch nicht so würdig ist, würde das das Ordensverständnis eines Laien stören.

Aber in der westlichen Kultur wird die Wahrheit hoch geschätzt. Also könnte ich nicht meine Lebensgeschichte erzählen und die schlechten Teile auslassen; das wäre eine „gesäuberte" Version und würde vielleicht als unehrlich wahrgenommen. Und wenn ich mich selbst schilderte, als hätte ich niemals mit Schwierigkeiten oder Unzulänglichkeiten gekämpft, würde meine Geschichte sicherlich niemandem helfen, den Wert des Dhamma beim Umgang mit den Fallstricken des Lebens zu erkennen.

Die erste der Edlen Wahrheiten des Buddha besagt, dass Leben Leiden enthält. Wir können Leiden nicht vermeiden. Unsere einzige Option besteht darin, an der Überwindung der Verunreinigungen in uns selbst, die Leiden erzeugen, zu arbeiten. Das sind Gier, Hass und Verblendung. Das Bewältigen dieser Verunreinigungen ist eine lebenslange Aufgabe, wie es hoffentlich die Geschichte meines einfachen Lebens, meiner eigenen Reise zur Achtsamkeit, zeigen wird. Aber ich hoffe auch, dass meine Geschichte veranschaulichen wird, dass der Ursprung des Leidens auch in Ihrem Leben überwunden werden kann, wie stark das Leiden auch immer sein mag!

Kapitel 1

Kleiner Schatz

Ich wurde am 17. Dezember 1927 in Henepola, Ceylon, geboren. Ceylon, jetzt als Sri Lanka bekannt, ist eine tropfenförmige Insel vor der Südostküste Indiens. Es ist ein wunderschöner Ort mit üppig bewaldeten Bergen, Reisfeldern und Kautschuk- und Teeplantagen.

In den späten 1920er Jahren wohnten in dem kleinen Dorf Henepola etwa vierzig Familien. Zu dem Dorf führte keine Straße, und es hatte weder Schule, Polizeistation, Postamt, Geschäfte noch Restaurants. Es bestand ausschließlich aus einigen Hütten und dem buddhistischen Tempel, unserem einzigen öffentlichen Treffpunkt. Niemand in Henepola hatte Elektrizität oder fließendes Wasser, aber es gab einen kleinen Fluss, der durch unser Dorf floss. Die nächste größere Stadt lag etwa fünf Kilometer entfernt, die man auf einem schmalen, schlechten Weg, der sich durch Wälder von Kokosnussbäumen und Teeplantagen schlängelte, zurücklegen musste. Und das nächste Dorf lag knapp einen Kilometer entfernt.

Menschen meines Landes müssen nur meinen Ordinationsnamen, Henepola Gunaratana, hören, um zu wissen, wo ich geboren wurde. Nach singhalesischem Brauch erhält ein Mönch bei einer Ordination einen neuen Namen: Der Nachname hat eine spirituelle Bedeutung, und der Vorname ist sein Geburtsort.

In meiner Kindheit war Ceylon eine britische Kolonie, die sowohl für ihre Gewürze, ihren Tee, den Kautschuk und wertvolle

Edelsteine als auch für ihre strategische Lage auf der Seidenstraße zwischen Europa und China geschätzt wurde. Die meisten der 1,5 Millionen Einwohner waren Bauern, und meine Familie bildete keine Ausnahme. Wir bauten Reis, Kokosnüsse, Kaffee und andere Feldfrüchte auf kleinen Feldern an, die teilweise uns gehörten und teilweise vom britischen Staat gepachtet wurden.

Fast jeder in unserem Dorf war arm, hoffnungslos arm. Aber unser Glaubenssystem des Theravada-Buddhismus schenkte uns ein unerschütterliches Vertrauen ins Leben. Gemäß dem Karma, dem Gesetz von Ursache und Wirkung, sind die gegenwärtigen Umstände das Resultat vergangener Handlungen. Und noch wichtiger: Die zukünftigen Umstände werden das Resultat unserer momentanen Handlungen sein. Deshalb glaubten wir, dass es am besten sei, sich anzustrengen und weiterzumachen, ungeachtet der Schwierigkeiten in unserem Leben.

Der Buddhismus durchdringt tatsächlich meine frühesten Erinnerungen. Der Mittelpunkt unseres gesamten Dorfes war der Tempel. Die Menschen suchten dort die Mönche auf und baten sie, bei fast jedem Ereignis Suttas, buddhistische Lehrreden, zu chanten: bei Hochzeiten, Geburtstagen, ernsthafter Erkrankung und Todesfällen. Die Mönche dienten als Lehrer, Priester und Berater, manchmal sogar als Arzt. Die Menschen genossen es auch, einfach mit den Mönchen zu jeder Tages- oder Nachtzeit zu plaudern. Der Tempel stand immer offen.

Viermal im Monat – bei Vollmond, Neumond und bei jedem Halbmond – verbrachten die Menschen normalerweise 24 Stunden im Tempel. Dabei war der Ablauf ziemlich frei. Manche Menschen setzten sich hin, um zu meditieren, andere machten Gehmeditation oder standen beim heiligen Bodhibaum und rezitierten Schriften. Mönche und Laien wechselten sich mit den Vorträgen in der Halle ab, wo die Menschen auf dem kühlen Betonboden saßen oder sich zurücklehnten. Ich erinnere mich daran, dass ich als Kind während dieser Vorträge im Schoß meiner Mutter einnickte.

Meine Mutter hieß Herat Mudiyanselage Lokumenike. Ihr erster und mittlerer Name bedeuten „Person der höchsten (oder goldenen) Klasse" und ihr Nachname „großes Juwel". Zu dieser Zeit behielten die Frauen ihren Mädchennamen, wenn sie heirateten. Mein Vater hieß Ekanayaka Mudiyanselage Puncibanda. Sein erster und mittlerer Name bedeuten ungefähr „eine Person von höherer Klasse" und sein Nachname „Schatz". Es war einfach Zufall, dass der mittlere Name meiner Mutter, den sie von ihrem Vater übernahm, derselbe war wie der mittlere Name ihres Ehemanns.

Ich war das zweitjüngste von sieben Kindern. Meine Mutter war 37, als sie mich gebar, und ich hatte zwei ältere Brüder und drei ältere Schwestern. Eine dieser Schwestern war so viel älter, dass sie geheiratet und das Haus verlassen hatte, sogar noch bevor ich geboren wurde. Zwei Mädchen wurden nach mir geboren, aber eins starb als Kind. Bei meiner Geburt half eine Hebamme, die für ihre Mühe ein Maß Reis und eine Kokosnuss erhielt. Ich kam Zuhause in einer schwach beleuchteten Hütte ohne Fenster zur Welt. Während meine Mutter in den Wehen lag, hockte oder lag sie abwechselnd auf einer Matte aus Palmwedeln, die auf dem Boden ausgebreitet waren. Wie es Brauch war, band die Hebamme ein Seil an den Dachbalken; es hing über der Matte meiner Mutter herunter, sodass sie zur Ablenkung daran ziehen konnte, wenn die Schmerzen unerträglich wurden. So entband sie jedes ihrer acht Kinder.

Als es zwei Wochen nach meiner Geburt so aussah, dass ich kräftig genug war, um zu überleben, besuchte mein Vater den Vorsteher eines nahe gelegenen Dorfes. Alle Geburten und Todesfälle mussten offiziell bei einem örtlichen Vorsteher registriert werden, aber

Henepola war zu klein für einen eigenen Vorsteher. Deshalb ging mein Vater etwa 800 m zum nächsten Dorf, Dehideniya. Dort nannte er dem Vorsteher den Namen, den er seinem dritten Sohn gegeben hatte: Ekanayaka Mudiyanselage Ukkubanda. Ukku bedeutet klein und banda Schatz. Es ist ein Kosename, den Erwachsene liebevoll einem Baby geben. Obwohl der Name für ein Kind verwendet wird, bleibt er oft bis ins Erwachsenenalter.

Dennoch beschlossen meine Eltern, mich Kudabanda zu nennen, als ich älter wurde, was so etwas wie „kleiner Junge“ bedeutet. Ich denke, dass es sinnvoll war, denn ich war der letzte Junge in der Familie. Aber ich fragte sie nie, warum sie mich so nannten, statt meinen richtigen Namen zu verwendeten.

Mein Vater baute unser Haus selbst. Es war vielleicht neun mal zwölf Meter groß. Das Dach war aus Stroh, getrockneten Wedeln von Kokosnussbäumen und Blechteilen. Die Wände bestanden aus Lehm und wurden mit Bambusstreifen verstärkt. Entlang der Vorder- und Rückseite des Hauses waren offene Veranden, wo es in der unteren Hälfte Wände aus Lehm und in der oberen Hälfte Holzgitter gab.

Unsere Hütte war geräumig, verglichen mit vielen Hütten im Dorf. Sie hatte zwei Zimmer. Das eine war eine kleine, dunkle Küche; das andere war ein Lagerraum für die Papiere, Bücher und Geräte meines Vaters. Die Möblierung war spärlich und bestand aus einem Paar kleinen, ungehobelten Bänken und einem Stuhl aus Buchenleisten, und alles war handgefertigt. Ich erinnere mich daran, dass mein Vater nach den Mahlzeiten aufrecht auf diesem Stuhl saß, eine Zigarre rauchte oder Betelnüsse kaute, während er uns Geschichten erzählte oder Vorträge gab. Meine Mutter saß auf einer Bank, niemals auf Vaters Stuhl. Wir Kinder saßen auf dem Boden.

Der Boden bestand wie die Wände aus Lehm, aber meine Mutter und Schwestern bestrichen ihn oft mit ihren bloßen Händen mit frischem Kuhdung. Dung wurde als keimtötendes Mittel angesehen, sein Geruch als Duft der Frische. Jeden Tag liefen wir barfuß über diesen Boden.

Es gab nur zwei Betten, die beide aus einer rohen Holzplatte bestanden und mit einem mit getrockneten Kokosnussschalen gefüllten Stoffsack bedeckt waren. Diese Art „Matratzen" waren nur wenig weicher als ein Steinhaufen. Mein ältester Bruder, Tikiribanda, schlief in einem Bett, das auf der Veranda an der Vorderseite unserer Hütte stand. Mein anderer Bruder und ich schliefen neben ihm auf dem nackten Fußboden. Das andere Bett auf der rückseitigen Veranda gehörte meinem Vater. Niemals sah ich meine Mutter bei ihm in diesem Bett liegen; sie schlief mit meinen Schwestern auf dem Fußboden. Ich sah nie, dass meine Eltern sich küssten oder umarmten oder sich einmal privat unterhielten.

Jedoch teilten meine Eltern eine tiefe Hingabe zum Buddhismus. Jeden Morgen wachten wir Kinder zu ihrem Chanten der Pali-Suttas auf. Diese täglichen Rezitationen dienten auch abends als unser Schlaflied. Sogar noch bevor wir das Alphabet lernten, konnten wir Pali-Verse auswendig rezitieren, und wir wussten, was die Worte Karma und Wiedergeburt bedeuten.

Tag für Tag gingen meine Eltern ohne Murren ihrer Routine nach. Jeden Morgen ging mein Vater zur Arbeit ins Reisfeld oder in unsere kleine Kautschukanpflanzung. Meine Mutter blieb Zuhause und kümmerte sich um das Haus und uns Kinder. Wenn mein Vater nach Hause kam, hatte sie eine Mahlzeit für ihn zubereitet.

Meine beiden Eltern konnten singhalesisch lesen und schreiben, was in unserem Dorf und im ländlichen Teil Ceylons meistens eine Seltenheit war. Weil mein Vater gebildet und als ein Mann von Würde und strenger moralischer Prinzipien bekannt war, war er in Henepola der am höchsten angesehene Mensch. Die anderen Dorfbewohner kamen oft zu ihm, damit er ihren Streit beilegt. Jedoch konnte mein Vater für seine eigene Familie eine Plage sein. Manchmal begann er plötzlich mit meiner Mutter zu streiten. Ich verstand niemals warum. Und er zeigte seine Wut auf gewalttätige Weise. Bestrafung ging für uns Kinder schnell vonstatten und war schmerzhaft, und manchmal schlug er sogar meine Mutter. Wenn das geschah, versteckten wir uns alle. Wir hatten Angst, dass sich sein Zorn auf uns richten würde, wenn wir ein Geräusch machten.

Meine Mutter hatte keine formale Ausbildung, aber sie war sehr intelligent. Sie brachte sich selbst lesen und schreiben bei, und sie wusste viel über Kräuterheilkunde. Ihre Intuition war sehr gut.

Ich stand meiner ältesten Schwester Dingiriamma sehr nahe. Als ich fast zwei Jahre alt war, gebar sie ihr zweites Kind, ein Mädchen, das ein paar Wochen später verstarb. Obwohl ich bereits feste Nahrung zu essen begonnen hatte, liebte ich es immer noch, Milch zu trinken, aber unsere Familie hatte keine Kuh, und die Milch meiner Mutter floss schon lange nicht mehr. So nahm mich Dingiriamma bis fast ein Jahr, nachdem ihr Baby gestorben war, an ihre Brust und fütterte mich, als wäre ich ihr eigenes Kind. Sie und ihr Ehemann lebten in einem Dorf namens Gunadaha, etwa fünf Kilometer entfernt, und ein paar Mal pro Woche kam sie zu uns nach Hause und stillte mich. Bis heute betrachte ich sie immer noch als meine zweite Mutter. Wir standen uns einander vielleicht näher als die anderen fünf Geschwister.

Meine Mutter und Schwestern mussten Feuerholz zum Kochen sammeln. In einer Gegend, in der hauptsächlich Palmen und Kakaopflanzen wachsen, war Holz knapp. Oft mussten sie tote Zweige von Kautschukbäumen abreißen.

Da wir keine Elektrizität hatten, waren wir auf das schwache Licht der Kokosnussöllampen angewiesen. Wenn wir nicht genug Öl für die Lampen hatten, machte meine Mutter manchmal eine

Fackel aus Nüssen des Kekunabaums. Sie löste die harte Schale von zehn oder fünfzehn Nüssen und spießte sie dann auf einen Stock. Das natürliche Öl in den Nüssen brannte viele Stunden lang.

Obwohl unser Dorf kein fließendes Wasser hatte, hatte unsere Familie Glück, denn etwa 200 m von unserem Haus entfernt hatten wir einen eigenen Brunnen, der von einer Quelle gespeist wurde, die das ganze Jahr über floss. Obwohl er nur etwa eineinhalb Meter tief war, war er mit einer Größe von ungefähr zwei mal einem Meter breitflächig. Wir verwendeten das Wasser zum Waschen, Trinken und Waschen der Kleider.

Meine Mutter und Schwestern trugen das Wasser in großen, bauchigen Tonkrügen mit schmalen Öffnungen ins Haus. Ich erinnere mich daran, wie kühl das Wasser in diesen Krügen blieb.

Zum Waschen verwendeten wir einfache Kübel mit einer faserigen Hülle von der Arekapalme. Diese Umhüllungen waren manchmal eineinhalb Meter lang und etwa ein Meter breit. Wir konnten sie zu einem Kübel formen und darin sieben bis elf Liter Wasser tragen.

Wie sauber wir auch unseren Körper, unsere Kleider und Matratzen hielten, so hatten wir doch alle Angst vor Wanzen. Ich erinnere mich lebhaft daran, die geschwollenen, roten Stellen an meinem Körper, an denen mich die Wanzen gebissen hatten, gekratzt zu haben. Obwohl der Juckreiz schrecklich war, dachte ich niemals daran, mir etwas anderes zu wünschen; es gehörte einfach zum Leben dazu. Auch hatten wir Moskitos und Fliegen, aber diese konnten wir mit dem Verbrennen von Kokosnusshülsen abwehren. Andererseits war es bei den Wanzen fast unmöglich, sie loszuwerden. Sie waren kaum sichtbar und verbargen sich in den Matratzen aus Kokosnusshülsen. Obwohl wir diese Matratzen oft wuschen und in der Sonne trockneten, kamen die Wanzen immer zurück. Manche Menschen rückten ihre Matratze von der Wand ab oder stellten kleine Blechdosen mit Öl unter jedes

Bein ihres Bettes, aber die Wanzen waren zielstrebig. Wenn sie die Beine des Bettes nicht hochklettern konnten, krabbelten sie die Wand hoch und ließen sich wie kleine Kamikazepiloten von der Decke fallen.

Blutegel waren ein anderes Problem. Wann immer mein Bruder und ich draußen herumstreiften, hingen Blutegel an unseren Beinen oder hatten sich zwischen unsere Zehen vergraben, wenn wir nach Hause kamen. Wir zogen sie heraus, aber oft steckten ihre winzigen Zähne noch in unserer Haut. Ein paar Tage später bildeten sich an den Stellen, wo die Blutegel uns gebissen hatten, offene Wunden. Manchmal legten Schmeißfliegen ihre Eier dort hinein. Aus diesen Eiern schlüpften Maden, die die Wunden natürlich verschlimmerten.

Mein Körper war vielleicht nicht kräftig genug, um die Bakterien in diesen Wunden zu bekämpfen, weil ich unterernährt war. Sie heilten langsam und schlecht. Sogar heute noch habe ich Narben an meinen Beinen.

Mein Vater hatte mehrere Morgen Land geerbt: ein Morgen Land mit Kautschuk, ein halber Morgen Teeplantage, ein Morgen Reisfeld und der gerodete Morgen, auf dem er unser Haus gebaut hatte. Neben dem Anbau von Reis, Tee und Kautschuk genoss es mein Vater auch, im Garten zu arbeiten. Auf dem gerodeten Land um unser Haus pflanzte er Bougainvilleas und Hibiskus. Neben dem Haus pflanzte er eine gemischte Hecke aus Jasmin und Rosen, die er mit einem großen Messer ordentlich beschnitt. Auch baute er zahlreiche Gemüse und Feldfrüchte an: Süßkartoffeln, Tapiokas, Bohnen, Auberginen, Okras, Kürbisse, Kohl und Kaffee. Obwohl so viel Nahrung angebaut wurde, gab es jedoch nie genug, damit wir alle satt wurden.

Zusätzlich zu unserem Landbesitz hatten wir zwei Wasserbüffel, die mein Vater zum Ziehen eines Pfluges durch das Reisfeld brauchte. Zum Glück mussten wir die Büffel nicht mit den Erzeugnissen unserer Felder oder unseres Gartens füttern; sie fraßen Gras oder die dornige Schale der Jackfrucht, die sonst nicht verwertet werden konnte.

Mein Vater tauschte seine Feldfrüchte gegen getrockneten Fisch, Gewürze, Zucker, Salz, Kerosin und anderen Bedarf, den wir nicht selbst anbauen oder herstellen konnten. Für diesen Tausch ging mein Vater etwa fünf Kilometer in eine Stadt namens Galagedara, in der es einige Läden gab, die Moslems und hinduistische Tamilen betrieben. Oft konnte er nicht finden, was er wollte; alles schien knapp zu sein.

Mein Vater machte auch Tischlerarbeiten für unsere Nachbarn, um für den Lebensunterhalt seiner sieben hungrigen Kinder zu sorgen. Unglücklicherweise konnten es sich die Menschen oft nicht leisten, ihn zu bezahlen. Vielleicht waren es die ständigen finanziellen Sorgen, die ihn so ärgerlich machten. Er war ein strenger Zuchtmeister. Er versteckte einen Stock auf dem Dach des Hauses, und bei jedem geringsten Vergehen benutzte er ihn, um uns schnell und heftig zu bestrafen. Er brüllte so erschreckend, dass wir zitterten, wenn wir das hörten. Mein Bruder Rambanda und ich kannten diesen Klang und den Stock gut. Wir waren ziemlich spitzbübisch.

Als einer unserer ersten Streiche warfen wir Steine auf Kühe und Vögel. Eines Tages sahen wir eine Hündin mit Jungen. Mein Bruder sammelte eine Handvoll Steine und sagte mir, ich solle auf einen nahe gelegenen Baum klettern. Er wollte den Hund quälen, während wir sicher auf dem Baum versteckt waren. Ich sagte Rambanda, dass ich zu klein sei, um auf den Baum zu klettern, da er zu hoch war.

„Bitte mach das nicht", bettelte ich. „Sie wird mich beißen."

Aber er war fest entschlossen. Er schwang sich auf den Baum und begann, die Hündin mit Steinen zu bewerfen. Ich rannte, so schnell ich konnte, aber die Hündin war schneller. Ich fiel hin, und sie biss mich.

Als mein Bruder und ich nach Hause kamen, mussten wir erklären, warum ich blutete. Mein Vater schlug uns beide dafür, dass wir zu der Hündin grausam gewesen waren.

Rambanda und ich schienen immer hungrig zu sein. Essbare Früchte oder Nüsse, die wir beim Spielen fanden, waren wunderbare Leckerbissen. Wenn sie auf dem Landbesitz von jemandem wuchsen, fragten wir den Eigentümer um Erlaubnis. Wenn sie Nein sagten, nahmen wir die Früchte trotzdem. Eines Tages waren mein Bruder und ich auf dem Weg zu unserem Kautschukgrundstück. Auf dem halben Weg dorthin gingen wir durch ein kleines Feld einer ärmeren Familie. Auf diesem Feld wuchsen etwa 50 Kornpflanzen. Eine Pflanze neben der Straße trug eine reife Ähre. Mein Bruder schaute sich um und sah niemanden, und so pflückte er die Ähre und brach sie in zwei Hälften. Ein Teil für ihn, der andere für mich: köstlich!

Auf dem Rückweg durchquerten wir wieder das Kornfeld. Dieses Mal entschieden wir uns aus irgendeinem Grund, ehrlich zu sein. Mein Bruder ging zum Haus der Eigentümer und bat sie um eine Kornähre. Die Frau sagte, es gäbe nur eine direkt neben der Straße und wir dürften sie gerne nehmen. Sie kam zu dem Feld heraus, um uns zu zeigen, wo die Ähre war. Aber als sie den Kornstängel neben der Straße erreichte, sah die Frau, dass die Ähre, die sie uns geben wollte, verschwunden war. Dann bemerkte sie einen kleinen Fußabdruck im Schlamm. Sie bat meinen Bruder, seinen Fuß in den Fußabdruck zu stellen. Er tat es, und es passte perfekt.

Wir waren offensichtlich schuldig, aber die Frau schien nicht ärgerlich zu sein. Sie sagte: „Geht heim, Jungs. Ich werde euch mehr Korn bringen."

Wir begaben uns glücklich nach Hause. Als wir jedoch nach

Hause kamen, war die Frau bereits dort. Sie hatte unserem Vater die ganze Geschichte erzählt, und er wartete auf uns, den Stock in der Hand und wütender, als ich ihn jemals gesehen hatte.

Das war eine doppelt schlechte Handlung. Wir hatten nicht nur gegen den buddhistischen Vorsatz, sich des Stehlens zu enthalten, verstoßen, sondern wir hatten auch etwas von einer Familie einer niedrigen Kaste, die sehr wenig hatte, gestohlen.

Vater verprügelte uns, bis unser Rücken zu bluten anfing. Meine Mutter versuchte, ihn zu stoppen, aber er schlug uns immer weiter. Sogar die Frau, das Opfer unserer Schandtat, bat ihn aufzuhören. Jeder schrie und weinte, aber unser Vater hörte keinem zu. Er schlug uns, bis er zu erschöpft war weiterzuschlagen.

Das würde heute natürlich Kindesmissbrauch genannt werden. Aber vor 70 Jahren war es Standardpraxis in Ceylon, dass Eltern ihre Kinder bestraften, indem sie sie verprügelten. Als andächtiger Buddhist war mein Vater entschlossen, uns den Unterschied zwischen richtig und falsch beizubringen, und seine Methoden waren einfach nur die seiner Generation und Kultur. Ich kann ihm das wirklich nicht als Fehler vorwerfen.

Als Kind trug ich ein langes Hemd aus rauer Baumwolle. Es war blau und rot kariert und reichte bis zu meinen Knien. Das war die Uniform für kleine Jungen und Mädchen. Mit elf Jahren begann ich zwei Kleidungsstücke zu tragen: ein übliches Hemd und einen rockartigen Sarong. Während meiner Kindheit trug ich niemals Schuhe und noch nicht einmal Sandalen; sie waren zu teuer. Wir Kinder mussten mit unseren Kleidern vorsichtig umgehen, denn wir bekamen nur an Neujahr, das in Ceylon Mitte April gefeiert wurde, neue Kleider.

Meine Geschwister und ich hatten auch kein Spielzeug. Wir spielten mit Stöcken, trockenen Palmwedeln, Kokosnussschalen und ausgefransten Stücken von ausrangierten Seilen. Unser

Spielplatz war der Sand vor unserem Haus, die Reisfelder oder der Dreschboden, wo die Bauern den Reis von seinen Stängeln trennten. Ich liebte es auch, auf Bäume zu klettern und den Wald zu erkunden.

Eines Tages war ich draußen beim Auskundschaften, als ich im Wald einen alten Holzschuppen entdeckte. Ich fand ein Seil und schlang es über einen der Balken des Schuppens, um zu schaukeln. Das war eine große Freude für etwa 30 Sekunden. Sobald ich anfing zu schaukeln, brach der Balken in zwei Teile auseinander und fiel auf meinen Kopf. Alles fühlte sich für einen Moment taub an, dann rann eine warme Flüssigkeit über meine Stirn und mein Gesicht hinunter. Ich taumelte nach draußen und fand auf dem Boden eine Umhüllung einer Arekapalme. Ich presste sie an meinen Kopf und dachte, dass ich all das Blut irgendwie auffangen müsse. Meine Mutter, die einen sechsten Sinn zu haben schien und wusste, wann ich in Schwierigkeiten war, fand mich schnell. Sie nahm mich nach Hause, wusch die Wunde am Kopf vorsichtig aus und trug eine ihrer Kräutersalben auf.

Am Abend spielten meine Brüder, Schwestern und ich Verstecken bis zum Abendessen, das gewöhnlich um etwa 21.00 Uhr war. Unmittelbar nach dem Abendessen schliefen wir auf dem nackten Fußboden ohne Kissen oder Decke ein. Da gab es nicht so etwas wie Zähne putzen oder sich waschen, bevor wir zu Bett gingen. Um uns in den Schlaf zu lullen, erzählte uns Mutter wunderschöne Geschichten, manchmal aus den Volksmärchen und manchmal aus den Jataka-Erzählungen; das sind Geschichten aus den früheren Leben des Buddha.

Als Kind war eine meiner Lieblings-Jataka-Geschichten die über Sasa, einen großzügigen Hasen, der sich selbst opferte und in ein Feuer sprang, damit ein hungriger alter Mann etwas zu essen hatte. Ich glaube, dass ich deshalb diese Geschichte mochte, weil ich gewöhnlich den Vollmond anschaute, um seine Krater und

Täler zu sehen, die wie ein Hase aussahen. Ich träumte davon, so großzügig zu sein, um den Mond erreichen zu können, wo ich neben diesem Hasen sitzen und auf die Erde hinunterschauen könnte. Meine Eltern erzählten mir immer, dass der Buddha so mild und sanft wie Mondlicht war, der seinen strahlenden Glanz auf jeden ohne Unterschied scheinen lässt. Dachte ich also an den Mond, dann dachte ich an den Hasen im Mond, an Sasa, den großzügigen Hasen, und an den Buddha – alle drei waren in meinem Geist miteinander verknüpft.

Es ist ironisch, dass ich die Geschichte eines Hasen, der sich selbst opferte, liebte, denn ich selbst war tatsächlich sehr gierig, besonders in Bezug auf Nahrung. Ich bewachte immer mein Essen, damit es mir niemand wegschnappen konnte. Sogar wenn nur jemand auf meinen Teller schaute, wurde ich wütend und warf den Teller zu Boden. Das war natürlich völlig verrückt, denn Nahrung war viel zu wertvoll, um sie zu verschwenden. Aber ich hatte ein aufbrausendes Temperament, vielleicht wie mein Vater, und ich konnte es auch nicht besser als er kontrollieren.

Manchmal starrten meine Brüder und Schwestern auf mein Essen, nur um mich zu provozieren. Als das einmal geschah, geriet ich in eine solche Rage, dass ich meinen Teller mit dem Essen zur Tür hinauswarf. Vater schlug mich und hieß mich, den Teller aufzuheben, und natürlich bekam ich bei dieser Mahlzeit nichts mehr zu essen.

Eines Tages nahm meine drittälteste Schwester, die vier Jahre älter als ich war, einen Holzstock und malte einen Kürbis in den Sand. Ich nahm einen anderen Stock und wischte ihn aus. Sie regte sich so auf, dass sie mich mit einem Besen schlug. Ich schnappte eine Holzbank, jagte sie ins Haus und warf dann die Bank nach ihr. Sie traf ihre große Zehe und riss den Nagel komplett ab. Es blutete stark, und sie heulte sofort los. Als meine Mutter sie hörte, eilte sie Zuhilfe, und ich rann nach draußen.

Ich erinnere mich daran, dass das das erste Mal war, dass ich einem meiner Geschwister etwas Ernstes angetan hatte. Ich war sieben oder acht Jahre alt. Zum Glück war mein Vater nicht zu Hause, als das geschah, und weder meine Mutter noch meine Schwester erzählten ihm genau, was passiert war. Ich vermute, dass sie den Zorn meines Vaters genauso wie ich fürchteten. Sie ließen ihn einfach glauben, dass die verbundene Zehe meiner Schwester das Resultat eines Unfalls war.

Als ich aufwuchs, gab es keine Autos und noch nicht einmal Fahrräder in unserem Dorf; gehen war die einzige Art der Fortbewegung und Beförderung. Um zu einer Hauptstraße zu gelangen, mussten wir entweder in der einen Richtung etwa drei Kilometer einen steilen Hügel hinunterlaufen oder in der anderen Richtung etwa fünf Kilometer auf einem ebenen Weg. Wenn Menschen ernsthaft krank waren und nicht gehen konnten, wurden sie auf einen Sitz oder ein Brett gebunden und fünf Kilometer zum nächsten Krankenhaus in Galagedara getragen.

Im Jahr 1933, als ich fünf Jahre alt war, grassierte in Ceylon eine Malaria-Epidemie. Meine ganze Familie war hin und wieder drei Jahre lang krank. Drei Jahre lang war meine gesamte Familie abwechselnd davon betroffen. Jedoch gab es einen Haken: Wir mussten jede Woche fünf Kilometer laufen, um unsere Zuteilung zu erhalten. Wir wechselten uns ab, um die Wanderung zu unternehmen, wer am wenigsten krank war, musste gehen. Ich erinnere mich daran, wie ich die fünf Kilometer mit einem schrecklichen Fieber ging, nur um Nahrung und Medizin zu erhalten.

Ich erinnere mich auch an zwei weitere medizinische Notfälle. Als ich etwa acht oder neun Jahre alt war, verlor ich ganz plötzlich meine Nachtsicht, wahrscheinlich wegen Unterernährung. Nachdem es dunkel geworden war, war es, als wäre ich blind. Ich konnte überhaupt nichts mehr sehen, auch nicht beim Schein einer Kerosinlampe. Meine Brüder und Schwestern zogen mich damit auf und sagten, ich würde das nur vortäuschen, aber meine Mutter war sehr beunruhigt. Sie befragte den Medizinmann des Dorfes, der ihr für mich einen bitter schmeckenden Trank gab. Er wurde aus Kräutern zubereitet, aber er nannte nicht deren Namen. Viele Menschen glaubten, dass Kräutermedizin mystische Kräfte haben, deshalb wurden deren Bestandteile oft geheim gehalten.

Meine Mutter sollte die Kräuter so lange zerreiben, bis sie zu einer Paste wurden, und sie mir täglich zum Essen geben, bis sich mein Sehvermögen verbesserte. Die Paste schmeckte scheußlich, und um die Sache noch zu verschlimmern, sollte ich dieses üble Gebräu jeden Morgen einnehmen, wenn mein Magen noch leer war.

Meine Mutter benutzte die Kraft der Liebe, damit ich die Medizin einnahm. Bevor sonst jemand im Haus wach war, nahm sie mich auf ihren Schoß. Sie umarmte und liebkoste mich und erzählte mir mit einem leisen Flüstern Geschichten. Nach einigen Minuten war ich so entspannt und glücklich, dass ich alles getan hätte, worum sie mich bat. In diesem Moment steckte sie die Medizin in meinen Mund und sagte, ich solle sie schnell schlucken. Obwohl sie die bittere Paste immer mit Zucker vermischte, schmeckte sie trotzdem noch schrecklich. Aber nach einigen Monaten dieses täglichen Rituals war mein Sehvermögen wieder komplett hergestellt.

Jetzt, viele Jahre später, verstehe ich die Kraft von Metta oder liebender Güte. Auf eine Art hilft sie uns, die Bitterkeit des Lebens zu schlucken. Sie dämpft die rauen Momente, die Enttäuschungen, die Verletzungen. Der Buddha benutzte die Kraft von Metta, um viele seiner Feinde zu „besiegen". Er brachte sogar den Mönchen, die im Wald lebten, bei, wie sie Metta anwenden können, wenn ihnen giftige Schlangen begegnen. Und die Metta Sutta ist eine seiner schönsten Lehrreden.

Sie ist eine sehr kurze Lehrrede und wird normalerweise bei jeder formalen Zusammenkunft buddhistischer Mönche gechantet. Sie beschreibt eine Art des Denkens und Handelns, die dem Praktizierenden und jenen, die um ihn oder sie herum sind, Frieden bringt.

Der Buddha sagte seinen Schülern, dass die Praxis von Metta verdienstvoll sei. Während wir Gedanken liebender Güte entwickeln, sind wir deshalb glücklich und fühlen das tiefe Glück, das davon kommt, verdienstvoll zu handeln. Es ist ein friedvolles Gefühl. Darüber hinaus macht sich der beruhigende Effekt von Metta unmittelbar bemerkbar. Wir fühlen ihn im jeweiligen Moment. Wenn wir mit liebender Güte sprechen oder handeln, fühlen wir uns glücklich. Wenn wir mit Gedanken voller Metta, die unseren Geist anfüllen, körperliche oder andere Arbeiten verrichten, fühlen wir uns glücklich.

Wann immer ich Menschen beibringe, wie sie formal liebende Güte praktizieren können, gebe ich ihnen die folgenden Sätze zum Wiederholen:

Mögest du zufrieden, glücklich und friedvoll sein.
Möge dir kein Leid zugefügt werden.
Mögest du keine Schwierigkeiten erleben.
Mögen Probleme von dir fern bleiben.
Mögest du immer erfolgreich sein.
Mögest du auch Geduld, Mut, Verständnis und Entschlossenheit haben, um unvermeidlichen Schwierigkeiten, Problemen und Misserfolgen im Leben zu begegnen und sie zu überwinden.

Die erste Person, auf die wir Gedanken von Metta lenken, sind wir selbst: „Möge ich zufrieden, glücklich und friedvoll sein. Möge mir kein Leid zugefügt werden. Möge ich keine Schwierigkeiten erleben …"

„Warum beginnen wir mit uns selbst?", fragen manche Menschen. Ist das nicht schrecklich egoistisch? Sich selbst vor jedem anderen zu lieben? Nicht notwendigerweise. Metta für uns selbst aufzubringen, ist am einfachsten, denn unter allen Wesen auf der Erde lieben wir uns selbst am meisten. (Nun, bei den meisten von uns ist es so!) So können wir schnell dieses warme Gefühl liebender Güte für uns selbst hervorbringen. Wir können uns selbst damit durchtränken, unseren Körper und Geist damit anfüllen.

Sobald sich das Wohlwollen in uns ausbreitet, strömt es ganz natürlich hinaus. Wir haben einen Überfluss zu teilen. Und das tun wir mit der Gruppe von Menschen, die logisch am nächsten folgt: mit solchen, die uns nahe stehen. Ehepartner, Lebenspartner, Kinder, Eltern, Brüder, Schwestern, andere Verwandte, nahe Freunde, vielleicht ein spiritueller Berater. Wir stellen sie uns mit unserem geistigen Auge vor und wiederholen die Sätze mit den Geschätzten als die Empfänger unseres Metta.

Die nächste Gruppe ist die größte. Sie enthält alle Lebewesen, denen wir täglich begegnen, die uns aber nicht so nahe stehen. Vergangene Bekanntschaften, manchmal völlig Fremde, die in unser Leben kommen und wieder gehen. Klassenkameraden, Arbeitskollegen, Nachbarn, die Kassiererin im Lebensmittelgeschäft, die Person, die an einer Ampel in dem Auto neben Ihnen sitzt, ein freundlicher Hund mit wedelndem Schwanz, jemand, der bei einer Fahrradtour an Ihnen vorbeiflitzt. Wir dehnen liebende Güte zu all diesen Lebewesen, menschlichen und nicht-menschlichen, aus und wünschen ihnen Wohlergehen.

Die letzte Gruppe ist wahrscheinlich – hoffentlich! – eine kleine. Sie besteht aus Ihren Feinden, den schwierigen Menschen, die in Ihrem Leben auftauchen, um Ihnen „Herausforderungen" zu verschaffen, wie wir es höflich nennen könnten. In diesem Fall ist die Metta-Praxis für viele Menschen schwierig. Seinen Feinden Wohlergehen wünschen? Auf ihren Erfolg hoffen, wenn sie sich um dieselbe Beförderung bemühen, die Sie wollen? Ihnen friedvolle Gedanken senden, wenn sie gerade Ihr Kind beschimpft oder Sie im Verkehr geschnitten haben?

Der Buddha sagte: Ja. Und warum? Wenn wir dieser Person Wohlergehen wünschen und hoffen, dass sie Erfolg hat, wird sie sich vielleicht spirituell entwickeln. Diese Art Erfolg wünschen wir der Person – spirituellen Erfolg. Und wenn sich diese Person spirituell entwickelt, dann wird sie wahrscheinlich nicht mehr unser Feind sein. Das wird nicht mehr notwendig sein. Diese Person wird friedvoller sein; ihre edlen Qualitäten werden in Erscheinung treten. Wir werden alle harmonischer nebeneinander bestehen können.

Aber die Praxis der liebenden Güte sollte nicht auf die formale Wiederholung der Sätze beschränkt werden. Der Buddha sagte, wir sollten in unseren Gedanken, Worten und Handlungen Metta entfalten. Metta sollte jeden Schritt, jede Handlung, jede Überlegung durchdringen. Was immer eine Person ständig wiederholt, wird sein oder ihr Geisteszustand werden. Wenn Sie Metta konstant praktizieren, werden Sie selbst voll Metta sein. Metta wird zu Ihrer Natur. Und Sie erkennen, dass in den anderen auch diese sanfte, freundliche Natur verborgen ist.

Meine Mutter verstand und lebte die Worte des Buddha. Sie stellte sicher, dass alle ihre Kinder Geschichten aus dem Leben des Buddha hörten und etwas über sein Mitgefühl und seine Weisheit lernten. Sie selbst war ein lebendes Beispiel für Metta, indem sie immer jeden, dem sie begegnete, mit Freundlichkeit und sanften Worten behandelte. Auf viele Arten betrachtete ich sie fast als eine heilige Person.

Ungefähr ein Jahr nach meinem mysteriösen Anfall von Nachtblindheit hatte meine Mutter einen Unfall, der ihr Leben veränderte.

Eines Tages kletterte sie auf einen Kakaobaum, um einige Kakaofrüchte zu pflücken, was sie oft tat. Sie schnitt die Früchte auf, nahm die saftigen Samen heraus (jede von etwa der Größe einer Walnuss) und trocknete sie in der Sonne. Vater nahm sie mit zum Markt und verkaufte sie für ungefähr fünf Cent pro Pfund. Getrocknete Kakaosamen waren eine große Delikatesse, denn sie konnten zu Kakaopulver zerstampft werden.

An diesem Tag wurde die Routine meiner Mutter zu einer Tragödie. Als sie hoch oben in dem Baum war, gab ein Ast unter ihr nach und sie fiel. Ich hörte ihren Aufschrei, und als ich hinlief, lag sie bewusstlos auf ihrem Rücken auf dem Boden. Auch zwei meiner Schwestern kamen, und als sie sie sahen, fingen sie zu weinen an. Die Nachbarn hörten anscheinend meine Schwestern weinen, und sie versuchten ihr Bestes, um zu helfen. Als meine Mutter aufwachte, bot ihr einer der Nachbarn ein Hausstärkungsmittel: Branntwein, in den ein Eigelb gerührt wurde. Sie weigerte sich, das zu trinken. Ihr ganzes Leben lang befolgte sie die buddhistischen Vorsätze, die ein Diktum gegen Alkohol beinhalten. Sie wollte diesen Vorsatz nicht brechen, auch wenn der Branntwein ihren Schmerz betäubt hätte.

Jemand rannte, um meinen Vater zu alarmieren, der im Reisfeld arbeitete. Mein Vater wiederum holte den Medizinmann des Dorfes. Mehrere Menschen halfen, meine Mutter zu unserem Haus zu tragen; ihr Rücken schmerzte so sehr, dass sie nicht laufen konnte. Der Medizinmann schickte Menschen an verschiedene Stellen, um Blätter und Wurzeln bestimmter Kräuter zu sammeln. Als sie zurückkamen, zerstampfte er die Kräuter zu einer Paste und verrieb sie auf dem Rücken meiner Mutter. Als er ging, ließ er uns einen Vorrat der Salbe da und sagte, wir sollten sie zweimal am Tag erneut auftragen.

Jedes ceylonesische Dorf hatte sowohl einen buddhistischen Mönch als auch einen Medizinmann, die zusammenarbeiteten.

Bevor der Medizinmann seine Kräutermedizin zubereitete, chantete er buddhistische Verse vor seinem Hausaltar. Für seine Dienste verlangte er nichts, aber die Menschen gaben ihm normalerweise Gemüse, Kokosnüsse, Gewürze, Tee oder Betelnüsse. Man glaubte, dass, wenn der Medizinmann ein guter Buddhist war, sein Trank mehr Kraft hätte. Deshalb hing seine heilende Kraft von seiner Reinheit als Buddhist ab.

Sogar nach dem Etablieren des britischen Systems einer kommunalen Verwaltung mit einem Dorfvorsteher in jedem Dorf behielten der Medizinmann und der Abt immer noch die größte Autorität. Der Dorfvorsteher beriet sich immer mit dem Abt und dem Medizinmann, bevor er Entscheidungen traf, wie ein Krimineller zu bestrafen oder ein Streit beizulegen sei.

Meiner Mutter ging es einige Tage nach ihrem Sturz noch nicht besser. Sie konnte weder ihre Beine bewegen noch aufstehen; sie konnte nur vor Schmerzen stöhnen. Sie aß oder trank kaum etwas außer ein wenig Reissuppe und etwas Orangensaft. Es war offensichtlich, dass sie mehr medizinische Pflege brauchte, aber meine Eltern trauten den Krankenhäusern nicht.

Meine Mutter sagte, sie wolle zu ihrem Elternhaus reisen, das etwa 50 km von unserem Dorf entfernt lag. Das war eine lange Reise, aber der Medizinmann des Dorfes ihrer Eltern galt als kraftvoll, und meine Mutter meinte, dass es für sie angenehmer sei, in ihrem Elternhaus zu sein. So hoben sie mein Vater und einige andere Männer vorsichtig auf ein Brett, banden sie fest und trugen sie in die nächste Stadt. Dort mietete mein Vater ein Auto und fuhr sie zu ihrem Elternhaus.

Wir Kinder blieben während ihrer Reise alleine. Damals war meine zweitälteste Schwester 18 Jahre alt, sodass sie für uns kochen und nach uns Jüngeren schauen konnte.

Nach einigen Tagen kehrte mein Vater ohne meine Mutter zurück. Sie war zur Gesundung in ihrem Elternhaus geblieben.

Aber sie war niemals vollständig genesen. Als sie schließlich ein paar Monate später nach Hause zurückkehrte, war sie bucklig und ging mit Krücken. Ihr rechtes Bein konnte sie gar nicht mehr beugen, und sie konnte noch nicht einmal die kurze Strecke zum Tempel gehen.

Als ich sieben Jahre alt war, ging ich zur Schule. Die nächste war in Medagama, lag etwa 800 m von unserem Haus entfernt und wurde von katholischen Missionsschwestern betrieben. Ich liebte sie, hauptsächlich wegen der köstlichen Mittagessen, die uns jeden Tag gereicht wurden. Vor dem Essen mussten wir katholische Gebete sprechen und unseren Kopf über das kleine Essenstablett auf unserem Pult beugen. Ich schloss meine Augen und murmelte die Worte, aber mein Geist war bei dem köstlichen Aroma, das in meine Nase stieg.

Ich besuchte ungefähr ein Jahr lang die katholische Schule, bevor der buddhistische Tempel in Dehideniya eine Grundschule eröffnete. Alle Kinder aus Henepola, vielleicht 30 oder 40 von uns, wechselten die Schule. Im ersten Jahr auf der buddhistischen Schule waren wir ziemlich zusammengepfercht. Die Gebetshalle des Tempels, eine Freiluftstruktur, diente als einziges Klassenzimmer, und es war immer laut, weil wir so viele in einem Raum waren.

Ein Jahr später bewilligte die Regierung ein kleines Grundstück neben dem Tempel für ein separates Schulgebäude. Die Dorfbewohner arbeiteten zusammen, um ein einfaches, rechteckiges Gebäude mit einem Raum in der Größe von etwa 30 mal 9 m zu bauen. Die Wände waren 1,5 m hoch und hatten nackte Öffnungen statt Fenster und Türen, und das Dach bestand aus Wedeln der Kokosnusspalme. In diesem neuen Gebäude standen lange Tische und harte Holzbänke. Während unseres ersten Jahres in dem neuen Schulgebäude benutzten wir Schiefertafeln und

Natursteinplatten zum Schreiben unserer Lektionen. Im zweiten Jahr stellte die Regierung jedoch Bleistifte und Übungshefte aus Papier zur Verfügung – ein wahrer Luxus!

Jeden Morgen, wenn der Lehrer hereinkam, stellten wir uns neben unsere Bank und verbeugten uns, während wir unsere Hände vor der Brust zusammenlegten.

„Guten Morgen, Herr Lehrer", sprachen wir im Chor, während er uns mit einer ähnlichen Verbeugung grüßte. Dann war Kontrollzeit. Der Lehrer ging durch die Reihen der Schüler und schaute sich unsere Zähne und Fingernägel an, um sicherzustellen, dass sie sauber waren. Alles musste ordentlich sein, einschließlich unserer Kleidung. Wenn etwas nicht sauber war, bekamen wir mit seinem langen Rohrstock Prügel. Genau genommen bekam unser Hintern diesen Rohrstock zu spüren, wann immer wir irgendetwas falsch machten. Und manchmal benutzte der Lehrer seine Fingerknöchel, um auf unseren Schädel zu hämmern. Das erschien niemandem als grausam oder als etwas, das nicht normal war.

Bevor der Unterricht begann, rezitierten wir auf Pali die dreifache Zufluchtnahme – Zuflucht zum Buddha, zum Dhamma und zur Sangha – und die fünf buddhistischen Tugendregeln. Sogar die kleinsten Kinder kannten diese Rezitationen auswendig, denn jeder hatte seine Eltern diese zu Hause an jedem einzelnen Tag seines Lebens chanten gehört. Der Lehrplan der Schule beinhaltete singhalesische Grammatik, Geschichte, Naturwissenschaft, Arithmetik und natürlich Buddhismus.

Jeden Tag musste ich auf dem Weg zur und von der Schule einen schmalen, schnell fließenden Bach überqueren. Weder mein Bruder noch ich konnten schwimmen, und meine Mutter hatte panische Angst davor, dass wir in diesem Bach ertrinken könnten. Jeden Tag stand sie vor unserem Hauseingang und wartete, dass wir aus der Schule nach Hause kommen. Sie wusste, welch ein Magnet dieser Bach für abenteuerlustige Kinder war, wie sehr sich mein Bruder und ich uns danach sehnten, unsere Schulbücher hinzuwerfen, unseren Sarong vom Leib zu reißen und in das kühle Wasser zu springen. Und an einigen Tagen taten wir genau das! Meine Mutter, immer wachsam, kreischte aus voller Lunge, sobald wir den Fuß ins Wasser setzten, und wir stiegen widerwillig hinaus. Einmal gelang es uns allerdings. Wir sprangen ins Wasser, und Mutter sah uns nicht. Fast sofort war ich in einem kleinen Strudel gefangen, wo der Fluss unter einem Bambusgebüsch hinwegfloss. Ich fuchtelte mit meinen Armen herum und versuchte, über Wasser zu bleiben, aber der Sog zog mich mit einer erschreckenden Kraft hinunter. Irgendwie schaffte es mein Bruder, mich festzuhalten und mich herauszuziehen. Er rettete mein Leben.

Das war nicht mein letztes Erlebnis, bei dem ich fast ertrunken wäre. Obwohl ich durch die ganze Welt gereist bin und die Ozeane zahllose Male überquert habe, fühle ich mich bis zum heutigen Tag immer noch unwohl in der Nähe von großen Gewässern.

Eines Tages, als ich fast neun Jahre alt war, kam ich von der Schule mit mehreren anderen Jungen während eines heftigen Regenschauers nach Hause. Wir mussten durch ein Reisfeld gehen, das schmale Begrenzungen zwischen den Reihen mit Reispflanzen sowie Bewässerungsgräben, die die Begrenzungen halbierten, hatte. Wir kamen an einen bestimmten Graben, der vom Monsunregen angeschwollen war. Er war wie ein kleiner Fluss mit einer schnellen Strömung. Alle anderen Jungen sprangen über den Graben, aber ich zögerte und hielt meine Schulbücher gegen meine Brust.

Als ich schließlich meinen Mut zusammennahm und sprang, rutschte ich am Uferrand aus und fiel ins Wasser. Meine Bücher und Schiefertafel wurden sofort von der Strömung mitgerissen, während ich kämpfte, um meinen Kopf über Wasser zu halten. Je anstrengender ich zu schwimmen versuchte, desto schneller schien ich unterzugehen. Rambanda, mein Bruder, sprang ins Wasser und zog mich heraus. Ich war zu Tode erschrocken und nass, aber in Ordnung. Das erzählten wir niemals unseren Eltern. Wir wussten, was passieren würde, wenn wir es täten.

Der buddhistische Tempel, der ungefähr 400 m von unserem Haus entfernt war, war das Zentrum unseres Dorfes. Nur ein Mönch und sein Assistent, ein Laie, lebten dort. Das Gelände umfasste einen Versammlungsraum, einen Schreinraum, eine kleine Lehmhütte, die als Küche diente, und ein Nebengebäude. In einer Ecke des Hofes stand ein Bodhibaum, um uns an den Baum zu erinnern, unter dem Shakyamuni Buddha saß, als er Erleuchtung erlangte. Eine Backsteinmauer umgab den Baum, um Kinder davon abzuhalten, in seine heiligen Äste zu klettern.

Der Tempel wurde von einem Verwaltungsrat und ehrenamtlichen Kräften unterhalten. Die Menschen aus dem Dorf halfen vergnügt beim Bauen, Putzen, Kochen und Organisieren der Festlichkeiten. Buddhisten glauben, dass solche sinnvollen Arbeiten Verdienst in diesem und im nächsten Leben erwirken. Die meisten Menschen gingen fast täglich zum Tempel, auch wenn es nur für einen kurzen Besuch war.

Die täglichen Rhythmen des Tempels regelten auch unseren Alltag. Entweder der Mönch oder sein Assistent ließen täglich um 6.00 Uhr morgens eine große, Gong ähnliche Glocke im Tempelhof erklingen. Das war das Signal für die Morgenandacht. Das bedeutete, dass der Mönch seine einstündige Meditation beendet hatte und dann zum Schreinraum ging, um fromme Gebete zu chanten. Jeder im Dorf konnte diese Glocke hören. Wenn sie erklang, wussten wir, dass es auch für unsere individuellen Rituale Zeit war. Wir stellten frische Blumen auf unseren Hausaltar, zündeten Räucherwerk an und setzten uns zum Chanten hin.

Um 11.00 Uhr am Vormittag schlug die Tempelglocke erneut,

wenn der Mönch seine Hauptmahlzeit des Tages zu essen begann. Diese Glocke war die einzige Art, um die Zeit anzugeben, denn niemand besaß Uhren oder Armbanduhren.

Jeden Abend gingen Rambanda und ich zum Tempel. Wir liebten es, dort zu sein. Der Mönch ließ uns auf dem Gelände des Tempels spielen und gab uns oft Süßigkeiten oder Essen, das übrig geblieben war. Wir sollten kein Essen aus dem Tempel zu uns nehmen, denn es war von den Dorfbewohnern für den Verzehr durch den Mönch offeriert worden. Unsere Eltern erzählten uns, dass das Essen von Tempelnahrung schlechtes Karma für uns verursachen würde und wir durch dieses Karma in der Hölle landen würden. Aber der Mönch war so freundlich und unser Hunger so stark, dass wir die Hölle vergaßen. Wir aßen gierig alles, was er uns gab: gekochten Reis, pikanten Fisch, gekochte Linsen, Süßigkeiten aus Reismehl und vielleicht eine reife Mango.

Mein Vater baute die Versammlungshalle des Tempels, ein etwa zehn mal zehn Meter großes Gebäude mit einem Zementboden, Backsteinwänden und einem Ziegeldach. Innen stand ein quadratisches Podium, etwa 15 cm hoch, mit vier hohen Holzpfeilern an jeder Ecke. Auf dem Podium stand als einziges ein Stuhl, der von einem Holzgitter umgeben war und über dem ein Baldachin, der über die Pfeiler drapiert war, hing.

An Voll- und Neumondtagen verbrachten die Laien den ganzen Tag und die ganze Nacht im Tempel. Mönche aus benachbarten Dörfern kamen auch zu unserem Tempel und wechselten sich ab, auf diesem Thron zu sitzen und Predigten zu halten.

Ein Mönch rezitierte als Erstes am Morgen eine der Lehrreden des Buddha auf Pali. Weil Pali dem Singhalesichen ähnelt, konnten die meisten Laien verstehen, was er sagte. Die Rezitation am Morgen war kurz, gewöhnlich nur eine Stunde, weil die Mönche auch eine Art Andacht vor ihrem Mittagessen durchführen mussten, das es um 11.00 Uhr vormittags gab.

Am Nachmittag erklärte ein anderer Mönch die Bedeutung der Lehrrede, die am Morgen auf Pali gegeben worden war. Dann hatten die Tempelbesucher mehrere Stunden frei, um zu meditieren, den Mönchen Fragen zu stellen oder Dhammabücher zu lesen.

Am Abend gab es eine feierliche Zeremonie. Nachdem sich alle Laien in der Versammlungshalle versammelt hatten, wurde ein gelehrter Mönch von zwei Männern hereingetragen, indem sie ihre Arme zusammengelegten, die so zu einem Sitz wurden. Es gab nicht viele dieser hoch respektierten Mönche. Manche von ihnen konnten den gesamten Palikanon auswendig rezitieren und kannten auch alle Kommentare. Sie waren geschickt darin, eine Lehrrede auseinanderzunehmen und jeden Punkt zu erklären, in Marathonvorträgen, die etwa zehn Stunden dauerten. Sie waren hoch angesehen für ihre Fähigkeit, Geschichten zu erzählen, sowie für ihre lieblichen Chantingstimmen.

Die Prozession des Mönchs wurde begleitet von Trommelschlägen, vom Klang des Muschelhorns, von Flötenspiel und lauten Ausrufen mit „*Sadhu! Sadhu! Sadhu!*“, was „Exzellent! Exzellent! Exzellent!“ bedeutet.

Der Mönch wurde sanft auf seinen Stuhl auf dem Podium herabgelassen und dann in ein weißes Tuch bis hoch zu seinem Hals gehüllt. Ein Vorhang wurde vor ihm zugezogen, der nur sein Gesicht frei ließ. Andere Männer traten mit Tee oder einer Schale mit Süßigkeiten aus Zuckerrohr und einer Kaumischung aus Betelnüssen, Arekanüssen, Limonenpaste und Tabak für den Mönch vor. Ein Spucknapf wurde vor ihn hingestellt.

Zunächst erteilte der Mönch Zuflucht zu Buddha, Dhamma und Sangha, dem dreifachen Juwel des Buddhismus. Seine Stimme war wunderschön nasal, sein Chanten ein hypnotischer Singsang, wie er so von hinter dem Vorhang herausfloss:

Namo Tassa Bhagavato Arahato Sammasambuddhasa.
Namo Tassa Bhagavato Arahato Sammasambuddhasa.
Namo Tassa Bhagavato Arahato Sammasambuddhasa.
(Verehrung dem Erhabenen, Befreiten, vollkommen Selbsterleuchteten.)

Buddham saranam gacchami.
(Ich nehme Zuflucht zum Buddha.)
Dhammam saranam gacchami.
(Ich nehme Zuflucht zum Dhamma.)
Sangham saranam gacchami.
(Ich nehme Zuflucht zur Sangha.)

Dutiyampi Buddham saranam gacchami.
Dutiyampi Dhammam saranam gacchami.
Dutiyampi Sangham saranam gacchami.
(Zum zweiten Mal: Ich nehme Zuflucht …)

Tatiyampi Buddham saranam gacchami.
Tatiyampi Dhammam saranam gacchami.
Tatiyampi Sangham saranam gacchami.
(Zum dritten Mal: Ich nehme Zuflucht …)

Dann gab der Mönch den Dorfbewohnern die fünf Tugendregeln, ein traditioneller Beginn für jede buddhistische Zusammenkunft. Er chantete die Sätze auf Pali, und die Laien sprachen ihm nach.

Nach diesen Vorbereitungen begann etwa um 20.00 Uhr der Vortrag. Manchmal dauerte er die ganze Nacht. Kinder schliefen auf dem Boden neben ihren Eltern ein. Die Erwachsenen sollten jedoch wach bleiben. Um ihnen nachzuhelfen, saß ein alter Mann mit einem langen weißen Bart vor dem Podium. Jedes Mal, wenn der Mönch eine Atempause einlegte, sagte der alte Mann sehr laut: „JA, ehrwürdiger Herr!"

Manchmal wachte ich mitten in der Nacht auf und sah alle im Raum schlafen, außer dem Mönch und diesem alten Mann. Es erstaunte mich, dass es irgendjemandem gelang, wach zu bleiben.

Etwa um 5.00 Uhr morgens begannen die Trommelschläger einen Takt zu schlagen, und die Menschen begannen sich zu bewegen. Inzwischen war der Mönch beim letzten Teil seines Vortrags angelangt, in dem er erklärte, wie Maitreya, der zukünftige Buddha, erscheinen wird, wenn die Lehren von Gotama, unserem gegenwärtigen Buddha, nicht mehr praktiziert werden.

Um 6.00 Uhr am Morgen öffnete der Mönch den Vorhang und streckte seine Beine aus, die die ganze Nacht lang in derselben Haltung verschränkt waren. Mehrere Männer gingen mit einem Tiegel mit warmem Kokosnussöl zu ihm. Eine Viertelstunde lang massierten sie seine Füße und Beine mit dem warmen Öl. Dann stieg der Mönch von dem Podium herunter und zog sich in sein Zimmer zurück, um sich vor dem Frühstück zu waschen.

Ich war tief beeindruckt, als ich das als kleiner Junge beobachtete. Die andächtige Haltung der Laien sowie der Respekt für den Mönch war inspirierend. Ich erzählte meinen Eltern, dass ich Mönch werden wollte: Ich wollte Vorträge geben und von ehrerbietigen Menschen zu meinem Stuhl getragen werden.

Nicht nur das, sondern ich prahlte damit, dass ich Dhamma auf Englisch lehren würde. Mein ältester Bruder brachte mir das englische Alphabet und auch einige englische Wörter bei. Niemand sonst in unserem Dorf konnte überhaupt Englisch, dabei war es die „offizielle" Sprache von Ceylon unter der britischen Verwaltung. Wir Dorfbewohner durften Singhalesisch verwenden, aber Englisch war ganz klar die Sprache der Elite, derjenigen, die Jobs bei der Regierung hatten, die zur High Society gehörten, die wohlhabend genug waren, um zu reisen. Deshalb dachte ich, dass ich der am besten ausgebildete Mönch wäre, wenn ich Englisch lernen könnte.

Meine Eltern hörten meinen kindischen Träumen zu und lachten.

2. Kapitel

Das hauslose Leben

Als ich älter wurde, verstärkte sich mein Interesse daran, Mönch zu werden. Bevor ich Bhikkhu wurde, liebte ich es, so zu tun, als wäre ich ein Bhikkhu. Ich wickelte ein Stück weißen Stoff so um mich, wie die Mönche ihre Roben tragen, und setzte mich im Wald unter einen Baum. Ich stellte mir vor, dass die Bäume um mich herum Menschen wären, und ich predigte zu der Menge der stillen Zuhörer, indem ich ein paar Verse auf Pali rezitierte, die ich im Tempel gehört hatte. Auch saß ich da und gab vor, in tiefer „Meditation" zu sein, obwohl ich keine Ahnung davon hatte, was Meditation ist.

Damals glaubte ich, dass es irgendwie mein Karma sei, Mönch zu werden. Das bedeutet nicht, dass es mein „Schicksal" war, Mönch zu sein, denn im Buddhismus gibt es keine solchen Vorstellungen. Eher wegen all der angesammelten Ursachen und Bedingungen in meiner Vergangenheit, jedoch wie dem auch sei, wollte ich nun ein buddhistischer Mönch sein. Vielleicht war ich in einem vorhergehenden Leben Mönch – nicht vollkommen erfolgreich, denn in jenem Leben hatte ich offensichtlich nicht Erleuchtung erlangt, aber es war auch kein völliger Misserfolg, denn ich hatte das große Glück, als menschliches Wesen wiedergeboren zu werden, mit einer weiteren Gelegenheit, mich selbst spirituell zu entwickeln. Auch wenn man solche Vorstellungen beiseite lässt, der Impuls zu ordinieren und dieses tiefe Verlangen, die safrangelbe Robe zu tragen, gediehen schon sehr früh in mir.

Als ich elf Jahre alt war, verlor ich das Interesse an jugendlichem Unfug und Streichen, mit denen Rambanda und ich gewöhnlich Spaß hatten, aber ich verlor auch das Interesse an der Schule. Ich wollte nur in den 2500 Jahre alten Orden der buddhistischen Mönche der alten asiatischen Tradition eintreten. Geschichten von Jungen aus der Zeit des Buddha, die ähnliche Ziele, Mönch zu werden, gehabt hatten, faszinierten mich. Eine solche Geschichte handelt von einem Jungen namens Culapanthaka.

Culapanthaka wurde am Straßenrand geboren, als seine Mutter zu ihrem Elternhaus reiste. Im alten Indien war es für eine schwangere Frau Brauch, zu ihrem Elternhaus zurückzukehren, um das Baby zur Welt zu bringen, und oft riefen die Strapazen der Reise die Wehen hervor. Prinz Siddhattha Gotama (auf Sanskrit Siddhartha Gautama), der später der Buddha wurde, wurde in einem Wäldchen neben einer Straße geboren, weil seine Mutter, Königin Mahamaya, auf dem Weg zu ihrem Elternhaus war.

Culapanthakas Mutter hatte zwei Söhne, die beide auf diese Art am Straßenrand geboren worden waren. Den ersten nannte sie „Mahapanthaka" – den „großen Reisenden". Der Name des zweiten Sohns, Culapanthaka, bedeutet „kleiner Reisender". Weil sie extrem arm war, ließ sie ihre Söhne in der Obhut ihrer Eltern in Rajagaha. Mahapanthaka begleitete oft seinen Großvater, um den Buddha reden zu hören, und das inspirierte ihn so, dass er schließlich Mönch wurde. Der kleine Culapanthaka trat ein paar Jahre später in die Fußstapfen seines Bruders.

Mahapanthaka wollte seinem Bruder das Dhamma lehren, aber er fand, dass er ein schlechter Schüler war. Culapanthaka konnte sich noch nicht einmal nach mehreren Monaten einen einzigen einfachen Vers merken. Mahapanthaka war sehr enttäuscht und dachte, dass es falsch war, wenn sein Bruder als Mönch weiter macht, wenn er das Dhamma nicht lernen konnte.

„Du solltest deine Mönchsrobe ablegen und nach Hause gehen", sagte er seinem jüngeren Bruder.

Culapanthaka war am Boden zerstört. Er liebte das Mönchsleben und liebte es, ein Schüler des Buddha zu sein. Er wusste nicht, was er tun sollte, aber er wusste, dass er die Robe nicht ablegen wollte.

Bald danach bat Jivaka Komarabhacca, der dem Buddha manchmal als Arzt diente, Mahapanthaka, den Buddha und alle Mönche des Klosters einzuladen, um in seinem Haus das Mittagessen einzunehmen. Mahapanthaka nahm die Einladung im Interesse der Mönche an und fügte hinzu: „Morgen wird Culapanthaka jedoch nicht mehr im Kloster sein. Ich bat ihn, die Robe abzulegen. Aber ich werde mit dem Buddha und dem Rest der Mönche kommen."

Als Culapanthaka den resoluten Ton seines Bruders zufällig mit anhörte, war er bitterlich bekümmert, packte mit Tränen in seinen Augen seine paar Habseligkeiten ein und verließ das Kloster. Aber als er hinausging, traf der Buddha ihn und fragte ihn, warum er so traurig zu sein schien. Er erzählte dem Buddha, was geschehen war.

„Komm, komm", sagte der Buddha. „Du musst die Robe nicht ablegen und das Leben als Mönch hinter dir lassen, bloß weil du dir keinen Vers merken kannst. Ich bringe dir etwas bei, was du leicht lernen kannst." Der Buddha gab ihm ein Stück weißen Stoff und sagte: „Nimm diesen Stoff und setze dich in die Sonne. Lege den Stoff in die Handfläche deiner linken Hand und reibe ihn mit deiner rechten Handfläche, indem du immer wieder sagst: ‚reinigen, reinigen, reinigen'."

Culapanthaka tat genau das, worum ihn der Buddha gebeten hatte. Er saß in der Sonne, rieb seine rechte Hand kreisförmig über den Stoff und wiederholte das ungewöhnliche Mantra, das ihm der Buddha als eine Übung in Achtsamkeit gegeben hatte.

Nach einer Weile schaute er nach unten. Das weiße Stück Stoff wurde dunkel, beschmutzt von dem Fett seiner Hand. Obwohl er ein Mantra über Reinigen chantete, hatte er den Stoff schmutzig gemacht!

Auf einmal erkannte Culapanthaka, dass alles vergänglich ist. Alles, was er liebt, dem er begegnet, gegen das er sich wehrt, alles ohne Ausnahme ist genauso vergänglich wie dieser saubere weiße Stoff. In diesem Moment, als er ganz klar die Vergänglichkeit aller Dinge realisierte, wurde Culapanthaka erleuchtet. Er ging zum Kloster, setzte sich unter einen Baum und erschuf Hunderte Mönche, die genau wie er waren, indem er die geheimnisvollen übernatürlichen Kräfte eines vollkommen Erwachten benutzte.

In der Zwischenzeit waren die anderen Mönche des Klosters mit dem Buddha zu Jivakas Haus gegangen. Der Buddha sah Culapanthaka nicht, und so lehnte er es ab zu essen, als das Mittagessen serviert wurde.

„Was ist los, ehrwürdiger Herr?“, fragte ein nervöser Jivaka. „Ist irgendetwas verkehrt?“

„Bist du sicher, dass alle Mönche aus dem Kloster hierher gekommen sind?“

„Ja, ehrwürdiger Herr, ich bin sicher, dass alle gekommen sind. Der ehrwürdige Mahapanthaka hat das bestätigt.“

„Trotzdem“, sagte der Buddha ruhig, „schicke jemanden zum Kloster und schaue, ob ein Mönch zurückgelassen wurde.“

Jivaka schickte einen Mann zum Kloster. Der Mann kehrte sehr schnell zurück und war so blass wie ein Gespenst.

„Ehrwürdiger Herr, das ganze Kloster ist voller Mönche!“, sagte er. „Einige meditieren, andere nähen Roben, manche putzen, einige holen Wasser, manche laufen, einige rezitieren ganze Lehrreden über das Dhamma.“

Dann bat der Buddha den Mann, zum Kloster zurückzugehen und nach Culapanthaka zu fragen. Das tat er. Und als er das tat, antworteten all die Mönche – Hunderte von ihnen – mit einer Stimme: „Ich bin Culapanthaka."

Der Mann war verblüfft und sprachlos. Er kehrte zu Jivakas Haus zurück und berichtete, was er beobachtet hatte. Dann bat ihn der Buddha, zurückzugehen und einen der Mönche an seiner Robe zu erwischen. „Wenn du das tust", sagte der Buddha, „werden die anderen Mönche verschwinden."

Das tat der Mann. Und er brachte den einen namens Culapanthaka zum Mittagessen mit. Als sie das Essen beendet hatten, bat der Buddha Culapanthaka, einen Vortrag zu halten. Sein Bruder, Mahapanthaka, und der Rest der Mönche waren schockiert. Warum wollte der Buddha solch eine minderwertige Person ehren, einen nichtsnutzigen Mönch, der sich noch nicht einmal einen einzigen Vers der Lehren merken konnte?

Aber Culapanthaka gab einen wunderbaren Dhammavortrag, der direkt seiner eigenen Verwirklichung der Vergänglichkeit entsprang. Jeder war von der Tiefe seines Intellekts verblüfft.

Dieser Geschichte zufolge war er in einem seiner früheren Leben ein sehr kluger Mönch gewesen, hatte aber über einen beschränkten Mönchskollegen, der unter Schwierigkeiten versuchte, eine bestimmte Passage auswendig zu lernen, gelacht. So wurde in Culapanthakas darauf folgendem Leben sein Karma erfüllt: Einerseits konnte er einen einzigen Vers innerhalb von vier Monaten nicht auswendig lernen, und andererseits war er fähig, Erleuchtung und übernatürliche Kräfte zu erlangen. Beide waren das Resultat seines eigenen vorhergehenden Karmas, sowohl des guten als auch des schlechten. Eine Geschichte mit doppelter Absicht: sowohl Inspiration als auch Warnung!

Wie Culapanthaka war ich standhaft bei der Verfolgung meines Ziels. Ich belästigte meine Eltern lange genug damit, Mönch zu werden, dass sie allmählich begannen, meine Bitte ernster zu nehmen und nicht nur als vorübergehende Laune anzusehen. Ich war noch zu jung, um voll zu ordinieren, aber ich konnte in einem Tempel leben und als Novize ausgebildet werden. Viele kleine Jungen taten dies, und zahlreiche von ihnen wurden Mönch, wenn sie alt genug waren.

Es wurde für eine Familie als sehr glücksverheißend betrachtet, wenn einer ihrer Söhne in den Orden eintrat. Wenn ein Junge ordinierte, erhielten alle seine Angehörigen den Nutzen des spirituellen Verdienstes. Selbst wenn sich ein junger Mann, der bereits verheiratet war, entschied, Mönch zu werden, war es keine Schande für ihn, seine Frau zu verlassen. Auch sie würde durch die Ordination ihres Ehemanns Verdienst erwerben.

So stimmte mein Vater schließlich etwas widerwillig zu, mich das Tempelleben ausprobieren zu lassen. Meine Mutter weinte, weil sie es hasste und es nicht mochte, mich das Zuhause verlassen zu sehen, aber sie sah an meiner Entschlossenheit, dass es unvermeidlich war – mein Geburtshoroskop hatte es sogar vorausgesagt! Und meine Mutter war gewiss nicht die einzige Mutter in Ceylon, die ihren jüngsten Sohn dem religiösen Leben übergab; denn der Buddhismus war in unserer Kultur so sehr verbreitet, dass dies die ganze Zeit geschah.

Mein Vater zog den Dorfastrologen zurate, um einen glücklichen Tag zu bestimmen, an dem ich das Zuhause verlassen sollte. In jenen Tagen bestimmte die Astrologie die Hauptereignisse in unserem Leben. Die Menschen konsultierten die Sterne, um zu entscheiden, wann sie die Feldfrüchte pflanzen, wann sie heiraten, wann sie einen Toten einäschern, wann sie zum ersten Mal die Haare eines Kindes schneiden, wann sie einen wichtigen Job beginnen, sogar wann sie das Fundament eines Gebäudes graben sollten.

Obwohl die astrologischen Prinzipien der buddhistischen Lehre des karmischen Gesetzes von Ursache und Wirkung zu widersprechen scheinen, existierte der Glaube an die Astrologie trotzdem neben den buddhistischen Praktiken, und keiner dachte im Geringsten daran, dass das ein Problem wäre.

An dem ausgewählten Tag kochte meine Mutter etwas Milchreis für mich. Das war ein wunderbarer Leckerbissen, den es nur bei ganz besonderen Gelegenheiten gab. Wenn ein Kind das Alphabet zum ersten Mal liest, kocht seine Mutter Milchreis. Wenn ein Kind zum ersten Mal zur Schule geht, macht seine Mutter Milchreis. Um einen Geburtstag oder das neue Jahr zu feiern, bereiten die Menschen Milchreis zu. Die erste Ernte des Reises wird in jedem Jahr für Milchreis verwendet, der den Mönchen offeriert wird.

Und natürlich war es Milchreis, den das Dorfmädchen Sujata einem ausgemergelten Siddhattha Gotama anbot, nachdem er sich entschieden hatte, die Askese aufzugeben. Er nahm die Stärkung an. Sie belebte ihn so sehr, dass er in der Lage war, unter dem Bodhibaum intensiv zu meditieren und Erleuchtung zu erlangen und dann den mittleren Weg zu lehren.

Während ich den Milchreis aß, den meine Mutter für den Tag, an dem ich das Haus verließ, zubereitet hatte, sah ich, dass Tränen ihre Wangen und die meiner Schwestern herunterzurollen begannen. Rambanda versuchte auch, nicht zu weinen.

Als die Zeit zu gehen näher rückte, erschien mein Vater, in seinen besten weißen Sarong und Hemd gekleidet. Er sagte mir, dass es Zeit sei aufzubrechen. Auch ich zog einen weißen Sarong und ein Hemd an.

Inzwischen weinte mein Bruder offen, und auf einmal wurde es sehr schwer zu gehen. Gemischte Gefühle verwoben sich zu einem Knoten in meiner Kehle. Ich war glücklich, endlich in einen Tempel zu gehen, aber ich war sehr traurig, meine Familie zu verlassen. Mit dieser Abreise entsagte ich symbolisch dem Leben eines Haushälters, um das Leben eines buddhistischen Mönchs, was auch „hausloses Leben“ genannt wird, aufzunehmen.

Die Familie versammelte sich vor dem Haus, um mich zu verabschieden. Ich kniete mich vor meine Mutter hin und berührte mit meiner Stirn den Boden zu ihren Füßen.

Sie streichelte meinen Kopf mit ihren beiden Händen.

„Möge das dreifache Juwel dich beschützen", murmelte sie mit belegter und erstickter Stimme. „Mögen alle Götter dich beschützen. Mögest du lange in guter Gesundheit leben. Mögest du keinen Schaden erleiden."

Und dann begann sie zu schluchzen. Ich stand auf, und sie küsste meine Stirn und umarmte mich fest.

Mein Vater und ich liefen viele Stunden auf staubigen Straßen, um den Tempel zu erreichen, der mein neues Zuhause werden sollte. Wir hatten keine Verabredung, und mein Vater hatte dem Tempel nicht mitgeteilt, dass ich kommen würde. Die Sterne sagten, dass es ein guter Tag für mich sei, das Zuhause zu verlassen, und so war es.

Spät am Tag erreichten wir die Stadt Kosinna im Rambukanna Bezirk. Der Tempel stand auf einem Kokosnussanwesen am Ende eines staubigen Weges. Die Anlage bestand aus einer Gebetshalle, den Mönchsquartieren und einem separaten Schreinraum. Im offenen Zentrum der Anlage gab es mehrere Stühle und viele blühende Pflanzen und ebenso Beete mit Betelsträuchern, die die Betelblätter hervorbrachten, die die Mönche wegen deren milder narkotischer Wirkung kauten.

Mein Vater führte mich dem ansässigen Mönch vor, der ein kleiner Mann von etwa 60 Jahren war. Später fand ich heraus, dass dieser Mann vor seiner Ordination verheiratet gewesen war und in einem Haus am Rande des Kokosnussgutes gelebt und einen erwachsenen Sohn hatte.

Mein Vater blieb ungefähr zwei Stunden bei mir im Tempel; dann ging er. Ich war sehr müde und wollte nur schlafen. Mein Zuhause und meine Kindheit schienen schon sehr weit entfernt.

Am nächsten Morgen gab mir der Abt ein Grundlagenbuch

für Pali, der Sprache, die der Buddha gesprochen hatte und die in den Theravada-buddhistischen Chantings benutzt wird. Er sagte mir, ich müsse alles in dem Buch auswendig können, um mich für meine Ordination vorzubereiten, und er umriss, was von mir erwartet wurde.

Ich und die drei anderen Jungen, die im Tempel lebten, mussten um das Anwesen laufen und die heruntergefallenen Kokosnüsse einsammeln und sie an verschiedenen Orten stapeln. Auch mussten wir fegen, Feuerholz zum Kochen sammeln, Wasser holen, Geschirr abwaschen und Wäsche waschen. Im Grunde waren wir unbezahlte Arbeiter – irgendwie Sklaven.

Unsere religiösen Pflichten beinhalteten Blumen pflücken, um sie auf den Altar im Schreinraum zu legen, und jeden Morgen und Abend die Andachten besuchen.

Die anderen Jungen kochten jeden Tag unsere Mahlzeiten. Mein Job war es, in das frühere Haus des Abts zu gehen und besonderes Essen, das von seiner früheren Ehefrau für ihn zubereitet worden war, zu holen. Nur ihm war es erlaubt, diese Gerichte zu essen.

Die drei anderen Jungen, die im Tempel lebten, waren alle älter und größer als ich. Diese „Tempeljungen" waren keine Mönchsnovizen, wie ich es schließlich werden würde, aber sie hatten die Gelegenheit, eine religiöse Ausbildung zu erhalten, indem sie im Tempel lebten und im Austausch für Kost und Logis arbeiteten. Einer von ihnen war für die Betelsträucher verantwortlich. Ein anderer managte die Küche. Der dritte kümmerte sich um die vielen Hunde, die auf dem Gelände umherstreunten. Im Allgemeinen taten sie Dinge, die ein Mönch wegen seiner Gelübde nicht tun durfte, wie kochen oder einkaufen.

Das war mein neues Leben.

Aber ich lebte in diesem Tempel nur ungefähr drei Monate.

Eines Tages war ich in der Küche und wusch einen Topf ab.

Zwei der anderen Jungen standen nahe dabei und hatten eine lautstarke Auseinandersetzung. Ein Junge warf einen Stein nach dem anderen und traf mich am Handgelenk. Meine Hand schwoll sofort an und tat sehr weh.

Ich schrieb meinem Vater einen Brief und berichtete ihm, was geschehen war. Einige Tage später kam er, um mich nach Hause mitzunehmen. „Ich will nicht, dass mein Junge in einem Tempel ist, in dem es gewalttätige Menschen gibt", sagte er. Er fand es vernünftig, dass ein Vater seinen Sohn schlagen mag, aber er dachte, dass diese Art von Verhalten keinen Platz in einem Tempel hat. Ich ging mit meinem Vater zurück nach Hause.

Meine Mutter und Schwestern waren überglücklich, mich wiederzusehen, und es war wunderbar, zurück bei Rambanda zu sein. Wir alle schienen da weiterzumachen, wo wir aufgehört hatten, als ich weggegangen war. Ich verbrachte die meiste Zeit damit, zwischen dem Haus meiner Eltern und dem Haus, in dem meine älteste Schwester mit ihrem Ehemann und ihrer Tochter lebte, hin- und herzulaufen. Sie sagten mir, sie hätten gerne einen Jungen in ihrem Zuhause. Warum käme ich also nicht, um bei ihnen zu leben? Es war verlockend. Ich liebte sie beide sehr, und meine Nichte war wie eine Schwester für mich. Zu diesem Zeitpunkt schien meine Situation sehr ungewiss. Ich war fast 12 Jahre alt und war seit vier Monaten nicht mehr zur Schule gegangen. Aber der Wunsch, Mönch zu sein, brannte immer noch in meinem Herzen. Ich vermisste es, die Robe zu tragen. Also bat ich meinen Vater, einen anderen Tempel zu finden, der mich aufnehmen würde.

Einige Monate später, im Januar 1939, erzählte mein Schwager meinem Vater, er habe von einem anderen Tempel gehört, der in dem Dorf Malandeniya lag, dass er einen Jungen zum Ordinieren sucht. Er wurde Sri Vijayarama genannt, was „wohlhabend und siegreich" bedeutet. Mein Vater und mein Schwager dachten, dass

Malandeniya etwa zehn Kilometer von unserem Haus entfernt lag, aber sie waren nicht sicher, denn niemand von uns war jemals dort gewesen.

Mein zweites Weggehen von Zuhause war ähnlich wie beim ersten Mal: der Milchreis meiner Mutter; ein sauberer weißer Sarong; Tränen und Gefühle von sowohl Aufregung als auch Traurigkeit meinerseits. Ich fühlte eine glückliche Vorfreude auf meine Zukunft als Mönch. Als ich über meine Erfahrung in dem vorhergehenden Tempel nachdachte, war ich gleichzeitig mit Sorge darüber angefüllt, an einem fremden Ort mit fremden Menschen zu leben.

Dieses Mal begleiteten mich sowohl mein Vater als auch mein Schwager auf der Reise. Als wir uns verabschiedeten, sagte meine Mutter meinem Schwager: „Bitte pass auf meinen Jungen auf. Da du nahe bei dem Tempel wohnst, berichte mir von meinem Jungen."

Dann gingen wir zu Fuß los, während meine Mutter am Haus stand. Ich drehte mich immer wieder um, nach ihr zu schauen, und jedes Mal stand sie immer noch da, weiter und weiter entfernt, bis ich sie nicht mehr sehen konnte, und es dauerte noch eine Weile, bis die Tränen auf meinen Wangen trockneten.

Es gab keine Straße von unserem Dorf nach Malandeniya. Wir gingen entlang eines Fußweges, der durch Reisfelder, kleine Bäche und Kautschukplantagen führte. Von Zeit zu Zeit gingen wir durch andere kleine Dörfer. Jedes Mal, wenn wir nach der Richtung nach Malandeniya fragten, schickte uns jemand ein wenig weiter auf unserem Weg.

Schließlich kamen wir an eine Tempelanlage, die von Stacheldraht umgeben war. Später erfuhren wir, dass das die Rinder der Nachbarn davon abhalten sollte, hineinzugehen und die kleinen Kokosnussbäume auf dem Gelände aufzufressen. Am Tor bedeckten Bambusstreifen den Draht, sodass er den Sarong der Menschen nicht zerriss, während sie hindurchgingen.

Als wir hineingingen, wurden wir zuerst von einer Meute von bellenden Hunden begrüßt, dann von einigen Jungen und schließlich vom Abt, einem Mann mittlerer Größe, mit scharfen Augen und einer sehr langen Nase. Er lächelte und zeigte dabei Zähne, die von Betelnüssen dunkel gefärbt waren.

Mein Vater, mein Schwager und ich knieten uns sofort im Schmutz hin und verbeugten uns dreimal. Der Mönche winkte uns in den Tempel und zeigte auf Matten auf dem Boden, auf die wir uns setzen konnten.

Der Mönch wurde ehrwürdiger Kiribatkumbure Sonuttara Mahathera genannt. Der Titel Mahathera, „großer Älterer", zeigte an, dass er seit mindestens 38 Jahren Bhikkhu gewesen ist. Da war er fast 60 Jahre alt und schien sehr freundlich zu sein; er lächelte oft.

Mein Vater stellte mich ihm vor und sagte ihm, dass ich gerne im Tempel leben und ordinieren würde. Der Mönch schaute mich von oben bis unten an und nickte dann.

Es war so einfach. Ich war akzeptiert worden.

Mein Vater und mein Schwager blieben etwa eine Stunde, schwatzten mit dem Mönch und gingen dann. In dem Moment, als sie aus meinem Blickfeld verschwanden, fühlte ich, wie mich eine große Welle von Einsamkeit überspülte. Ich sehnte mich danach, ihnen hinterherzurennen und ihnen zu sagen, dass ich meine Meinung geändert hätte und nach Hause gehen wollte.

Ich begann zu weinen und konnte stundenlang nicht aufhören. Der ehrwürdige Sonuttara tröstete mich, indem er mir mitteilte, dass ich im Kloster ein sehr gutes Zuhause haben und das Dhamma von sehr guten Lehrern lernen würde. Dann gab er mir eine abgenutzte Matte und ein schmutziges Kissen, um diese auf dem Betonboden als mein Bett auszubreiten.

Der Schreinraum enthielt eine hölzerne Plattform, die auf vier, etwa einem Meter hohen Säulen stand. Sein Herzstück war eine sehr alte, sehr hässliche Buddhastatue aus Lehm. Ich erinnere mich daran, dass dieser Buddha schreckliche, gemein schauende Augen hatte. Er war nicht so etwas wie die gelassen aussehenden Statuen, wie sie in den meisten buddhistischen Tempeln stehen. Wer auch immer sie geformt hatte, war nicht in den besonderen Qualitäten des Buddha, die in den Statuen von ihm dargestellt werden sollen, geschult worden.

Auf der einen Seite des finster blickenden Buddha war ein Bild eines Vishnu mit blauer Haut, eine der Hauptgottheiten der Hindus. Auf der anderen Seite war ein Porträt von Huniyam Devate, einem Gott, den sogar heute noch einige Singhalesen für seine Bösartigkeit verehren. Manche Menschen sprechen vor dieser Gottheit Gebete, um deren Kraft gegen ihre Feinde zu beschwören. Vishnu und Huniyam waren eine seltsame Wahl für den Altar eines buddhistischen Tempels, und die gesamte Wirkung dieser drei Statuen war tatsächlich beunruhigend.

In einem separaten Gebäude, etwa sechs Meter vom Schreinraum entfernt, waren drei Räume, die alle schmutzig und schäbig waren: das Schlafquartier des Abts, ein Gästezimmer für Mönche zu Besuch und ein Lagerraum. Zur Küche kam man durch einen Freiluftkorridor. Dort gab es einen kleinen Bereich zum Essen, auch sehr schmutzig, einen Holzherd mit drei Steinen oben drauf, wo Töpfe über dem Feuer hingestellt werden konnten.

Hinter der Küche war eine Latrine, die nur der Abt benutzen durfte. Wir Jungen sollten uns auf einer freien Fläche an der Rückseite des Tempelgeländes erleichtern. Und wann immer wir das taten, kam das Schwein des Nachbarn und säuberte hinter uns.

Genau wie im ersten Tempel wurden mir viele Pflichten zugewiesen. Ich sollte Feuerholz zum Kochen spalten, Wasser vom Brunnen holen, den Boden fegen, Blumen für den Altar pflücken, kochen, Geschirr abwaschen und die Dutzend Hunde und Katzen, die in der Tempelanlage umherstreunten, füttern.

Zwischen den Arbeiten sollte ich Verse auf Sanskrit aus Büchern namens Sataka, was wörtlich „einhundert" bedeutet, sich aber im Allgemeinen auf „einhundert Verse zum Lob des Buddha verfasst" bezieht, auswendig lernen. Wenn wir alles aus einem Buch auswendig konnten, begannen wir mit dem nächsten. Eins der Sataka-Bücher erklärt die 108 Namen des Buddha, ein anderes stellt die neun bewundernswerten Eigenschaften des Buddha dar und so weiter.

Der Zweck, kleine Jungen zum Auswendiglernen dieser Verse zu zwingen, bestand in dreifacher Hinsicht: uns die richtige Aussprache des Sanskrit beizubringen; uns an die Qualitäten des Buddha heranzuführen und am wichtigsten, so denke ich, in unserem jungen Geist Glaube und Hingabe hervorzubringen.

Jeden Abend, während wir das, was wir an dem Tag auswendig gelernt hatten, rezitierten, drehte der ehrwürdige Sonuttara die Kerosinlampe zurück, sodass ich nicht mogeln konnte, indem ich meine Texte ablas. Wenn ich Fehler machte oder nicht genug Verse auswendig konnte, wurde er wütend und schlug mich. Seine Schläge waren mehr „Unterrichtshilfen", nicht ganz dieselbe Gewalt, wegen der ich den ersten Tempel verlassen wollte.

Normalerweise machte ich meine Sache allerdings gut bei den Rezitationen. Ich schien ein schneller Lernender zu sein, und mein Lehrer war erfreut. Nach drei Monaten verkündete er, dass ich gut vorangekommen und für die Novizen-Ordination bereit sei.

Der ehrwürdige Sonuttara zog einen Almanach zurate, um einen glücksverheißenden Tag und eine Zeit für die Zeremonie auszuwählen. Dann schickte er meinen Eltern eine Botschaft und lud 20 Mönche aus anderen Tempeln des Bezirks ein. Der älteste Mönch in dem Bezirk, der ehrwürdige Alagoda Sumanatissa Nayaka Mahathera, diente als Präzeptor und gab mir die Gelübde. Am Tag vor der Zeremonie war der Tempel voller Betriebsamkeit, als Gäste ankamen und die Dorfbewohner aus Malandeniya das Essen für die besuchenden Mönche vorbereiteten.

Viele meiner Angehörigen kamen zu dem großen Tag, einschließlich meines Vaters, meines Schwagers und Rambanda, meinem lieben Bruder. Meine Mutter konnte wegen ihrer Rückenverletzung nicht so weit reisen. Mein Vater erzählte mir, dass sie untröstlich war, nicht dabei sein zu können, und ich war auch sehr traurig.

Um 10.00 Uhr am Morgen versammelten sich alle auf der drei mal zwölf Meter großen Veranda des Wohngebäudes der Mönche. Normalerweise wurde die Ordinationszeremonie im Schreinraum abgehalten, aber weil so viele Gäste gekommen waren, entschied mein Lehrer, dass die Zeremonie an dem größeren Platz stattfinden sollte.

Ich trug ein sauberes weißes Hemd und einen Sarong. Mein Vater ging mit mir auf die versammelten Mönche zu, die neben einem behelfsmäßigen Altar auf dem Boden saßen und auf die Menge schauten.

Ich kniete mich vor den Seniormönch, den ehrwürdigen Sumanatissa, und verbeugte mich dreimal. Er sagte, ich solle meinen Vater um Erlaubnis ersuchen, das hauslose Leben eines Bettelmönchs betreten zu dürfen. So kniete ich mich vor meinem Vater nieder und wiederholte das Ritual der dreifachen Verbeugung, bei der jedes Mal meine Stirn den Boden zu seinen Füßen berührte, um Respekt zu bezeugen. Ich erinnere mich an das ernste Gesicht, mit dem er auf mich herunterschaute.

Als ich zu den Mönchen zurückkehrte, schnitt der ehrwürdige Sumanatissa ein paar Strähnen meiner Haare mit einer Schere ab und sagte mir, ich solle ihm nachsprechen: „Haare auf dem Kopf, Haare auf dem Körper, Nägel, Zähne, Haut." Die Körperteile sollten mein erstes Meditationsobjekt sein. Es ist eine typische Aufgabe, die allen Novizen aufgetragen wird, die erste

Grundlage der Achtsamkeit des Buddha, die physische Form, zu reflektieren.

In einer seiner Hauptlehrreden, der Mahasatipatthana Sutta, der Lehrrede über die vier Grundlagen der Achtsamkeit, legte der Buddha vier Objekte dar, auf die wir unsere Aufmerksamkeit richten sollten: unseren Körper, unsere Gefühle und Empfindungen, unser Bewusstsein selbst und die Geistesobjekte des Bewusstseins.

Wenn wir uns diese vier Dinge wirklich mit vollkommener, ungeteilter und klarer Aufmerksamkeit anschauen, beginnen wir zu erkennen, dass sie die ganze Zeit alle im Fluss sind. Sie bewegen sich und fließen, verändern sich von einem Moment zum nächsten und lassen keine Gelegenheit, an der Erfahrung irgendeines Moments anzuhaften. Wenn wir diese vier, sich ständig verändernden Objekte kontemplativ betrachten, erkennen wir die Vergänglichkeit von allem, was sich in unserem eigenen Sein manifestiert.

Darüber hinaus erkennen wir, dass es zwischen uns und anderen keinen Unterschied gibt. Wir, jeder einzelne von uns, sind eine Ansammlung aus Körper, Gefühlen, Bewusstsein und Geistesobjekten. Wenn wir das verstehen, dann werden wir großherziger anderen gegenüber. Eifersucht und Getrenntheit schwinden und werden durch wachsendes Mitgefühl und liebende Güte ersetzt.

Aber nicht für einen zwölfjährigen Jungen inmitten seiner Novizen-Ordination – all das ist natürlich noch ein entferntes Ziel an dem Tag, an dem ein Mönchsnovize sein erstes Meditationsobjekt erhält. Die älteren Bhikkhus könnten einen Novizen genauso gut darin unterweisen, mit einer der anderen vier Grundlagen der Achtsamkeit zu arbeiten, aber sie wählen immer den Körper, weil er sehr einfach wahrzunehmen ist, sogar für Anfänger. Der Körper ist sozusagen genau richtig mit all seiner Begierde erzeugenden, Schmerz erschaffenden, stolz geschwellten Körperlichkeit. Und als ich vor meinem Präzeptor kniete, hatte ich nur einen leisen

Schimmer davon, was ich später über diese erste Grundlage der Achtsamkeit lernen würde.

Der Seniormönch legte die Strähnen meiner Haare in meine geöffnete Handfläche. Das war für einen jüngeren Mönch ein Signal, nach vorne zu kommen und mich hinauszuführen, um mir den Rest meiner Kopfhaare abzurasieren.

Das Ritual der Kopfrasur, ein Symbol dafür, dass ein Mönch materielle und weltliche Anhaftungen aufgibt, wird immer nichtöffentlich, abseits des Publikums der Laien, durchgeführt. Sobald mein Kopf kahl war, wurde ich hinter die Küche geschickt, um mich dort am Tempelbrunnen zu waschen. Dann zog ich wieder weiße Kleidung an.

Als ich in die Halle zurückging, trug ich auf meinem Kopf ein gefaltetes Bündel – meine Mönchsroben. Ich kniete mich vor meinen Präzeptor. Indem ich auf Pali chantete, bat ich den Ehrwürdigen, das Set Roben, das ich hatte, zu empfangen und mich als Mönchsnovizen zu ordinieren, sodass ich in der Lage sein würde, das Leiden zu beenden und Nibbana (Pali, Nirvana auf Sanskrit) zu erlangen. Und wieder drei Verbeugungen.

Dann gab der ehrwürdige Sumanatissa die dreifache Zuflucht und die zehn Vorsätze, die die moralische Basis meines neuen Lebens wurden, indem er sie auf Pali chantete und ich sie nach ihm wiederholte.

Ich nehme Zuflucht zum Buddha.
Ich nehme Zuflucht zum Dhamma.
Ich nehme Zuflucht zur Sangha.
(Die dreifache Zufluchtnahme wurde jeweils dreimal gechantet.)
Ich nehme den Vorsatz auf mich, nicht zu töten.
Ich nehme den Vorsatz auf mich, nicht zu stehlen.
Ich nehme den Vorsatz auf mich, keine sexuellen Aktivitäten auszuführen.

Ich nehme den Vorsatz auf mich, nicht zu lügen.
Ich nehme den Vorsatz auf mich, keine berauschenden Getränke oder Drogen zu mir zu nehmen, die Betäubung und Achtlosigkeit nach sich ziehen.
Ich nehme den Vorsatz auf mich, nach Mittag nichts mehr zu essen.
Ich nehme den Vorsatz auf mich, weder zu tanzen, zu singen, Musikinstrumente zu spielen noch Theateraufführungen zu besuchen.
Ich nehme den Vorsatz auf mich, weder Schmuck zu tragen, noch Parfum, Cremes oder Kosmetik zu benutzen und den Körper zu verschönern.
Ich nehme den Vorsatz auf mich, keine luxuriösen Sessel und Betten zu benutzen.
Ich nehme den Vorsatz auf mich, kein Gold und Silber anzunehmen.

Nach diesem Rezitieren bat ich den Präzeptor formal, dass er die Verdienste, die ich bei dieser Ordination erwarb, teilen solle: „Ehrwürdiger Herr, bitte erfreuen Sie sich an all den Verdiensten, die ich erworben habe, und erlauben Sie mir, dass ich mich an all den Verdiensten erfreue, die Sie erworben haben."

Dann verbeugte ich mich wieder dreimal vor ihm und auch vor allen anderen Mönchen.

Schließlich verkündete der ehrwürdige Sumanatissa meinen neuen Namen: Gunaratana – „Juwel der Tugend".

Nun war ich Novize.

Ich erhielt ein kleines Kissen und sollte mich zu den anderen Mönchen setzen, aber auch nicht zu nah! Ich setzte mich hin und eine kleine Parade von Laien kam nach vorne, wobei sich jeder verbeugte und ein kleines Geschenk vor mich hinlegte. Da gab es Handtücher, Seifenstücke, einen Regenschirm – praktische

Dinge, die für mich in meinem neuen, vereinfachten Leben nützlich waren.

Der Tag wurde mit einem üppigen Mahl beendet. Ich aß zusammen mit den anderen Mönchen, auf dem Boden sitzend. Das Essen, das in Tempeln von Laien offeriert wird, ist ausdrücklich nur für Mönche, und so durfte ich vorher berechtigterweise niemals daran teilhaben. Es war köstlich.

Dieser Tag war wirklich ein Höhepunkt in meinem Leben. Alles war perfekt, außer einer Sache: Meine geliebte Mutter war nicht da. Ich vermisste sie sehr.

Zwei Wochen später ging ich sie besuchen. Sie war überglücklich, ihren jüngsten Sohn zu sehen, nun mit geschorenem Kopf und mit der dunkel-orangefarbenen Robe eines ordinierten Mönchs.

Sie breitete ein sauberes Handtuch zu meinen Füßen aus, sank schmerzhaft auf ihre Knie und verbeugte sich dreimal vor mir. Dreimal berührte ihre Stirn das Handtuch.

Es war umgekehrt als an dem Tag, als ich das Haus verließ und mich vor ihr verbeugte. Nun erwies sie mir ihren Respekt. Es war ein kraftvoller und bewegender Moment für uns beide.

„Mein lieber kleiner Mönch“, sagte meine Mutter mit Tränen in ihren Augen, „du solltest niemals die Robe ablegen. Das Leben eines Mönchs ist für dich am besten. Es ist das Leben der Freiheit. Denke niemals daran, die Robe abzulegen.“

Von diesem Tag an wiederholte meine Mutter dieses Ritual und diese Bitte an mich, wann immer ich einen Besuch Zuhause abstattete, und sagte immer: „Lege niemals die Robe ab, mein Sohn.“

Nach meiner Ordination veränderte sich das Leben im Tempel, trotzdem blieb vieles gleich. Es gab immer noch das Auswendiglernen religiöser Texte, Routinearbeiten zu erledigen, Bestrafungen zu ertragen. Doch die Mahlzeiten waren anders. Jetzt durfte ich den Regeln gemäß nach Mittag keine feste Nahrung mehr zu mir nehmen. Im Wesentlichen hatten wir eine große Mahlzeit am Tag. Sie wurde bei der Almosenrunde im Dorf zusammengetragen. Als ansässiger Novize war das mein Job.

Jeden Tag verließ ich nach meinen morgendlichen Arbeiten den Tempel um etwa 9.30 Uhr. Eine große Almosenschale aus Metall, ungefähr von der Größe einer Suppenschüssel, hing an einem breiten Stoffband um meinen Nacken, ihre Öffnung war von einem Baumwolltuch bedeckt.

Meine Pflicht bestand darin, Essen sowohl für den Abt als auch für mich von jedem der ungefähr 60 Häuser im Dorf zusammenzutragen. Die Dorfbewohner standen vor ihren Hütten mit Töpfen mit Reis, Dal, Gemüse oder süßem Kuchen in der Hand. Als ich langsam an ihnen vorbeiging, indem ich schwieg und Augenkontakt vermied, legten sie einen Löffel voll ihrer Gaben in meine Almosenschale.

Die Almosenrunde wird auch heute noch in den Dörfern in ganz Asien praktiziert. Es ist ein wunderschöner Anblick – lange Reihen von Mönchen, die schweigend und barfuß gehen und vor jedem Haus eines Laien stehen bleiben. Die frommen Dorfbewohner verbeugen sich, während sie Essen in die Almosenschale legen. Nicht ein Wort wird gewechselt.

Diese Praxis ist eine alte Tradition, die die voneinander abhängige Beziehung zwischen Ordinierten und Laien lebendig werden lässt. Die Bhikkhus, denen es aufgrund ihrer Gelübde nicht erlaubt ist, Essen zu kochen, erhalten von den Laien Nahrung. Indem die Laien den Bhikkhus Nahrung anbieten, erwerben sie spirituelle Verdienste und unterstützen die Fortführung des Buddhaweges.

Aber für mich war die Almosenrunde immer stressig. Ich musste alle 60 Häuser aufsuchen und pünktlich um 11.00 Uhr morgens zum Tempel zurückkehren. Wenn ich nur fünf Minuten zu spät gekommen wäre, hätte sich mein Lehrer geweigert zu essen. Die monastischen Regeln geben ausdrücklich an, dass unsere Mahlzeit vor Mittag beendet sein muss, und mein Lehrer wollte nicht hastig essen. So eilte ich durch das Dorf, ohne mich zu trauen, ein Haus auszulassen, denn das würde seine Bewohner der Verdienste durch das Offerieren von Almosennahrung berauben, und sie würden sich bei meinem Lehrer beschweren und ich würde gerügt werden.

In diesem Dorf gab es viele Hunde, und sie waren hungrig. Wenn sie einen kleinen Jungen sahen, der eine Schale mit dampfendem und duftendem Essen trug, wurden sie aggressiv. Ich versuchte, sie mit dem Regenschirm abzuwehren, den ich trug, um mich gegen die grelle Sonne zu schützen. Aber ich war niemals sehr erfolgreich.

Manchmal versuchte ich, vor den Hunden wegzulaufen, aber das war nicht einfach mit einer schweren Schale, die um meinen Nacken hing. Unweigerlich fiel ich hin und verschüttete Essen im Schmutz. Die Hunde bedrängten mich, knurrten und schnappten. Oft kehrte ich mit blutenden Beinen und einer halb leeren Almosenschale zum Tempel zurück.

Manchen Dorfbewohnern tat ich leid. Immer wenn mich ein bestimmter Hund gebissen hatte, kamen sie ein paar Tage später zum Tempel und vermeldeten, dass dieser Hund „gestorben" war. Dieses Ergebnis hatte ich überhaupt nicht gewünscht, aber es war dennoch geschehen.

Jeden Tag nach dem Mittagessen half ich den beiden Tempeljungen, die Küche zu putzen, dann ging ich etwa drei Kilometer zu einem Tempel im nächsten Dorf, wo mich der Abt in Pali-Lektionen drillte. Ich konnte die Verse leicht auswendig lernen, und so mochte mich dieser Mönch sehr. Nach meinem Unterricht eilte ich zu meinem Tempel zurück für die abendlichen Arbeiten und Andachten, einem Ritual, bei dem die Qualitäten von Buddha, Dhamma und Sangha rezitiert wurden.

Nach dieser Andacht tranken wir Tee, und ich lernte noch etwas weiter. Gewöhnlich gingen wir um 21.30 Uhr zu Bett. Der Gong zum Wecken erklang um 4.00 Uhr am nächsten Morgen.

Wie mein Vater war der ehrwürdige Sonuttara jähzornig. Er verwendete beleidigende Worte, um mich und die Tempeljungen zu beschimpfen. Wenn wir nur im leisesten irgendeine Regel gebrochen hatten oder vom täglichen Programm fernblieben, zögerte er nicht, uns mit dem zu schlagen, was auch immer er zu fassen bekam: mit Steinen, Stöcken, Ziegelsteinen, Besen und sogar mit einem Messer.

So strengte ich mich sehr an, die Regeln einzuhalten. Sobald ich um 4.00 Uhr morgens aufgestanden war, begann ich, das Frühstück zuzubereiten und Wasser zu erhitzen. Um 5.00 Uhr erwartete mein Lehrer das Wasser, damit er sein Gesicht waschen konnte. Dann musste ich frische Blumen pflücken und sie auf dem Altar für das Morgenritual um 5.30 Uhr arrangieren.

Frühstück musste um genau 6.00 Uhr fertig sein. Der ehrwürdige Sonuttara wollte, dass der Napf für die Hunde neben seinen Sitz gestellt werden sollte, damit er sie mit seinen eigenen Händen füttern konnte. Wir durften nicht essen, bevor er fertig war, und dann mussten wir unser Essen runterschlingen, damit wir schnell zu unseren nächsten Arbeiten kamen. Nachdem ich zum Novizen ordiniert worden war, durfte ich neben meinem Lehrer essen, aber er saß auf einem Stuhl und stellte seinen Teller auf einen Tisch. Ich saß daneben auf dem Boden, und mein Teller stand auf einer kleinen Bank vor mir.

Als ich um 11.00 Uhr von der Almosenrunde zurückkehrte, führten wir ein ähnliches Ritual durch, bei dem das Mittagessen serviert wurde und wir unsere eigenen Mahlzeiten verschlangen.

Um 13.00 Uhr erwartete unser Lehrer seinen Tee auf einem besonderen Tisch. Dann ging ich zu dem anderen Tempel für meinen Pali-Unterricht und kehrte nicht später als 15.00 Uhr zurück. Um 17.30 Uhr mussten die Blumen und der Garten bewässert werden, und dann hatte ich Zeit, um mich schnell zu waschen vor dem Abend-Chanting um 18.00 Uhr. Um 18.30 Uhr musste ich dem Ehrwürdigen seinen Tee servieren. Um 19.00 Uhr rezitierte ich für ihn meine auswendig gelernten Verse. Danach bereitete ich seine Kaumischung aus Betel zu, die um 19.30 Uhr serviert werden musste. Dann gab es ein letztes Aufräumen, und wir gingen zu Bett.

An Voll- und Neumondtagen genossen wir eine Pause von der Routine. Statt unsere üblichen Arbeiten durchzuführen, waren wir Gastgeber für die Dorfbewohner, die diesen besonderen Tag im Tempel verbrachten. Die meisten von ihnen waren älter und konnten weder lesen noch schreiben. In den meisten Tempeln lasen die Mönche den Laien Jataka-Geschichten vor und erklärten deren Bedeutung.

Jataka-Geschichten sind Erzählungen über den Buddha aus seinen früheren Leben. Die ganze Sammlung umfasst 550 Geschichten, von denen jede veranschaulicht, wie der Buddha in einer früheren Wiedergeburt eine bestimmte edle Qualität manifestierte: Großzügigkeit oder moralische Integrität, Entsagung, Weisheit, Bemühung, Geduld, Wahrhaftigkeit, Entschlossenheit, liebende Güte und Gleichmut. Manchmal ist der Buddha in den Jataka-Geschichten irgendein Tier; immer ist er ein Bodhisattva oder jemand, der sich in der Vorbereitungsphase, ein Buddha zu werden, befindet.

Weil ich eine Ausbildung bis zur vierten Grundschulklasse hatte, war ich für die ungebildeten Dorfbewohner, die zu unserem Tempel kamen, so etwas wie ein Held. Sie liebten es, mir zuzuhören, wie ich die Geschichten mit meiner mädchenhaften, vorpubertären Stimme rezitierte.

Ich erinnere mich daran, wie ich eines Tages eine Geschichte aus dem menschlichen Leben des Buddha erzählte. Ich sagte, dass Prinz Siddhattha ein Asket wurde, nachdem er den Palast seines Vaters verlassen und sein Haar abgeschnitten hatte. Er wickelte gelben Stoff um sich und sammelte Essen in einer Almosenschale.

Einer der Dorfbewohner, die lauschten, ein alter Mann, der mich an meinen Großvater erinnerte, sagte: „Kleiner Mönch, ich glaube, du irrst dich. Ich denke, dass die gelbe Robe und die Almoschale erst dann in der Welt eingeführt wurden, als Siddhattha zum Buddha wurde und seinen Mönchsorden gründete."

Ich antwortete ihm: „Herr, das Sanskrit-Wort für Schale lautet *patra*, was wörtlich jede Art von Behälter mit einer Öffnung oben bedeutet. Solche Gegenstände waren sicher in Gebrauch, bevor der Buddha erschien. Sie wurden im Allgemeinen von Entsagenden verwendet. Und das Sanskrit-Wort für gelben Stoff ist *kashaya vastra*, was sich auf jedes Stück von gelbem Stoff bezieht. Warum konnte sich Siddhattha nicht in gelben Stoff hüllen?" Wie ich mich erinnere, gefiel meine Antwort dem alten Mann sehr.

Aber nicht alles, was in dem Tempel stattfand, war so erhaben. Eines Tages luden mich die Tempeljungen, die älter als ich waren, ein, um mit ihnen Tabak zu rauchen. Ich tat es, und so war eine Sucht geboren. Wir konnten es uns nicht leisten, Zigaretten zu kaufen, also stahlen wir Tabak aus dem Zimmer des Abts, wo er einen Vorrat aufbewahrte, um ihn mit Betel und Arekanüssen zum Kauen zu mischen.

Wir wickelten um den Tabak Stücke von Zeitungspapier und rauchten heimlich. Von Zeit zu Zeit entdeckte unser Lehrer uns beim Rauchen und schlug uns dafür. Aber das schreckte uns nicht ab; wir passten nur besser auf, nicht erwischt zu werden.

Eines Tages, nach der Rückkehr von der Almosenrunde, zündete ich eine kleine Rolle Tabak in der Küche an und begann, sie zu rauchen. Mein Lehrer erschien mit einem Eimer, um sich am Brunnen zu waschen.

Er blieb stehen und schaute mich direkt an: Ich war auf frischer Tat ertappt.

„Ich werde dich dieses Mal nicht schlagen", sagte er. „Aber was soll ich mit dir machen, wenn ich dich noch einmal dabei erwische? Sag du es mir."

Da musste ich ziemlich schlucken. Die Wut meines Lehrers war einschüchternd. Ich wusste, dass es auf diese Frage nur eine Antwort gab.

„Wenn Sie mich noch einmal rauchen sehen, sollten Sie mich so sehr schlagen, wie Sie wollen", sagte ich.

Aber ich hörte nicht mit dem Rauchen auf; ich war vollkommen abhängig. Ein paar Wochen später wurde ich wieder auf frischer Tat erwischt. Der ehrwürdige Sonuttara schlug mich mit seinen bloßen Händen.

Danach schloss er seinen Tabak weg, sodass wir nicht mehr dran kamen. Wieder waren wir nicht abgeschreckt worden und wurden einfach noch einfallsreicher: Wir verkauften Kokosnüsse, Handtücher, Taschentücher und Reis, was immer wir zur Verfügung hatten – gewöhnlich Geschenke von den Laien –, um unseren Tabak zu kaufen.

Als ich in meine Teenagerjahre kam, fühlte ich mich sehr unabhängig. Ich hatte nicht mehr so viel Angst vor der unberechenbaren Wut des ehrwürdigen Sonuttara. Seine extremen Bestrafungen schienen unfair und grausam, und ich begann, sie ihm übel zu nehmen. Ich dachte auch, dass es mir an Ausbildung mangelte. Ich war 13 Jahre alt und hatte die Schule nur bis zur vierten Grundschulklasse absolviert – eine Leistung in jenen Tagen, aber für mich immer noch nicht genug. Weder mein Lehrer noch der

Mönch in dem benachbarten Tempel, der mir Pali beibrachte, hatten irgendeine formale Ausbildung. Ich wollte mehr lernen, ein Wunsch, den ich mein ganzes Leben hegen sollte.

Der Tempel begann sich wie ein Gefängnis anzufühlen. Das war nicht das leuchtende religiöse Leben, von dem ich geträumt hatte.

Eines Tages, nach dem Mittagessen, ging der ehrwürdige Sonuttara ein Nickerchen machen. Einer der anderen Jungen wollte eine Orange von dem Baum draußen vor dem Zimmer unseres Lehrers. Er begann, Steine in den Baum zu werfen, damit eine Orange herunterfällt.

Das Geräusch weckte unseren Lehrer auf. Er kam wütend aus seinem Zimmer heraus und wollte wissen, wer solch einen Radau gemacht hatte. Einer der anderen Jungen sagte, dass ich es gewesen sei, der Steine geworfen hatte. Und jetzt war ich auf einmal auch rasend. Ich fragte den Jungen, in einer sehr üblen Sprache, warum er unseren Lehrer anlüge. Der ehrwürdige Sonuttara ging auf mich los. Er sagte, ich sei sehr respektlos und dass es ihn nicht interessiere, wer die Steine geworfen hätte, und weil ich respektlos gewesen sei, würde ich bestraft werden. Er ergriff einen Besenstiel und schlug mich immer wieder, bis ich zu Boden fiel. Ich konnte kaum noch atmen. Da platzte mir der Kragen.

Später am Nachmittag sammelte ich wie üblich meine Bücher zusammen. Es war Zeit, um in den Kebilitigoda-Tempel zu meinem Pali-Unterricht zu gehen. Ich brach gerade auf, als sich mein Lehrer und die anderen Jungen zur Rückseite des Grundstücks begaben, um eine neue Latrine zu graben. Ich sah ihnen zu, wie sie dorthin gingen, dann ging ich leise zurück nach drinnen und warf meine Bücher hin.

Ich ging in das Zimmer, in dem die Tempeljungen ihre Kleider aufbewahrten, und schnappte mir ein weißes Hemd und einen

Sarong. Ohne Anwandlung von Bedauern zog ich meine Robe aus und das Hemd und den Sarong an.

Ein Hochgefühl kam in mir auf, ich schlüpfte zur Vordertür hinaus, durch das Stacheldrahttor und auf den harschigen Weg.

Ich war kein Mönchsnovize mehr. Ich war frei.

3. Kapitel

Flucht

Als ich die Robe ablegte und den Tempel verließ, stellte sich mir nicht die Frage, wohin ich gehen sollte: nach Hause.

Als Erstes hielt ich dennoch beim Haus meiner Schwester an. Mein Schwager schien nur leicht überrascht zu sein, mich zu sehen. Er hatte von meinen Kämpfen gehört und sagte lächelnd: „Es ist gut, dass du diesen Ort verlassen hast. Bleibe eine Weile hier, und ich werde einen anderen Tempel für dich finden." Aber ich hatte Angst, dass, wenn ich hier bleiben würde, der ehrwürdige Sonuttara mich suchen käme. Also lief ich in mein Elternhaus.

Meine Mutter war schockiert, mich zu sehen. Sie fragte, warum ich den Tempel verlassen hätte, also erzählte ich ihr, was geschehen war. Sie sagte nicht viel, fing nur zu weinen an.

Am Abend kam mein Vater von der Arbeit im Reisfeld nach Hause. Ich erzählte ihm von der Misshandlung, die ich im Tempel erleiden musste. Ich konnte an seinem Gesichtsausdruck erkennen, dass er mir nicht glaubte, aber er blieb ruhig. Mein Bruder und meine Schwestern schienen alle glücklich zu sein, mich zu sehen, aber niemand hatte viel zu sagen. Sie akzeptierten einfach, dass ich da war.

Und doch schienen wir alle zu wissen, dass es nicht andauern konnte. Es war für einen Mönch tabu, die Robe abzulegen. Das brachte der ganzen Familie Unglück, sogar Schande.

Am nächsten Nachmittag kam mein Lehrer zu uns nach Hause. Aus Respekt vor dem Mönch fragten meine Eltern ihn nicht nach einer Erklärung, warum ich von ihm weggelaufen war. Sie gaben vor, nichts von dem zu wissen, was geschehen war.

Nach einigen Minuten ungezwungenen Gesprächs bat mich der ehrwürdige Sonuttara, mit ihm zum Tempel zurückzukehren. Ich schaute meine Eltern an, flehte im Stillen um ihre Hilfe und hoffte, sie würden mich verteidigen und sagen, dass sie wollten, dass ich bei ihnen bleibe. Für eine oder zwei Minuten sagte niemand etwas. Es war komplett still. Meine Eltern schienen mich nicht anschauen zu können. Dann wiederholte mein Lehrer seine Bitte. Mein Vater nickte mit seinem Kopf und sagte ruhig: „Ja, du musst mit ihm gehen."

Mein Herz wurde mir schwer. Ich wusste, dass, wenn ich bleiben würde, mein Vater mich einfach zwingen würde, am nächsten oder übernächsten Tag zum Tempel zurückzukehren. Und ich wollte meiner Familie keine Schande bringen.

So ging ich mit dem ehrwürdigen Sonuttara. Sobald wir zum Tempel zurückkamen, ordinierte er mich erneut, mit einer viel weniger aufwändigen Zeremonie als beim ersten Mal. Zum zweiten Mal in meinem Leben trug ich die orangefarbene Robe. Ich konnte nur hoffen, dass es dieses Mal besser gehen würde.

Mein Lehrer, der ein Mitglied des Mönchsrates war, einem Verwaltungsorgan unserer Schule, musste den Monat zwischen dem Vollmond im Juni und im Juli in Kandy verbringen. Während dieses Monats hielt der Mönchsrat Zeremonien für die höhere Ordination von Mönchsnovizen ab, und manchmal verliehen sie nicht weniger als 30 jungen Männern am Tag die volle Mönchsordination. Während der Abwesenheit meines Lehrers diente ich als Oberhaupt des Tempels, dabei war ich kaum 13 Jahre alt und immer noch ein Novize.

Eines Tages, als mein Lehrer gegangen war und ich das Sagen hatte, kam ein Mann zum Tempel und bat um Orangen. Wir hatten zwei Orangenbäume auf dem Gelände, und immer wenn Dorfbewohner Orangen brauchten, kamen sie zu uns. Er gab mir etwas weniger als eine Rupie, was etwas 25 Cent entspricht.

Der eine Tempeljunge war mit dem ehrwürdigen Sonuttara nach Kandy gegangen, also war nur der andere Junge namens Hinnimahattaya mit mir da. Normalerweise teilten wir alles wie Partner. Sobald der Dorfbewohner mit seinem Sack Orangen gegangen war, fragte mich Hinnimahattaya nach der Beteiligung der Einnahmen.

„Er gab mir nur 25 Cent", sagte ich Hinnimahattaya, „und davon müssen wir Zucker, Tee und etwas Kerosin für die Lampen für heute Abend kaufen."

Hinnimahattaya regte sich sehr auf und ließ einen Schwall schmutziger Worte los. Ich schlug ihn zusammen.

Ein anderes Mal hatten wir keine Streichhölzer mehr, um die Kerosinlampen anzuzünden. Ich bat Hinnimahattaya, zu einem benachbarten Haus zu laufen und einen brennenden Stock zurückzubringen. In jenen Tagen war das ganz üblich, sich Feuer von einem Nachbarn zu „leihen".

Aber Hinnimahattaya weigerte sich zu gehen. So drohte ich ihm: Wenn er nicht den brennenden Stock holen würde, würde ich ihm nicht die Hälfte meiner nächsten Zigarette geben. (Normalerweise teilten wir die Zigaretten; ich rauchte die eine Hälfte und gab ihm dann die andere Hälfte.) Aber Hinnimahattaya war nicht überzeugt. Er war bereit, seine Hälfte der Zigarette aufzugeben, dafür dass er nicht den Botengang machen muss.

Also ging ich selbst, und als ich mit dem brennenden Stock zurückkam, benutzte ich ihn, um eine Zigarette anzuzünden. Hinnimahattaya beobachtete mich begierig. Sobald die eine Hälfte der Zigarette geraucht war, bat er mich um die andere Hälfte.

„Vergiss es", sagte ich. „Abgemacht ist abgemacht. Ich habe

die Besorgung erledigt, und deshalb bekommst du die Zigarette nicht."

Hinnimahattaya begann, mich zu verfluchen. Wutentbrannt drückte ich ihn gegen die Wand, hielt ihn da und benutzte die Zigarette, um ihm beide Mundwinkel anzubrennen.

Während der Reise des Ehrwürdigen nach Kandy geschah es auch, dass mehrere Teenagerjungen aus dem Dorf zu unserem Tempel kamen und bei uns blieben. Wir spielten viele Spiele. Natürlich sollte ich mich als Mönchsnovize nicht mit Spielen unterhalten, aber wen kümmert es, wenn der Lehrer nicht da ist?

Eines unserer Lieblingsspiele hieß panca ganahava, was „spielen mit fünf" bedeutet. Es beinhaltete, kleine Muschelschalen auf den Boden zu werfen und Punkte zu sammeln, je nachdem ob die Muscheln mit der richtigen Seite nach oben landeten oder nicht.

Eines Tages kam unser nächster Nachbar vorbei und sagte, er wolle uns ein Kartenspiel beibringen. Er zeigte uns ein Spiel und begeisterte uns dafür. Er stellte sicher, dass wir mehrere Spiele hintereinander gewannen, dann sagte er: „Wenn ihr Geld habt, dann könnt ihr auf dieses Spiel setzen. Heute ist euer Glückstag. Ihr scheint zu gewinnen."

Ich sagte ihm, ich hätte nur eine Rupie. Er sagte: „Das ist gut. Lasst uns jetzt um Geld spielen."

Ich setzte meine Rupie und gewann sogleich zwei weitere! Ich war total begeistert. Er ermutigte mich, noch einmal zu spielen. Natürlich verlor ich dieses Mal. Der Nachbar steckte die drei Rupien ein und ging lächelnd.

Das war das Ende meiner kurzen Karriere im Glücksspiel und eine Lektion, die ich in nur einem Versuch lernte.

Am Nachmittag, als mein Lehrer aus Kandy zurückkehrte, untersuchte er als Allererstes die Schale für die Essensgaben für die

Buddhastatue im Schreinraum. Unsere Anweisungen lauteten, sie jeden Tag vor Mittag zu leeren.

An diesem Tag fand sie der Ehrwürdige sogar noch um 13.00 Uhr gefüllt. Zu der Zeit war ich in der Küche und bereitete Tee für ihn zu. Er rief mich, ich ging zur Küche hinaus und begann, die Treppen zum Hauptgebäude hinunterzulaufen.

Plötzlich sah ich ein Objekt, das in meine Richtung geflogen kam – die Almosenschale aus dem Schreinraum! Mein Lehrer hatte sich so aufgeregt, dass er die Schale nach mir warf, sogar noch bevor er fragte, warum sie noch voll war. Die Schale traf mich heftig mitten auf der Stirn, und ich fiel blutend zu Boden.

Bis heute habe ich immer noch eine Narbe an meiner Stirn.

Unser Lehrer bemerkte auch die Brandmale an Hinnimahattayas Mund.

„Wie ist das geschehen?", fragte mich der Ehrwürdige.

Ich hatte Hinnimahattaya gewarnt, unserem Lehrer nichts von dem Vorfall mit der Zigarette zu erzählen. Wenn er das täte, wären wir beide in Schwierigkeiten wegen des Rauchens. Glücklicherweise sagte Hinnimahattaya nichts. Ich erzählte dem Ehrwürdigen Sonuttara, dass mich der Tempeljunge verflucht hatte, weshalb ich seinen Mund als Bestrafung verbrannte. Seltsamerweise schien er diese Geschichte zu akzeptieren und sagte nichts mehr dazu. Das war allerdings eines der seltenen Male, wo ich mit etwas davonkam. Das Temperament meines Lehrers war unberechenbar, und die Schläge hielten an, oft für die kleinste Übertretung der Regeln. Er war der Diktator, und wir mussten jeden seiner Befehle ohne Frage oder Diskussion akzeptieren.

Trotz alledem hatte der ehrwürdige Sonuttara doch einen freundlichen Zug. Er hatte ein wirkliches Faible für Tiere; deshalb fütterte er alle in der Gegend herumstreunenden Hunde und Katzen. Und wenn kranke Menschen zum Tempel kamen und um Hilfe baten, gab er ihnen pflanzliche Arzneimittel umsonst.

Gelegentlich lief einer der Tempeljungen weg und nahm etwas Wertvolles mit, zum Beispiel eine Öllampe aus Messing oder sogar eine der Buddhastatuen.

„Lass ihn laufen“, sagte mein Lehrer. „Er ist arm. Er kann diese Dinge verkaufen und etwas Geld erhalten. Wir können das, was auch immer er gestohlen hat, ersetzen.“

Wenn ich jetzt über das Verhalten meines Lehrers nachdenke, so glaube ich, dass der ehrwürdige Sonuttara wirklich wollte, dass ich ein guter Mönch werde und ich nicht durch meine natürlichen jugendlichen Bedürfnisse nach Unabhängigkeit vom rechten Weg abkomme. Und er „ermutigte“ gutes Verhalten, indem er die Form der Bestrafung, die in diesen Tagen üblich war, benutzte: körperliche Schläge. Natürlich konnte ich das so erst später erkennen, als ich erwachsen war. Zu der Zeit, als ich als Novize in diesem Tempel lebte, war ich unglücklich. Ich litt ständig unter seiner Dominanz.

Irgendwann begann ich mit einem der Tempeljungen über ein Weggehen zu sprechen. Er war auch sehr unglücklich. Wir beide hatten Geld gespart und Kerzen gehortet, und wir planten, eines nachts wegzulaufen. Eines Tages waren wir uns einig, diese Nacht zu fliehen. An diesem Tag arbeiteten wir beide härter als sonst, um unseren Lehrer zu erfreuen, damit er keinen Verdacht schöpfte.

Nachdem an diesem Abend jeder im Tempel zu Bett gegangen war, zog ich meine Robe aus und ein Hemd und einen Sarong an. Mein Komplize und ich schlichen zur Hintertür hinaus.

Zuerst mussten wir über einen Friedhof gehen, was uns beide verunsicherte. Dann befanden wir uns auf einer Holzbrücke über einem schmalen Bach. Wir hatten von den Geschichten der Einheimischen gehört, dass dies ein Ort war, an dem böse Dämonen und Kobolde nach Menschen schnappten. Nach der Legende war das erste Zeichen für ihr Erscheinen ein großer schwarzer Hund.

Wenn Menschen diese Brücke überqueren mussten, gingen sie normalerweise in großen Gruppen, in denen jeder laut sprach und eine helle Fackel trug, um die Dämonen zu verjagen. Aber weil wir davonliefen, mussten wir leise sein und durften auch nicht die Kerzen anzünden, die wir bei uns trugen, aus Angst, jemand könnte uns sehen.

Genau um Mitternacht überquerten wir die Brücke. Wir zitterten, unser Mund war ausgetrocknet. Uns sträubten sich die Haare. Wir sprachen kein Wort zueinander, sondern gingen nur langsam im Stockdunklen.

Plötzlich erschien vor uns ein großer, schwarzer Hund, und mein Herz begann noch heftiger zu pochen. Dann bekamen wir beide eine so heftige Ohrfeige, dass wir fast von der Brücke und ins Wasser gefallen wären. Es stellte sich heraus, dass der große, schwarze Hund unser Tempelhund war und die Ohrfeige von unserem Lehrer kam, der uns zur Hintertür hinausschleichen gehört hatte und uns bis zur Brücke gefolgt war. Auf seinen Befehl hin folgten wir ihm zurück zum Tempel, wo er mich sofort ein drittes Mal ordinierte, mitten in der Nacht.

Weder die anderen Tempeljungen noch die Dorfbewohner hörten jemals etwas von diesem Vorfall. Wieder in meinen Mönchsroben nahm ich am nächsten Tag die Almosenschale und ging wie immer ins Dorf, um Almosen zu sammeln.

Als ich etwa 15 Jahre alt war, interessierte ich mich für ein Mädchen aus dem Dorf, das ungefähr in meinem Alter war. Jeden Tag stand sie vor ihrem Haus, während ich mit der Almosenschale vorbeikam. Sie war fast so groß wie ich und hatte lange schwarze Haare. Sie hatte wie ich ein rundes Gesicht mit einer etwas helleren als die normale singhalesische Hautfarbe und perfekten Zähnen, die sie beim Lächeln immer zeigte. Ich hielt sie für hübsch. Eines Tages, als sie Reis in meine Schale schöpfte, unterhielten wir uns sehr kurz und flüsternd, was sehr gegen die monastischen Regeln verstieß.

Als ich an diesem Abend zu unserem Brunnen ging, um mich zu waschen, stieß ich absichtlich den Eimer gegen die Seiten des Brunnens, um ein so lautes Geräusch zu machen, dass sie es in ihrem Haus hören könnte. Das war das Signal, das wir vereinbart hatten. Augenblicklich lief sie zum Brunnen und trug einen Krug, als ob sie ihn mit Wasser füllen müsste. Ich war begeistert, sie kommen zu sehen.

Ungefähr zehn Tage lang war das unser Programm. Ich schlug den Eimer gegen den Brunnen; sie schnappte sich einen Krug bei sich Zuhause und goss ihn aus, wenn er voll Wasser war, sodass sie eine Ausrede hatte, um zum Brunnen zu gehen. Auch wenn wir zu scheu waren, um unsere aufkeimenden Gefühle einander zu teilen, hatten wir lange, herrliche Unterhaltungen, und jedes Mal wurden sie länger und länger. Ich erzählte ihr, dass das Tempelleben ein Gefängnis sei. Wir schwatzten über andere Menschen im Dorf. Sie sprach über ihr Leben bei sich Zuhause.

Schließlich begann sich mein Lehrer zu fragen, warum ich so lange für das Waschen brauchte, und eines Tages kam er, um mich zu kontrollieren, und erwischte uns dort, wie wir sprachen und lachten.

Natürlich regte er sich auf. Mönche jeden Alters sollen keinen engen Kontakt mit Frauen oder Mädchen haben. Er befahl dem Mädchen, nicht zum Brunnen zu kommen, wenn ich dort war. Zurück im Tempel rügte er mich mit heftigen Worten und befahl mir, mich später am Abend waschen zu gehen, zu einer Zeit, von der er dachte, dass es zu spät für sie sei, um zum Brunnen zu gehen. Tatsächlich passte mir das gut, denn ich wusste, dass wir im Dunkeln sogar noch vertraulicher reden könnten, wenn niemand uns zusammen sehen könnte. So setzten wir unsere heimlichen Begegnungen fort.

Unweigerlich erwischte uns mein Lehrer erneut, und dieses Mal war seine Rüge sogar noch strenger. Er sagte dem Mädchen, dass es niemals mehr zum Brunnen gehen dürfe. Er meinte, dass er ihren Eltern von ihrem Verhalten berichten würde.

Sie weinte und bat ihn inständig, ihren Eltern nichts zu erzählen. Sie versprach, nicht mehr zum Brunnen zu gehen, und sie tat es. Ich sah sie niemals wieder.

Wenn ich jetzt nach Jahren des Dhamma-Studiums und der -Praxis auf diesen Vorfall zurückschaue, sehe ich das als Beweis dafür, dass Jungen vielleicht nicht in einem so jungen Alter ordiniert werden sollten, wie es in meiner Kindheit Brauch war. Sie sollten zuerst eine weltliche Ausbildung erhalten, und es sollte ihnen erlaubt sein, Spiele, Sport, Freunde und Partys zu genießen – all die Dinge, nach denen sich junge Menschen sehnen. Wenn sie erwachsen geworden sind, können sie dann eine reife Entscheidung fällen, ob sie ordiniert werden wollen. Der Sangha beizutreten ist eine ernste Verpflichtung, und ich glaube nicht, dass eine sehr junge Person darauf vorbereitet ist, eine sachkundige Wahl zu treffen. Und es ist selten, dass ein Junge emotional dazu bereit ist, um mit den Härten und Einschränkungen des monastischen Lebens zurechtzukommen.

Traditionell dachte man in meinem Land, dass Jungen mit ihrem lebhaften jungen Geist religiöse Texte leichter auswendig lernen könnten als Erwachsene. Ihre Persönlichkeit konnte frühzeitig beeinflusst und geformt werden in das friedvolle Verhalten eines kontemplativen Mönchs. Aber jetzt bin ich mir nicht sicher, dass das stimmt. Ich habe viele Männer gesehen, die in mittleren Jahren oder im höheren Alter Mönch wurden, nachdem sie verheiratet gewesen waren und Kinder aufgezogen hatten, und sie sind gute Mönche geworden. Andererseits habe ich zu viele Mönche gesehen, die vor der Pubertät ordiniert worden waren und sich weiterhin wie Kinder benahmen.

Nachdem der ehrwürdige Sonuttara meine aufkeimende Romanze mit dem Mädchen am Brunnen beendet hatte, vertiefte sich meine Unzufriedenheit mit dem Tempelleben. Ich war ein Teenager, hatte meinen eigenen Geist und den Wunsch nach einer besseren schulischen Ausbildung, als dieser Lehrer mir bieten konnte. Ich wollte Mönch bleiben, aber nicht unter dem Joch dieses speziellen Ehrwürdigen. Als Lösung konnte ich nur daran denken wegzulaufen, aber wohin? Ich wusste, dass ich nicht mehr nach Hause gehen konnte. Meine Eltern wären untröstlich gewesen, wenn ich wieder die Robe ablegen würde. Ich hätte sie nicht in diesen beschämenden Plan einbeziehen können.

Etwa zu dieser Zeit kamen ein Vater und Sohn, um in dem Tempel zu leben. Der Sohn hieß Gunawardhena, und er und ich wurden sehr gute Freunde. Er erzählte mir immer wieder von einem anderen Ort, der besser als dieser Tempel war, also heckten wir einen Plan aus, um gemeinsam wegzulaufen. Dieses Mal wollte ich es richtig machen. Ich wollte die Flucht ergreifen, und niemand sollte mich jemals finden.

An dem ausgewählten Tag war der Dorffriseur da, um meine Kopfhaare wie gewöhnlich abzurasieren. Den ganzen Tag war ich in fieberhafter Vorfreude, ebenso Gunawardhena. Um 23.00 Uhr an diesem Abend ging ich zur Latrine, und als ich zurückkam, ließ ich die Vordertür leicht geöffnet.

Um etwa 23.30 Uhr hörten wir unseren Lehrer schnarchen. Wir nahmen mehrere Kerzen mit und gingen zur Küche, wo ich wieder einmal meine Robe abstreifte und einen Sarong sowie Hemd anzog. Als wir die Tempelanlage verließen, steuerten wir die entgegengesetzte Richtung zu derjenigen an, die ich bei meiner letzten Flucht genommen hatte. So schnell wir konnten, rannten wir durch Reisfelder zur Hauptstraße, die etwa drei Kilometer entfernt war. Überall um uns herum waren die nächtlichen Geräusche der Vögel, Frösche und Grillen, Hunde bellten entfernt.

Sobald wir die Straße erreicht hatten, verlangsamten wir unsere Schritte und gingen weiter. Bald sahen wir zwei Menschen mit Laternen, die in unsere Richtung kamen. Es war 1942, während des Zweiten Weltkrieges, und eine nächtliche Sperrstunde war über ganz Ceylon verhängt worden.

Gunawardhena sprach aufgeregt zu mir, indem er nicht meinen Ordinationsnamen sondern meinen Laiennamen benutzte. „Ukkubanda, das sind Polizisten. Sie werden uns alle möglichen Fragen stellen. Was sollen wir ihnen erzählen?"

In einem Augenblick erfand ich eine ganze fiktive Geschichte: „Sage ihnen, dass meine Mutter gestern gestorben sei und jemand zum Tempel kam, um uns die Botschaft zu überbringen. Wir verpassten den Bus, um zu ihrer Beerdigung zu gehen, deshalb gehen wir jetzt entlang der Straße und hoffen, am Morgen einen anderen Bus zu erwischen."

Die Polizisten erreichten uns und musterten mich misstrauisch. Ich hatte um meinen geschorenen Kopf ein Taschentuch gebunden und ein weiteres um meinen Hals. Weil ich keinen Gürtel hatte, trug ich ein anderes Taschentuch um meine Hüften, das meinen Sarong hielt. Auch das Bündel Kerzen in meiner Hand war in ein Taschentuch eingewickelt.

„Schau dir diesen Schlingel an", sagte einer der Polizisten. „Er hat überall Taschentücher an sich."

Sie trennten mich von Gunawardhena und nahmen uns etwa zehn Meter auseinander. Dann stellten sie jedem von uns dieselbe Frage: Wohin gingen wir mitten in der Nacht?

Wir beide erzählten dieselbe Geschichte, also ließen uns die Polizisten gehen und erwähnten noch nicht einmal die Ausgangssperre. Sie sagten nur, dass wir eine Kerze verwenden sollten, während wir gingen.

Innerhalb von zwei Stunden kamen wir in Kurunegala an, etwa 18 km vom Tempel entfernt. Jetzt fühlten wir uns sicherer und waren ziemlich gewiss, dass uns der ehrwürdige Sonuttara nicht so weit folgen würde.

Gerade als es hell zu werden begann, stießen wir auf eine Unterkunft am Straßenrand, eines der typischen Gebäude, die als Pilgerraststätte bekannt sind. Die Hütte hatte niedrige Wände, ein Strohdach und einen schmutzigen Boden, auf dem die Menschen ihre Strohmatten auslegten, um sich darauf zu legen. Die meiste Zeit waren diese primitiven Freilufthütten von Reisenden belegt, die im Schatten ausruhten, und von Bettlern, die das Essen kochten, was sie sich erbettelt hatten.

Gunawardhena und ich waren glücklich. Diese eine Unterkunft war an diesem Morgen nicht belegt. Dankbar sanken wir zu Boden und schliefen fast unmittelbar ein.

Einige Stunden später wachten wir auf, und wir wuschen unser Gesicht mit kaltem Wasser an einem Brunnen. Wir liefen wieder los, ohne genau zu wissen, wohin wir gingen. Wir gingen einfach. Die Landschaft wechselte ständig. Wir durchquerten Kokosnusswäldchen, Kautschuk- und Teeplantagen, Reisfelder auf Terrassen, Bepflanzungen mit Bananenbäumen und kleine Gemüsegärten bei Hütten, die aus einem Raum bestanden. Überall schienen streunende Hunde zu sein, von denen viele ihr Fell komplett verloren hatten und zahlreiche andere Wunden von Bissen anderer Hunde und von Schlägen von Menschen hatten. Oft sahen wir wilde Affen, die in den Bäumen schwangen oder auf dem Boden rannten. Gelegentlich konnten wir aus der Entfernung Elefanten trompeten hören. Vereinzelt gab es Autos, LKWs, Busse, Motorräder und Rikschas, die alle hupten, um die Fußgänger und die Menschen, die am Straßenrand saßen, zu warnen.

Aber die Menschen überwogen im Verkehr. Wir kamen an Männern, Frauen und Kindern vorbei, die nur gingen oder eine Herde Kühe oder Hühner hüteten. Manche fuhren mit einem primitiven Holzkarren, der von Ochsen gezogen wurde.

Entlang des Straßenrandes gab es kleine Lehmhütten, die als Läden dienten. Menschen saßen vor ihnen, kauten Betelnüsse, tranken Tee und schwatzten. Reisende konnten anhalten und Tee, kleine Brotlaibe, Arekanüsse, getrocknete Fische, Seile aus Kokosnussfasern und gelegentlich Bedarfsgegenstände wie Zucker, Salz, Reis, Linsen und Kerosin kaufen.

Fast jeder rauchte. Die Menschen kauften immer eine oder zwei Zigaretten oder vielleicht eine Beedie, die Zigarette des armen Mannes, die nur etwa ein Fünftel Cent kostete. Diese bestand im Wesentlichen nur aus einem getrockneten Blatt, das mit einer Prise Tabak gefüllt war – dürftig, aber zu gebrauchen.

Gunawardhena und ich hatten etwas Geld, das wir aus dem Zimmer des ehrwürdigen Sonuttara gestohlen hatten, bevor wir den Tempel verlassen hatten. Damit kauften wir ein paar Brotlaibe. Auf dem Grundstück von jemandem neben der Straße sahen wir eine Menge Kokosnüsse. Wir stahlen eine und brachen sie auf, indem wir sie auf den Boden schmetterten. Das Fruchtfleisch dieser Kokosnuss und das Brot waren unsere erste Mahlzeit auf unserer Reise.

An diesem Tag gingen wir etwa 40 km. Am späten Abend erreichten wir eine Stadt namens Dambulla. Wir fanden eine weitere unbesetzte Pilgerraststätte, breiteten einige Palmwedel auf dem Boden aus und legten uns hin. Wir waren erschöpft.

Als wir am nächsten Morgen aufwachten, waren wir mit Zecken und Sandfliegen übersät. Wir gingen zum nahen Brunnen, brachen dort einen Stock von einem Busch ab und begannen unsere Zähne mit dem faserigen Ende zu putzen.

Ein Mönch kam auf uns zu, und er musterte mich sorgfältig. Ich versuchte, ihn zu ignorieren.

„Bist du Mönch gewesen?“, fragte er und schaute meinen kahlen Kopf an.

„Nein“, log ich einfach. „Ich bin krank gewesen. Ich kam erst gestern aus dem Krankenhaus heraus.“

„Du siehst nicht aus, als ob du krank gewesen wärst“, sagte er. „Ich glaube, du bist ein Mönch. Komm mit mir. Ich ordiniere dich wieder in meinem Tempel.“

Ich zog sein Angebot in Erwägung. Tief in mir hatte ich immer noch den Wunsch, Mönch zu sein. Ich hatte nur deshalb die Robe abgelegt, weil der ehrwürdige Sonuttara so grausam gewesen war. Dieser Mönch schien freundlicher zu sein. Aber natürlich konnte ich nicht gehen, ohne mich mit meinem Freund zu beraten.

Ich wandte mich an Gunawardhena.

„Was denkst du?“, fragte ich ihn. „Ich will nicht wirklich die Robe ablegen. Hier ist für mich eine Chance, wieder ein Mönch zu sein.“

„Bist du verrückt?“, sagte Gunawardhena. „Erinnerst du dich nicht daran, was unser Lehrer uns angetan hat? Alle diese Mönche sind gleich. Sie haben kein Herz. Sie denken nur an ihre Regeln und Vorschriften. Sei kein Narr, lass uns gehen.“

Der Mönch machte sein Angebot schmackhafter. Er sagte, dass er einige britische Offiziere in einem nahe gelegenen Militärflughafen kenne. Er versprach, dass er dort für Gunawardhena einen Job beschaffen könne. Wir könnten beide im Tempel leben, und ich könnte Mönch sein, während Gunawardhena am Flughafen arbeitete. Gunawardhena wollte nichts davon hören, und ich wollte meinen Freund nicht im Stich lassen. So verließen wir den Mönch und gingen wieder weiter.

Am nächsten Tag liefen wir einem Mann über den Weg, der sagte, dass er für einen zivilen Unternehmer arbeite. „Wenn ihr arbeiten wollt, dann kommt mit mir“, sagte uns der Mann.

„Es gibt viele Jobs bei uns.“

Wir waren einverstanden.

Es stellte sich heraus, dass unser Job harte körperliche Arbeit war. Wir bekamen zwei Schaufeln und zwei Bambuskörbe und sollten Sand aus einem Bachbett schaufeln und ihn dann in großen Haufen stapeln.

Wir arbeiteten mehrere Monate dort und waren Teil einer Mannschaft von etwa 20 jungen Männern. Wir arbeiteten von 7.00 Uhr morgens bis 19.00 Uhr abends. Unsere Bezahlung betrug 1,2 Rupien am Tag, was ungefähr 50 Cent entsprach. Von diesem Lohn rechnete der Chef etwa 25 Cent für unsere Mahlzeiten ab. Das Frühstück bestand aus einer Tasse Tee mit Zucker und das Abendessen aus Reis mit Linsen. Wir schliefen in Hängematten, die aus zwischen zwei Bäumen gebundenen Leinensäcken bestanden.

Der Dschungel wimmelte von Moskitos. Sie bissen uns Tag und Nacht, und über kurz oder lang bekam Gunawardhena tatsächlich Malaria. Er hatte hohes Fieber und konnte nicht arbeiten.

Ich bat unseren Chef um zwei freie Tage, sodass ich mich um meinen Freund kümmern konnte. Er lehnte ab.

„Ich habe für Sie monatelang, sieben Tage in der Woche, zwölf Stunden pro Tag gearbeitet", sagte ich. „Alles, was ich will, ist ein paar Tage Pause."

Wieder lehnte er ab. Entweder musste ich weiterarbeiten, oder wir beide, Gunawardhena und ich, mussten das Arbeitslager verlassen.

„In Ordnung", sagte ich. „Geben Sie uns den Rest unseres Lohns." Der Chef bezahlte uns, und wir gingen.

So begann unser Leben als Bettler. Am Tag wanderten wir entlang staubiger Straßen. Am Abend teilten wir die mageren Mahlzeiten mit den anderen Bettlern in den Hütten am Straßenrand, erzählten Witze, sangen und tanzten, um die Zeit zu vertreiben.

Mehrere Wochen lang wuschen wir uns nicht. Unsere Kleider waren schmutzig, und wir rochen schlecht. Jeden Morgen gingen die anderen Bettler zur „Arbeit" und fragten uns, in welcher Gegend wir an dem Tag betteln wollten.

„Wir wissen es nicht“, lautete immer unsere Antwort. In Wahrheit bettelten wir überhaupt nicht. Wir aßen einfach, was immer andere Menschen bereitwillig an Essen mit uns teilten. Wir waren faule Bettler.

Allmählich erholte sich Gunawardhena von der Malaria und erlangte seine Kraft zurück. Aber dann erwachte ich eines Morgens mit einem starken Schmerz in meinem rechten Bein. Ich fühlte mich fiebrig. Als ich mir mein Bein genau anschaute, fand ich einen roten Fleck auf meinem Oberschenkel etwa zehn Zentimeter oberhalb meines Knies. Einer der Bettler, mit denen wir unsere Unterkunft teilten, starrte die Wunde an und erklärte, dass es ein Schlangenbiss sei. Der Schmerz war unerträglich, und ich konnte kaum mein Bein anheben. Gunawardhena und ich blieben zurück, als die anderen Bettler gingen. Nach etwa zwei Stunden kämpfte ich mich auf meine Füße und humpelte zur Hütte hinaus. Wir gingen kaum zehn Meter, als wir auf einen jungen Mann stießen, der etwa 25 Jahre alt war. Keiner von uns hatte ihn jemals vorher gesehen. Aus irgendwelchen Gründen, die ich nicht verstehen konnte, schlossen er und Gunawardhena unmittelbar Freundschaft. Sie begannen zu lachen und zu scherzen wie alte Kameraden. Wahrscheinlich fühlte sich Gunawardhena durch mich und mein lahmes Bein belastet; er war erleichtert, auf jemanden zu treffen, der lustiger war. Wir drei gingen zusammen, und ich hinkte hinterher. Nach fünf Minuten wandte sich Gunawardhena an mich.

„Ukkubanda, da du nicht sehr schnell gehen kannst, warum sollte ich nicht mit diesem Mann vorausgehen? Du nimmst dir Zeit und gehst so langsam, wie du es brauchst. Wir werden in Lovamahapaya auf dich warten.“

Ich war sofort von Angst ergriffen. Lovamahapaya war etwa sechs bis sieben Stunden Marsch entfernt.

„Nein, lass mich nicht alleine“, bat ich. „Ich kann nicht alleine gehen. Ich brauche deine Hilfe. Bitte bleib bei mir.“

Dann geschah etwas Unfassbares: Gunawardhena ignorierte mich und ging einfach mit seinem neuen Freund davon. Ich setzte mich hin und begann zu weinen. Mein Bein pochte. Ich konnte nicht glauben, was geschehen war. Wie undankbar Gunawardhena war. Wir hatten unser Abenteuer vor einigen Wochen gemeinsam geplant, und ich hatte mein Mönchsein aufgegeben, um mit ihm wegzulaufen. Als er im Dschungel krank wurde, gab ich den Job beim Bau auf. Alle diese Monate waren wir Reisegefährten gewesen. Wir waren voneinander abhängig gewesen. Und jetzt, da ich ihn am nötigsten brauchte, ließ er mich im Stich.

Ich hatte keinen Gefährten, kein Zuhause, kein Geld, kein Essen. Ich war am Tiefpunkt angelangt und völlig alleine.

Was in aller Welt sollte ich tun?

4. Kapitel

Wieder Mönch

Etwa eine Stunde lang, nachdem mich Gunawardhena abrupt am Straßenrand verlassen hatte, saß ich einfach nur da – alleine und verwirrt. Was als großes Abenteuer begann, bei dem wir von unserem Tempel weggelaufen waren, wurde zu einer schrecklichen Zerreißprobe. Mein Bein war böse angeschwollen von einem Schlangenbiss, ich war hungrig, und mein Reisegefährte war für immer weggegangen, so viel ich wusste. Niemals in meinem Leben hatte ich mich so niedergeschlagen gefühlt.

Schließlich befahl mir doch etwas in mir, aufzustehen. „Bleibe in Bewegung", schien die Stimme zu sagen.

So kam ich auf meine Füße und begann die verlassene Straße entlang zu humpeln. Ich ging mehrere Stunden lang, bis ich schließlich auf ein Mädchen stieß, das im Schatten eines Baums saß. Sie verkaufte Früchte, Nüsse, Brot, Tee und Gemüse.

Ich setzte mich auf eine raue Bank.

„Warum humpelst du?", fragte sie mich.

Ich erklärte, dass mich die Nacht zuvor eine Schlange gebissen hatte. Das Mädchen stellte mir noch einige Fragen: nach meinem Namen, woher ich kam und warum ich alleine reiste. Ich erzählte ihr meine ganze Geschichte.

Sie gab mir ein Stück Brot mit Linsencurry und eine Tasse mit gutem heißen Tee. Dankbar nahm ich die Mahlzeit an.

Sie ging in ihre winzige Hütte und kam mit einem Stück Zitrone heraus. Sie rieb die Zitrone an der Wunde an meinem

Oberschenkel und massierte dann etwas Öl hinein. Sie bat mich, da zu bleiben, bis ihr Vater von der Arbeit nach Hause käme, aber ich sagte, dass ich nach Lovamahapaya gehen müsse, um meinen Freund zu treffen. Ich hoffte, dass Gunawardhena tatsächlich dort auf mich warten könnte.

Ich begann wieder, die Straße entlang zu gehen, und humpelte immer noch. Schon bald erreichte ich die Stadt Anuradhapura. Eine der ersten Stätten, die ich sah, war ein Restaurant namens Siyasiri Hotel (damals nannten sich Restaurants Hotel). Der Geschäftsführer grüßte mich und fragte, warum ich humpelte. Ich erzählte ihm von dem Schlangenbiss. Er fragte, weshalb ich alleine war. Ich berichtete ihm, dass ich mit meinem Reisekumpel nicht Schritt halten konnte, sodass er nach Lovamahapaya vorausgegangen war.

„Jeder, der hier vorbeigeht, kommt zu diesem Hotel", sagte der Geschäftsführer. „Bleibe hier. Du wirst sie ankommen sehen, wenn sie durch diese Stadt gehen."

Ich war einverstanden und setzte mich, um zu warten. Um 23.00 Uhr nickte mein Kopf. Der Geschäftsführer konnte sehen, dass ich sehr müde war.

„Du solltest über Nacht bleiben", sagte er. Er gab mir eine Strohmatte, damit ich darauf schlafen konnte. Das war das Letzte, was ich wusste, bis ich um 8.00 Uhr am nächsten Morgen erwachte. Sobald ich aufgewacht war, fragte ich den Geschäftsführer, ob Gunawardhena angekommen war.

„Nein", sagte er und schüttelte seinen Kopf. „Niemand kam, um nach dir zu suchen. Aber bleibe doch hier, ich kann dir einen kleinen Job geben."

Ich wusste nicht, was ich sonst tun oder wohin ich sonst gehen sollte, also nahm ich sein Angebot an.

Und so wurde ich Kellner im Siyasiri Hotel in Anuradhapura. Das war ein angenehmer Job. Mehrere andere junge Menschen arbeiteten in dem Restaurant, und wir kamen alle gut miteinander aus. Ich bediente die Gäste, reinigte die Tische und wusch Geschirr ab.

Einige Wochen später erkrankte ich eines Tages an Malaria und fühlte mich zu krank, um zu arbeiten. Während ich mich erholte, schrieb ich meiner Mutter einen Brief, um sie wissen zu lassen, wo ich bin. Ich fühlte mich schuldig, denn ich ahnte, dass sie wahrscheinlich die Neuigkeit meines Weglaufens vom Tempel gehört hatte und krank vor Sorgen um mich gewesen sein musste.

Als ich ein paar Tage später zurück zur Arbeit kam, ging ich zum nahe gelegenen Brunnen, um Wasser für das Restaurant zu holen. Ein anderer Junge war auch da. Ich lieh mir seinen Eimer und benutzte ihn, um etwas Wasser zu schöpfen und es in meinen Eimer zu gießen. Als ich ihm seinen Eimer zurückgab, ließ ihn der Junge in den Brunnen fallen, mit dem Seil und allem, was dazu gehörte. Er begann zu weinen, denn er wusste, in welche Schwierigkeiten er käme, weil er den Eimer verloren hatte.

Aber ich hatte Gäste im Restaurant, die auf frisches Wasser für ihren Tee warteten. Ich musste mich beeilen. Ich sagte dem Jungen, dass ich meinen Eimer mit Wasser zum Restaurant bringen und dann sofort zu ihm zurückkehren würde, um ihm zu helfen, seinen Eimer aus dem Brunnen zu fischen.

Als ich aber zum Restaurant mit dem Eimer voll Wasser ging, stand mein ältester Bruder Tikiribanda vor dem Eingang. Sobald er mich erblickte, verlangte er, dass ich mit ihm nach Haus gehe. Er sagte, Mutter weine ununterbrochen, seit sie die Neuigkeiten meiner Flucht aus dem Tempel gehört hatte. Mein Bruder war fast so einschüchternd wie mein Vater. Ich wagte es nicht, mich seinem Befehl zu widersetzen. Ich vergaß vollkommen den armen Jungen, der am Brunnen auf mich wartete, damit ich komme und ihm helfe, seinen Eimer wieder aufzufinden. Ich vergaß den netten

Geschäftsführer des Restaurants, der mir eine Chance geboten hatte, ein neues Leben zu beginnen.

„Ich habe einen kleinen Laden eröffnet“, erzählte mir mein Bruder. „Du kannst kommen und mir helfen, ihn zu betreiben.“

Später fand ich heraus, dass einen Tag, nachdem Gunawardhena und ich den Tempel verlassen hatten, der ehrwürdige Sonuttara unser Verschwinden der Polizei gemeldet hatte. Mein Vater ging zum Tempel und verlangte von meinem Lehrer, mich zu finden und nach Hause zurückzubringen. Inzwischen hatte mein Vater erkannt, dass der ehrwürdige Sonuttara ein wütender, grausamer Mensch war und meine Probleme im Tempel nicht einfach meinem schlechten Benehmen zuzurechnen waren. Mein Vater wusste, dass meine Geschichten über die Misshandlungen durch die Hände meines Lehrers keine Lügen waren, aber da war es natürlich schon zu spät. Ich hatte den Tempel verlassen, und dieses Mal lief ich nicht nach Hause.

In der Zwischenzeit durchkämmten die Polizisten die Gegend nach mir. Dann kam mein Brief aus Anuradhapura. Mutter und Vater schickten sofort meinen ältesten Bruder, um mich zu abzuholen.

Meine Eltern, besonders meine Mutter, waren überglücklich, mich lebendig und gesund zu sehen, aber es war unbehaglich, wieder in ihrem Haus zu sein. Alle Nachbarn nannten mich „Ex-Mönch“, was eine große Beleidigung war. Mein Vater wollte keinen „unglücklichen“ Sohn Zuhause haben; er bat mich, wieder zu ordinieren.

Ich war mit einer Reihe kleiner Jobs beschäftigt, um mich von meinem Vater fern zu halten, damit wir nicht viel miteinander reden mussten. Einer bestand darin, Gräben als Überschwemmungsschutz in einem Kautschukgut in der Nähe unseres Hauses auszuheben.

Dieses Gut wurde von einer großen Firma betrieben. Sie zahlten einen mageren Lohn, und es war eine Knochenarbeit. Ich füllte Eimer nach Eimer mit Erde, und dann trugen Frauen die Eimer zu einem Schuttabladeplatz. Einmal sah eine dieser Frauen die offenen Blasen an meinen Händen von der Schaufel, und sie bot an, den Job mit mir zu tauschen. So grub sie für eine Weile die Erde aus, und ich trug die vollen Eimer.

Nach diesem Job pflückte ich Teeblätter. Auch das war eine monotone, harte Arbeit. Natürlich hätte ich lieber in dem Laden meines Bruders gearbeitet, aber er hatte ihn nur ein paar Monate nach der Eröffnung wieder geschlossen. Die Menschen in dem Dorf waren zu arm, um seinen Laden zu unterstützen. Die meisten von ihnen konnten es sich nicht leisten, selbst die einfachsten Grundnahrungsmittel zu kaufen.

Ich verbrachte einen großen Teil meiner freien Zeit im Haus meiner Schwester, derselben Schwester, die mich gestillt hatte, als ich klein war, der Frau, die ich meine zweite Mutter nannte. Seit ihr Ehemann gestorben war, gab es keinen erwachsenen Mann im Haus. Es gab nur meine Schwester, ihren kleinen Sohn und ihre Tochter, meine Nichte, die nur fünf Monate älter als ich war.

Sie waren sehr nett zu mir, und ich fühlte mich bei ihnen mehr Zuhause als bei meinen eigenen Eltern. Ein paar Wochen, nachdem ich nach Hause zurückgekehrt war, zog ich vom Haus meiner Eltern zu meiner Schwester. Das war eine friedlichere Regelung, aber es war mir immer noch unbehaglich als Haushälter zu leben. Mein ursprünglicher Wunsch, Mönch zu sein, brannte immer noch in mir, trotz allem, was passiert war. Ich dachte immer öfter an meinen Lehrer und den Tempel, den ich fünf Monate zuvor verlassen hatte. Ich bedauerte, weggelaufen zu sein. Mein Geist erweichte sich gegenüber dem ehrwürdigen Sonuttara, und ich erinnerte mich an seine guten Eigenschaften. Ich dachte, dass ich ihn zumindest um Entschuldigung bitten sollte.

Eines Tages, als meine Schwester die Verwandten ihres verstorbenen Ehemanns besuchen ging, beschloss ich, heimlich zu meinem Lehrer zu gehen. Wegen der Entfernung war es ein Besuch mit einer Übernachtung, aber ich rechnete damit, dass ich zurück sein könnte, bevor meine Schwester nach Hause käme. Ich wusste, dass sie diesem Besuch nicht zustimmen würde. Sie wollte, dass ich ständig in ihrem Haus leben und meinen Traum, Mönch zu sein, aufgeben würde.

Als ich mich zum Aufbrechen fertig machte, weinte meine Nichte und bat mich, nicht zu gehen. Ich sagte ihr, dass sie sich keine Sorgen machen solle und ich am nächsten Tag wieder zurück sein würde. Sie weinte immer weiter, während ich in Richtung des Tempels losging.

Als mich der ehrwürdige Sonuttara sah, war er erleichtert. Auch wenn er nicht immer der netteste Lehrer war, wollte er genauso sehr wie ich, dass ich wieder Mönchsroben trage. Ich entschuldigte mich dafür, weggelaufen zu sein, und er fragte mich, ob ich bereit sei, wieder zu ordinieren.

„Ja", antwortete ich, von meinem Entschluss überzeugt. „Aber ich will nicht als Novize im Tempel leben. Ich möchte zur Mönchsschule gehen."

Er war sofort einverstanden.

Nach einer einfachen Zeremonie trug ich zwei Tage später wieder die orangefarbene Robe. Dieses Mal würde ich sie nie wieder ablegen.

Der ehrwürdige Sonuttara wandte sich an einen anderen Mönch, den ehrwürdigen Siyambalangamuwe Dhammakkhandha, der eine kleine Grundschule für Mönche im Bezirk Gampaha betrieb. Sie lag ungefähr 100 km vom Tempel entfernt. Weil der ehrwürdige Siyambalangamuwe und mein Lehrer befreundet waren, akzeptierte er bereitwillig meine Anmeldung, und einen Monat nach meiner letzten Ordination, im April 1944, begann ich meine formale monastische Ausbildung. Ich besuchte die Vidyasekhara Pirivena-Schule (vidyasekhara bedeutet „Krone des Lernens" und pirivena „Schule für Mönche"). Ungefähr 20 junge Bhikkhus und drei Lehrer lebten dort. Wir lernten ceylonesische Geschichte und wichtige Dhamma-Texte wie die Anguttara Nikaya (die angereihten Lehrreden des Buddha) und die Majjhima Nikaya (die mittellangen Lehrreden). Uns wurden auch eine ganze Reihe an Sprachen beigebracht: Singhalesisch, Tamil, Hindi, Englisch, Pali und Sanskrit.

Ich war sehr glücklich an meiner neuen Schule, wo ich unter anderen Mönchen im Teenageralter lebte und meine Tage mit Lernen verbrachte. Aber ich war nicht lange dort, als der ehrwürdige Siyambalangamuwe mit einer Bitte zu mir kam. Er sagte, dass es im Dorf Napagoda einen Tempel gäbe, dessen Abt die Robe abgelegt und den Tempel ohne Betreuer zurückgelassen habe.

Er fragte, ob ich dorthin gehen und mich um den Tempel kümmern wolle. Ich dachte, dass dies eine vorübergehende Vereinbarung sei und ich einige Wochen dort leben und dann zur Mönchsschule zurückkehren könne. Deshalb stimmte ich zu.

Wie sich herausstellte, lebte ich acht Monate in dem Tempel.

Dort gab es weder Dhamma- noch Pali-Studien, sondern nur die gewöhnlichen klösterlichen Pflichten, die erschöpfende Menge endloser Arbeit. Eines Tages gab es nichts zu essen. Deshalb bat ich den Tempeljungen, ein Junge in etwa meinem Alter, etwas Brot in einem Laden im Dorf kaufen zu gehen. Er weigerte sich. Ich bat ihn noch einmal. Er weigerte sich wieder. „Dann werde ich jemand anderen bitten, mir etwas zu essen zu kaufen, und ich werde es nicht mit dir teilen", sagte ich ihm.

Als Antwort darauf beschimpfte er mich. Ich gab ihm mehrmals einen Fußtritt.

Später an diesem Tag kehrte ein anderer Mönch, der eine Zeit lang mit uns gelebt hatte, zu dem Tempel zurück. Es war zufällig der ältere Bruder des Tempeljungen. Er fragte mich, was geschehen war und warum der Tempeljunge nicht mehr da war. Als er meine Geschichte vernahm, wurde er sehr aufgebracht.

„Nun, da du den einzigen Jungen, der hier war, um uns zu helfen, verjagt hast, liegt es jetzt an dir, einen Kokosnussbaum zu erklimmen und eine Kokosnuss für mich zu erlangen." Ich lehnte ab. „Mönche klettern nicht auf Bäume", machte ich klar. „Das ist gegen unsere Regeln. Und außerdem schickte mich mein Lehrer nicht hierher, damit ich auf Bäume klettere und Kokosnüsse pflücke."

Nach sechs Monaten mit derartiger Frustration und kleinlichen Streitigkeiten machte mich mein Wunsch zu lernen so rastlos, dass ich meinem Lehrer schrieb. „Bitte, schick mich zur Mönchsschule zurück", bettelte ich. Ich jubilierte, als ich bald darauf eine Postkarte vom ehrwürdigen Siyambalangamuwe erhielt, auf der stand: „Ja, du kannst zur Schule zurückkehren."

Ich mietete sofort einen Ochsenkarren, der mich zum Bahnhof in Veyangoda bringen sollte, etwa sechs Kilometer entfernt. Ich konnte es kaum abwarten, nach Gampaha zurückzukehren und mich wieder in der Schule anzumelden.

Als ich zum Bahnhof kam, sah ich, dass der Zug nach Gampaha erst in fünf Stunden fahren würde. Deshalb besuchte ich einen nahe gelegenen Tempel. In diesem Tempel war ein junger Novize, etwa acht oder neun Jahre alt, der mich mochte. Er bat mich, in dem Fluss neben dem Bahnhof mit ihm schwimmen zu gehen, und ich stimmte zögerlich zu.

Obwohl ich fast 17 Jahre alt war, hatte ich nie schwimmen gelernt, aber ich war zu stolz, das dem jungen Mönch zu erzählen. Augenblicklich wusste ich, dass diese einfache hochmütige Haltung bald mein Leben bedrohen würde.

Nach der Buddhalehre ist Stolz eine der letzten fünf Fesseln, die abfallen, wenn ein Mensch Erleuchtung erlangt. Er ist eine der 27 geistigen Unreinheiten, vor denen der Buddha warnte, dass wir über sie stolpern können. Um Selbstverliebtheit in uns zu überwinden, empfahl er eine Reihe von Betrachtungen, die ein Mensch anwenden sollte:

> *Ich bin dem Verfall unterworfen; ich kann dem Verfall nicht entgehen.*
> *Ich bin der Krankheit unterworfen; ich kann der Krankheit nicht entgehen.*
> *Ich bin dem Tod unterworfen; ich kann dem Tod nicht entgehen.*
> *Alles, was mein und mit lieb ist, wird sich ändern und entschwinden.*
> *Ich bin der Eigentümer meines Karma, der Erbe meines Karma, von meinem Karma geboren, mit meinem Karma eng verknüpft, ich bleibe meinem Karma treu.*
> *Ob ich gutes oder schlechtes Karma mache, dessen Erbe werde ich sein.*

Am Fluss legte der Novize seine äußere Robe ab und sprang ins Wasser. Er schwamm wie ein Fisch. Ich stand am Ufer und bewunderte seine leichten und eleganten Schwimmbewegungen. Es sah nicht so schwierig aus, aber das Letzte, was ich tun wollte, war, in das schlammige, stinkende Wasser zu springen.

Der Junge sah mich zögernd am Ufer und drängte mich dazu, mich ihm anzuschließen. Widerwillig legte ich meine äußere Robe ab und knüpfte einen Knoten mit den Falten meiner unteren Robe, damit sie sich nicht lösen würde. Dann hielt ich meinen Atem an und sprang.

In Sekundenschnelle war ich in Schwierigkeiten. Meine Füße erreichten den Boden, aber alles, was ich spürte, war weicher Schlamm. Es gab nichts Festes, worauf ich stehen konnte. Ich fühlte mich, als ob ich untergehen würde, und ich begann zu kämpfen. Panik stieg in mir auf wie elektrischer Strom. Meine Arme und Beine schlugen wild um sich, und während ich nach Luft schnappte, schluckte ich das faulige Flusswasser.

Der kleine Mönch sah, was geschehen war, und versuchte zu helfen. Er schwamm zu mir herüber, ergriff meine Ohren und zog meinen Kopf aus dem Wasser – Autsch! Aber er war nicht stark genug, um den Rest meines Körpers an die Oberfläche zu ziehen. Ich packte verzweifelt seine Robe, und sogleich löste sie sich.

Dreimal ging ich unter und umklammerte diese Robe, als ob sie mich retten würde. Dreimal kämpfte ich mich nach oben und suchte nach Hilfe. Beim letzten Mal war alles, was ich sehen konnte, die Farbe rot, die mein ganzes Gesichtsfeld ausfüllte.

Ich verlor das Bewusstsein.

5. Kapitel

Die Mönchsschule

Als ich aufwachte, lag ich auf dem Boden neben dem Fluss, und ein Mann kniete über mir. Ich begann, das Flusswasser auszuspucken, während eine große Menschenmenge um mich herum stand und mich anstarrte. Später erzählte man mir, dass der junge Mönch, der mit mir geschwommen war, nicht aus dem Fluss herauskommen wollte, denn ich hatte ihm in meiner Panik, über Wasser zu bleiben, seine Robe weggerissen. Er stand nackt im hüfthohen Wasser am Rand des Flusses und schrie um Hilfe.

Offenbar kam ein Mann aus dem Teeladen neben dem Bahnhof und fragte, was los sei. Der junge Mönch zeigte auf eine Stelle im Fluss und sagte, dass ich ertrunken sei.

„Er muss inzwischen tot sein", hatte der Mönch geschrien.

Der Mann aus dem Teeladen sprang voll angezogen in den Fluss und suchte unter Wasser, bis er mich bewusstlos am Boden fand. Er schleppte mich zum Flussufer und begann eine Mund-zu-Mund-Beatmung bei mir, während sich eine Menschenmenge versammelte.

Schließlich setzte ich mich auf, hustete und spuckte. Ich war etwas erschüttert, aber sonst ganz in Ordnung. Der junge Mönch holte seinen Lehrer und zusammen brachten sie mich in ihren Tempel zurück, der nur 50 m entfernt war. Sie gaben mir eine Tasse heißen Kaffee mit viel Zucker und ein Set trockener Roben. Schon nach kurzer Zeit begann ich wieder, ganz ich selbst zu sein.

Der Abt war sehr nett. Er fragte mich nach meinem Namen und

wohin ich ginge. Als ich es ihm sagte, schickte er einen Diener zum Bahnhof, um mir eine Fahrkarte nach Gampaha zu kaufen.

Nach ein paar Stunden Ausruhen war ich wieder unterwegs. Die erste Person, zu der ich in der Mönchsschule in Gampaha sprach, fragte mich ironischerweise, weshalb ich wie eine ertrunkene Person klingen würde.

„Ich bin nur erkältet", antwortete ich. Ich war zu beschämt, um die Wahrheit zu sagen.

Aber am nächsten Tag war mein Bild auf der Titelseite der Hauptzeitung von Ceylon einschließlich der Geschichte über den Mönch im Teenageralter, der im Fluss beim Bahnhof von Veyangoda fast ertrunken wäre. Meine Mitschüler an der Mönchsschule hänselten mich jahrelang dafür.

Obwohl der Unterricht in der Mönchsschule frei war, mussten die Internatsschüler etwa fünf Rupien im Monat spenden. Unglücklicherweise hatte ich überhaupt kein Geld, um die Gebühren zu bezahlen, deshalb bekam ich einen verlassenen Schuppen, um darin zu schlafen. Der Schuppen hatte einen schmutzigen Boden, halbe, etwa einen Meter hohe Wände und keine Tür. Ich ergatterte einige Jutesäcke, Bambusstöcke und Seile, mit denen ich eine grobe Tür und eine Jalousie baute. Als Licht hatte ich eine irdene Lampe, die mit Kokosnussöl brannte. Das war meine erste Kuti, eine Hütte, die aus einem Zimmer besteht und in der Mönche leben, und ich war begeistert von ihr.

Das meiste meines Studiums fand in meiner Kuti statt. Sehr schnell wurde ich als der klügste Schüler in der Schule bekannt. Ich entdeckte, dass ich ein fotografisches Gedächtnis hatte, offensichtlich ein Geschenk von gutem Karma. Innerhalb von zehn Minuten konnte ich ein dickes Buch lesen und alles behalten. Ich weiß nicht, wie das funktionierte; ich weiß nur, dass jede Seite in meinem Geist wie ein Bild haften geblieben war.

Ich war sehr stolz auf meine Gabe und bat meine Freunde, mich herauszufordern, indem sie mir Fragen aus Büchern stellten. Ich konnte sie mit der Seitenzahl beantworten und sogar mit der Zeichensetzung des betreffenden Satzes.

Vielleicht mochte mich der Direktor der Schule deshalb und wählte mich als seinen Assistenten aus. Ich wurde auch zum Schatzmeister ernannt, was bedeutete, dass ich all die Spenden, die der Schule zukamen – Dinge wie Roben, Medizin und Toilettenartikel – organisierte und aufbewahrte. Dann verteilte ich sie nach Bedarf sparsam an die Mönchsschüler.

Einige meiner Mönchsgefährten wurden wegen meiner Privilegien und Verantwortlichkeiten eifersüchtig auf mich, und es half nicht, dass ich die Gewohnheit entwickelt hatte, die Schwächen der anderen Schüler dem Direktor zu berichten! Kurzum, ich war eine Ratte. Ich reichte Bericht nach Bericht ein, die das Fehlverhalten der anderen Mönche genau beschrieben. Ich wusste, dass ich mich mehr um mein eigenes Verhalten kümmern sollte, anstatt bei anderen Fehler zu finden, aber ich wollte die Anerkennung des Direktors so sehr behalten.

Es ist zu schade, dass ich mir die Worte des Buddha in der *Dhammapada* (Verse 252-253) nicht zu Herzen nahm:

Der andern Fehler sieht man leicht,
Schwer aber man die eignen sieht;
Der andern Fehler deckt man auf
Grad wie man aussondert die Spreu,
Die eignen aber man verdeckt
Wie Falschspieler den schlechten Wurf.

Wer stets der andern Fehler sucht,
Beständig auf Bekrittlung sinnt,
Dem wachsen alle Triebe an;
Der Triebversiegung ist er fern.

An Vollmondtagen gab ich in der Schule halbstündige Dhammavorträge. Normalerweise basierten sie auf Büchern, die ich gelesen hatte, aber einmal befand ich, dass dies für meine Zuhörer langweilig sein könnte. So beschloss ich „etwas aus dem Ärmel zu schütteln". Alles, was ich tat, war, eine dreiseitige Sutta auswendig zu lernen, eine der Lehrreden des Buddha, die Visakhuposatha Sutta heißt. Dann wiederholte ich sie für meine Zuhörer.

Das Experiment wurde ein Desaster. Nach zehn Minuten war ich mit dem Rezitieren fertig, dann plapperte ich einfach noch weitere fünf Minuten – worüber, daran kann ich mich nicht einmal erinnern. Es war beschämend, und das lehrte mich eine wertvolle Lektion über den Wert einer gründlichen Vorbereitung. Von da an bereitete ich jeden meiner Dhammavorträge sorgfältig vor. Ich wählte einen Vers aus der Dhammapada und erklärte ihn anhand von Geschichten aus dem Kommentar. Die Dhammapada enthält 423 Verse, von denen die meisten von Ethik und Moral handeln. Auch gibt es Hunderte Geschichten anderswo im buddhistischen Kanon, die die Themen der Dhammapada veranschaulichen. Mir gefiel es, diese Geschichten zu erzählen und damit den Zuhörern eine Grundlage in buddhistischer Moral zu bieten.

Erst viel später in meiner Karriere als Mönch hatte ich wieder genügend Vertrauen, um Vorträge unvorbereitet zu halten.

In der Mönchsschule war ich im Alter von 17 Jahren in der Lage, das Rauchen endgültig aufzugeben. Diese Gewohnheit hatte ich mehrere Jahre, aber unglücklicherweise tauschte ich nur eine Sucht gegen eine andere aus. Meine neue Gewohnheit war das Kauen von Betelnüssen, einer würzigen Mischung aus Betelblättern, Arekanüssen, Limone und Tabak.

Mit der Zeit wurde ich der Komiker der Schule. Jeden Abend erzählte ich etwa eine Stunde lang den anderen Schülern Witze. Ich genoss es, sie zum Lachen zu bringen.

Einer meiner Witze handelte von einem Unterstützer eines Tempels, der sich ärgerte, weil die Mönche dort niemals etwas von ihren Opfergaben mit der Buddhastatue teilten. So band er ein Seil um den Hals der Buddhastatue und hing sie an eine der Dachsparren. Als die Mönche entdeckten, was er getan hatte, und ihn nach dem Grund fragten, nannte er es Selbstmord. „Die Buddhastatue sagte, dass sie an einem solchen Ort nicht länger leben könne", teilte er ihnen mit.

Erstaunlicherweise lehnte der Rektor eine solche respektlose Komödie nicht ab. Gewöhnlich gingen wir, nachdem meine Vorführung beendet war, in sein Zimmer und genossen es, zusammen Betelnüsse zu kauen. Er war ein weiser Mann beim Umgang mit Mönchen im Teenageralter. Er war streng, aber auch sehr liebenswürdig. Er wusste, wie er uns ohne Zwang motivieren konnte, denn das hätte unser Interesse am Lernen zerstört. Er ermutigte uns dazu, disziplinierte Mönche zu sein. „Laien schauen zu euch auf", sagte er. „Sie wissen, dass ihr Sinnesvergnügen aufgebt, um euer Leben der Praxis des Dhamma zu widmen, deshalb müsst ihr diesen Respekt verdienen."

Ich hatte fast nie das geringste Geld, aber das machte nichts. Meine bescheidene Unterkunft war frei, ich bekam mein Essen bei der Almosenrunde, und anstatt Schulbücher zu kaufen, lieh ich sie mir von Freunden und kopierte das Material von Hand. Ich vertraute einfach, dass ich das erhalten würde, was immer ich brauchte, um meine Ausbildung zu beenden. Ich hatte viel Vertrauen in mich selbst und auch in das dreifache Juwel – Buddha, Dhamma und Sangha.

Ich hatte das Gefühl, als lebte der Buddha und ginge mit mir durch das Leben und versorgte mich mit allem, was ich brauchte. Ich war sicher, dass mich das Dhamma beschützen würde, weil ich leidenschaftlich darum rang, die Buddhalehre zu lernen. Und ich dachte, dass ich als Mitglied der Sangha keine Schwierigkeiten haben würde, die Bedarfsgegenstände zu erhalten, welche auch immer ich benötigte. Selbst heute nach so vielen Jahrzehnten fühlt es sich immer noch so an, als würde das dreifache Juwel weiterhin für mich sorgen. Jede Erfüllung meiner materiellen Bedürfnisse scheint sich schließlich ohne jegliche Anstrengung zu manifestieren.

Eines Tages bat mich ein älterer Mönch, seine Kopfhaare abzurasieren. Das war im Kloster allgemein üblich, aber ich hatte noch nie die Kopfhaare von jemandem abrasiert, noch nicht einmal meine eigenen. Ich teilte ihm das mit, aber er bestand darauf. „Es ist Zeit, dass du es lernst", sagte er.

Das Abrasieren der Kopfhaare ist ein wichtiger Bestandteil der buddhistischen monastischen Disziplin. Sowohl Mönche als auch Nonnen tun es. Ein rasierter Kopf fördert Reinheit und Bescheidenheit und vermeidet das Problem, Kopfläuse töten zu müssen! Es ist auch ein Symbol der Entsagung und soll das Anhaften der Mönche und Nonnen an körperlicher Schönheit verringern. Wenn Mönche und Nonnen keine Zeit dafür verwenden müssen, ihre Haare zu waschen, zu kämmen und herzurichten, dann haben sie mehr Zeit für ihre spirituellen Bestrebungen.

Der Vinaya, der monastische Verhaltenskodex, besagt, dass Mönche und Nonnen ihre Haare nicht länger als fünf Zentimeter tragen dürfen. Manche rasieren ihre Kopfhaare nur einmal im Monat ab, normalerweise unmittelbar vor dem Vollmondtag. Andere rasieren sie einmal die Woche oder sogar jeden Tag.

Das Ritual ist so wichtig, dass ein ordentliches Rasiermesser als einer der acht Gegenstände in einem Paket von Besitztümern (normalerweise Bedarfsgegenstände genannt) enthalten ist, das ein Ordinierter beziehungsweise eine Ordinierte bei seiner beziehungsweise ihrer Ordination erhält. (Die anderen Gegenstände sind: eine Unterrobe; eine Robe, die man um den Körper schlingt; eine äußere Robe, die man als Decke verwenden kann; ein Stoffgürtel; ein Wasserfilter; ein Nähetui und eine Almosenschale.)

Als der ältere Mönch darauf bestand, dass ich seine Kopfhaare rasiere, verbeugte ich mich und stimmte zu, wie es die Tradition verlangt. Ich befeuchtete seinen Kopf, trug darauf dick Seifenschaum auf und ergriff das Rasiermesser. Ich stand hinter ihm, zog die Klinge gegen seine Kopfhaut, und ein zweieinhalb Zentimeter langer Hautfetzen löste sich von seinem Schädel! Im nächsten Moment war überall Blut. Ich war so erschrocken, dass ich zu schlottern begann.

„Ehrwürdiger Herr, bitte vergeben Sie mir“, sagte ich und lief dann los auf der Suche nach einem anderen Mönch, der kaltes Wasser bringen sollte, um die Wunde auszuwaschen. Während ich voller Beschämung und Panik zuschaute, rasierte der Mönch den Rest der Kopfhaare seines bedauerlichen Mitmönchs. Natürlich hatten wir in diesen Tagen kein Pflaster, also ging der verwundete Mönch mit einem großen Klecks Kräutersalbe auf seinem Kopf auf Almosenrunde.

Wegen meines fotografischen Gedächtnisses durchlief ich sehr schnell mein Studium. Singhalesisch, Pali und Sanskrit waren Pflichtfächer. Tamil, Hindi und Englisch waren Wahlfächer. Ohne große Anstrengung meisterte ich sie alle. Als Belohnung wurde mir schließlich erlaubt, im Schlafsaal zusammen mit den anderen Schülern zu schlafen, obwohl ich die Unterkunftsgebühr weiterhin nicht bezahlen konnte. Mir wurde ein Zimmer mit einem anderen Mönchsnovizen zugewiesen.

Unglücklicherweise war mein Zimmergenosse eifersüchtig auf mich. Eines Tages wollte ich ein dünnes englisches Textbuch, das ich mir von jemandem geliehen hatte, herausholen und fand es zerrissen. Ich machte mir Sorgen darüber, wie ich für das Ersetzen des Buches bezahlen könnte, und begann zu weinen. Ein Mönch im nächsten Zimmer hörte mich schniefen und bat mir seine Hilfe an, ein anderes Buch zu kaufen.

Ein paar Tage später gestand mein Zimmergenosse, dass er das Buch zerrissen hatte, weil er eifersüchtig auf mich war, da ich so beliebt und in der Schule so gut war. An diesem Abend machten wir reinen Tisch zwischen uns und wurden schließlich gute Freunde.

Endlich wurde das Datum für meine höhere Ordination festgelegt. Sie sollte am 25. Juni 1947 stattfinden. Ich war sehr aufgeregt und glücklich. Schließlich würde ich ein vollordinierter Bhikkhu werden und sich mein Ziel endlich erfüllen. Vor einer feierlichen Versammlung von Seniormönchen würde ich mich erneut und tiefer verpflichten. Statt als Mönchsnovize zehn Regeln einzuhalten, wäre ich nun damit einverstanden, 227 Regeln zu befolgen, den Verhaltenskodex, der vollordinierte buddhistische Theravada-Mönche leitet.

Ich konnte kaum abwarten.

Leider lag von Anfang an ein Schatten über dem Verfahren. Das Problem bestand nicht in meiner Qualifikation als Mönch, sondern in der Politik der buddhistischen Sangha in Ceylon. Wegen dieser Politik drohte mein Traum, den ich mein ganzes Leben lang hegte, zu entgleisen.

6. Kapitel

Höhere Ordination

In Sri Lanka gibt es drei Hauptschulen des Theravada-Buddhismus. Die älteste und größte, zu der ich gehöre, ist der Siyam Nikaya. Diese Schule verfügt über mehr Mönche und Tempel als die anderen beiden. Ihr gehören auch die ältesten Tempel im Land. Der Name Siyam geht zurück zu einer Zeit, da der Sangha beziehungsweise der Mönchsorden wegen des britischen Gesetzes in Ceylon und wegen der holländischen und portugiesischen Missionare zahlenmäßig am meisten abgenommen hatte. Es gab viele Novizen, aber es blieb kein einziger Bhikkhu, der die höhere Ordination erhalten hatte und die 227 Regeln einhielt – und somit andere hätte ordinieren können.

Ein ceylonesischer Mönchsnovize reiste nach Siam, wie Thailand damals genannt wurde (oder „Siyama" auf Pali), um die höhere Ordination als vollordinierter Mönch zu erhalten. Daraufhin kehrte er nach Ceylon zurück und führte im Jahr 1753 den Mönchsorden wieder ein. Nur den Mitgliedern der höchsten Kaste in Ceylon, Goyigama genannt, war im Orden des Siyam Nikaya die volle Ordination erlaubt. Trotz Armut gehörte meine Familie zu dieser Kaste. In Ceylon beruhte die Kaste nicht auf Wohlstand sondern auf der Abstammungslinie. Jahre später reiste eine Gruppe von Mönchsnovizen, die nicht zur Goyigama Kaste gehörten, nach Amarapura in Burma, wo sie die volle Ordination erhielten. Diese Gruppe kehrte nach Ceylon zurück und gründete im Jahr 1800 den Amarapura Nikaya. Eine dritte Schule, der Ramanna

Nikaya, wurde im Jahr 1810 von Mönchen gegründet, die in den Ramanna-Bezirk in Burma reisten.

Ursprünglich gab es viel Konkurrenz unter den Schulen. Jede einzelne dachte, die anderen seien bei ihrer Interpretation des Vinaya, des Verhaltenskodex für Sanghamitglieder, nicht streng genug. Zum Beispiel rasierten sich die Mönche des Siyam Nikaya sowohl ihre Kopfhaare als auch ihre Augenbrauen. Die Mitglieder der anderen Schulen taten das nicht. Andererseits durften die Mönche des Siyam Nikaya eine Schulter unbedeckt lassen, wenn sie beim Verlassen des Tempels ihre Robe um sich wickelten. Die Mönche der anderen Schulen bedeckten beide Schultern.

Mein Lehrer, der ehrwürdige Sonuttara, gehörte zur Schule des Siyam Nikaya. Sein Lehrer war ein Schüler des höchsten Patriarchen der Schule, des höchst ehrwürdigen Pahamune Sumangala.

Als mein Lehrer im Jahr 1911 25 Jahre alt war, sollte er im Dorf Malandeniya einen Tempel eröffnen. Sofort gab es Schwierigkeiten mit dem Abt des Tempels im nächsten Dorf, Kebilitigoda. Der Tempel in Kebilitigoda hatte bereits seit zehn Jahren existiert, bevor mein Lehrer in Malandeniya ankam. Dennoch wurde der Abt eifersüchtig auf meinen Lehrer, deshalb meldete er einen gesetzlichen Anspruch auf den Grundbesitz des neuen Tempels an. Infolgedessen musste mein Lehrer dem Mönch in Kebilitigoda seinen Tribut entrichten und ihn jeden Tag besuchen, um ihm Respekt zu erweisen.

Wie sich herausstellte, war der Mönch in Kebitiligoda der ehrwürdige Sumanatissa, der mir die Novizen-Gelübde verliehen hatte, als ich 13 Jahre alt war. Er hätte mich dann als seinen Schüler „beanspruchen" können, aber er tat es nicht. Ich vermute, dass ich zu diesem Zeitpunkt nicht als besonders vielversprechender Mönch zu gelten schien.

Im Laufe der Jahre gärte Feindseligkeit zwischen den beiden

Tempeln. Und als im Jahr 1947 der Zeitpunkt für meine höhere Ordination kam, geriet ich Hals über Kopf in den Streit.

Wenn ein Novize im Begriff ist, die höhere Ordination zu empfangen, so wird der Tradition zufolge eine Ankündigung der Zeremonie an Freunde, Angehörige, Besucher des Tempels und an alle anderen Tempel, in denen der Novize gelebt hatte, geschickt. Sie wird auf einfaches Papier gedruckt und per Post verschickt oder eigenhändig abgegeben.

Der Direktor der Mönchsschule schrieb meine Bekanntgabe, und – gemäß der Tradition – brachte ich sie meinem Lehrer zum Unterschreiben. Aus irgendeinem Grund zögerte der ehrwürdige Sonuttara, mit seinem Namen als Oberhaupt des Tempels in Malandeniya zu unterzeichnen.

„Aber du gründetest diesen Tempel im Jahr 1911", sagte ich ihm. „Du bautest ihn auf und warst immer der einzige Mönch, der hier lebte. Wer sonst könnte das Oberhaupt des Tempels sein?"

Der ehrwürdige Sonuttara erwiderte nichts und unterzeichnete schließlich das Papier. Ich kopierte es und überbrachte es eigenhändig als Erstes dem ehrwürdigen Sumanatissa, meinem ursprünglichen Präzeptor, in dem Tempel des benachbarten Dorfes. Sobald er die Unterschrift meines Lehrers als Abt des anderen Tempels sah, wurde er wütend.

„Der ehrwürdige Sonuttara ist nicht der Abt in diesem Tempel", brüllte er. „Ich bin es! Und ich bin noch nicht einmal als einer deiner Lehrer hier aufgeführt." Unmittelbar darauf ging er zum Hauptsitz des Siyam Nikaya in Kandy und forderte, dass meine Ordination abgesagt würde. Mein Lehrer und ich waren bestürzt, aber wir bereiteten die Zeremonie weiter vor in der Hoffnung, dass der Streit irgendwie beigelegt würde.

Am Abend vor meiner Ordination hatten die Menschen von Malandeniya eine große Prozession und einen Empfang im Tempel zu meinen Ehren arrangiert, so wie es Brauch war. Obwohl der ehrwürdige Sumanatissa drohte, die Prozession zu unterbrechen, verlief sie problemlos.

Am nächsten Tag, dem 25. Juni, gingen wir nach Kandy. Das Ordinationsritual fand in der Sima statt, einem geweihten Gebäude auf dem Grundstück des Hauptsitzes des Siyam Nikaya. An diesem Tag war geplant, dass einschließlich mir 26 Novizen die höhere Ordination empfangen sollten. Unsere Angehörigen, Freunde und Wohltäter hatten sich bereits in der Sima versammelt.

Wie ich befürchtete, ließ der ehrwürdige Sumanatissa dies nicht geschehen. Er reichte eine formale Beanstandung gegen meine Ordination ein, weil er – und nicht mein Lehrer – das Oberhaupt des Tempels in Malandeniya war. Deshalb hatte mein Lehrer nicht das Recht, mit seinem Namen im Ordinationsverzeichnis als „Abt" zu unterzeichnen. Der ehrwürdige Sumanatissa bestand darauf, dass mein Lehrer nur als „ansässiger Mönch" mit seinem Namen unterschrieb. Mein Lehrer, der ehrwürdige Sonuttara, war ungebildet und konnte mit Worten nicht geschickt umgehen. Er fürchtete, sich einem Seniormönch zu widersetzen. Aber vor allem wollte er diesen Streit nicht, um die Gelegenheit für meine Ordination nicht zu zerstören. Ich war wütend auf den ehrwürdigen Sumanatissa, sowohl weil er meinem Lehrer gegenüber barsch gewesen war, als auch weil er versuchte, den wichtigsten Tag meines Lebens zu verderben. Ich fand die Politik dieses Ganzen schrecklich, aber ich konnte nichts tun. Ohne Widerrede unterschrieb mein Lehrer das Register mit den Worten „ansässiger Mönch" neben seinem Namen, so wie es der ehrwürdige Sumanatissa verlangte.

Einige Stunden vor der Zeremonie kleideten mich zwei Seniormönche ganz in weiß mit einer Kopfbedeckung, die einer Krone glich. Wenn ein Kandidat wohlhabende Angehörige oder Unterstützer hat, könnte er auf einem Elefanten reiten, dem Symbol für Erhabenheit und Prestige. Ihm könnten auch Hunderte von Menschen folgen, die trommeln, Muschelhörner blasen und auf

Flöten spielen und tanzen. Weil meine Familie nicht wohlhabend war, war meine Zeremonie bescheidener.

Während ich angezogen wurde, hatten meine Angehörigen und Lehrer Tabletts mit Geschenken für die Mitglieder des Ordinationskomitees vorbereitet. Jedes Tablett enthielt Areka- und Betelnüsse zum Kauen, Tabak zum Rauchen, ein Handtuch, ein Stück Seife, Zahnpasta, eine Zahnbürste aus einem kleinen Zweig und eine Packung Kekse.

Es gab 20 anwesende Würdenträger: der höchste Patriarch der Siyam Nikaya-Schule; seine beiden Assistenten, die auch sehr ranghoch und respektiert waren; ein Mönchssekretär, der alle Berichte für die Schule verwaltete, und 16 weitere. Ich musste streng der Hierarchie folgen, als ich zur Kuti jedes Mönchs ging und mich jedem der Reihe nach mit einem Tablett mit Geschenken vorstellte. Dieses Ritual dauerte etwa eine Stunde.

Auch wenn es überflüssig erscheint, so wird jeder Kandidat für die höhere Ordination in den letzten Stunden, bevor er Bhikkhu wird, wieder zum Novizen ordiniert und in eine neue leuchtend gelbe Robe gekleidet. Das erinnert den Anwärter wieder einmal an die Entsagung des Siddhattha von seinem königlichen Leben, als er sich in ein gelbes Tuch hüllte und das Leben eines Wandermönchs aufnahm. Es dient auch dazu, „reinen Tisch zu machen", für den Fall, dass der Mönchsanwärter irgendeine Regel während seines Noviziats verletzt und versäumt hatte, dies seinem Lehrer zu bekennen.

Die Zeremonie begann um 18.00 Uhr. Ein Seil teilte die Sima in zwei Hälften – eine Seite für die Mönche, die andere für die Laien. Die Seite für Laien war brechend voll mit Hunderten lärmender Gäste. Kinder spielten miteinander, Babys schrien, und Erwachsene schwatzten und lachten.

Am Ende der Versammlungshalle stand eine große Buddhastatue. Sie befand sich auf einem dunklen Holzaltar, dessen Farbe abblätterte und der überfüllt war mit Kerzen und kleinen irdenen Lampen, mit Räucherwerkbrennern, Blumenvasen und kleinen Tassen, die mit Fruchtsaft, Tee oder Wasser gefüllt waren. Ein flaches Tablett enthielt die traditionelle Mischung zum Kauen aus Betel. Ein Paar großer Messingöllampen flankierte den Altar und warf ein flackerndes Licht auf das gelassene Gesicht des Buddha. An der rechten Seite des Buddha saß der höchste Patriarch, flankiert von seinen beiden Assistenten. Die restlichen Mönche des Ordinationskomitees saßen sich auf dem Holzboden in einer Reihe gegenüber. Wir Novizen sollten unserem Alter entsprechend auf dem Boden sitzen. Ich war der jüngste, mir fehlten noch sechs Monate, bis ich 20 Jahre alt wurde. 20 Jahre ist das Mindestalter, bei dem ein Novize die höhere Ordination nehmen kann, aber weil ich alle anderen Voraussetzungen erfüllt hatte, durfte ich sechs Monate früher ordiniert werden.

Als erster Tagesordnungspunkt gab es eine mündliche Prüfung, bei der ein Seniormönch die Novizen bat, nacheinander Verse zu rezitieren und Fragen zu beantworten. Der Prüfer an diesem Abend war der zweithöchste Mönch, der als sehr streng bekannt war. Seine Methode bestand darin, die erste Zeile eines Verses aus den buddhistischen Texten zu rezitieren und dann den Kandidaten zu bitten, den Vers zu beenden.

Die meisten der anderen Novizen hatten die minimale Anzahl der erforderlichen Verse auswendig gelernt. Ich, mit meinem fotografischen Gedächtnis und meinem Eifer, mich hervorzutun, hatte viel mehr auswendig gelernt. Trotzdem war ich vor der großen Menschenmenge nervös. Schließlich kam ich nach 25 anderen Novizen an die Reihe. Der Prüfer war schon eineinhalb Stunden bei der Arbeit und sah erschöpft aus.

Er bat mich, einen Vers aus der Dhammapada zu rezitieren. Ich nahm einen tiefen Atemzug, schloss meine Augen und rezitierte ohne Unterbrechung acht Verse.

„Das ist genug“, sagte der Prüfer. „Du hast gut gelernt.“

Als Nächstes musste jeder Novize formal als Kandidat für die Ordination akzeptiert werden. Wie die anderen vor mir erhob ich mich und stand vor einem der Mönche des Komitees. Systematisch befragte er mich: nach meinem Namen; meinem Geschlecht; dem Namen meiner Eltern; dem Namen meines Lehrers; ob ich irgendeine ansteckende Krankheit hätte; ob ich Soldat sei oder frei und sogar, ob ich ein Mensch oder ein Dämon sei.

Obwohl es sich größtenteils um eine Formalität handelte, dienten diese Fragen dazu sicherzustellen, dass ich kein Krimineller war, der versuchte, dem Gesetz zu entfliehen, indem er sich in Roben versteckt. Die Frage nach einer ansteckenden Krankheit sollte gewährleisten, dass ich keine Krankheit hatte, die die Gemeinschaft der Mönche anstecken könnte. Die anderen, etwas kuriosen Fragen waren traditionell und gingen bis auf die Zeit des Buddha zurück.

Nachdem ich alle seine Fragen beantwortet hatte, verkündete dieser Mönch dem höchsten Patriarchen, dass ich ein geeigneter Kandidat für die Ordination sei. Ich kniete mich vor dem Patriarchen nieder und verbeugte mich dreimal vor ihm, wobei meine Stirn den Boden berührte. Wieder beantwortete ich die Reihe von Fragen, und dieses Mal hörte der Patriarch zu.

Dann sollte ich mich zu meinen Mitnovizen setzen. Zwei Mönche belehrten uns über die Bedeutung der 227 Regeln der Disziplin, die wir nach unserer Ordination einhalten mussten, und betonten die vier Hauptregeln: keinen Sexualverkehr zu haben; nicht irgendetwas zu nehmen, das uns nicht explizit gegeben wurde; nicht zu töten und nicht mit übernatürlichen Errungenschaften zu prahlen. Wir wurden auch daran erinnert, bezüglich der vier Bedarfsgegenstände, die von Laien bereit gestellt wurden, Nicht-Anhaftung zu entwickeln. Diese Bedarfsgegenstände bestehen aus: Roben, Nahrung, Unterkunft und Medizin. Diese ganzen

Empfehlungen entstammten den Originalworten des Buddha an seine Schüler.

Zum Schluss verbeugten wir uns mit unserer neuen Almosenschale, die an einer Kordel um unseren Hals hing, vor jedem Mitglied des Komitees und begannen bei dem Patriarchen. Dann setzten wir uns in eine lange Reihe, und alle Laien kamen an uns vorüber, um uns Geschenke zu überreichen. Das ist ein sehr erfreulicher Teil der Zeremonie. Er betont die gegenseitige Abhängigkeit in der Beziehung zwischen der monastischen Sangha und den Laien. Viele Menschen weinten, als sie sich verbeugten, und sie legten ihre Geschenke vor uns nieder.

Diese Darbietung von Gaben ist einer der herrlichsten Aspekte des Buddhismus und wird manchmal von externen Beobachtern missverstanden, die schlussfolgern, dass die Bhikkhus faule Bettler seien und von leichtgläubigen Menschen unterstützt würden. Tatsächlich ist das Gegenteil der Fall: Die Gebenden erhalten so viel, wenn nicht sogar mehr als die Empfänger, weil sie Dana oder Freigebigkeit praktizieren.

Jeder, der Geschenke macht, praktiziert Großzügigkeit. Der Buddha fand, dass diese Praxis eine gute Methode ist, um Gier und Anhaften zu beseitigen. In vielen seiner Lehrreden mahnte er Buddhisten dazu, wann und wo immer möglich Dana zu praktizieren:

Wie ein Topf, der mit Wasser gefüllt ist,
das ganze Wasser ausschüttet
und nichts zurückhält,
wenn man ihn umdreht.
Genauso sollt ihr denjenigen in Not,
ob niedrig, mittel oder hoch gestellt,
geben wie der umgedrehte Topf
und nichts zurückhalten.

In einer anderen Lehrrede sprach der Buddha davon, dass es drei Arten gibt, Verdienst zu erwirken. Diese drei Arten sind: tugendhaftes Benehmen, Meditation und Großzügigkeit.

Die Ausdrucksform der Freigebigkeit zwischen Ordinierten und Laien beruht sehr stark auf einer gegenseitigen Vereinbarung. Die Laien bieten Bedarfsgegenstände an, was es den Bhikkhus erlaubt, ihren spirituellen Weg zu gehen, ohne sich um die weltlichen Bedürfnisse sorgen zu müssen. Umgekehrt bieten die Ordinierten Segen und auch Belehrungen an – das Geschenk des Dhamma.

Als sich während meiner Ordination die Geschenke auf dem Boden vor mir langsam stapelten, saß ich da und dachte an meine Mutter. Wie sehr wünschte ich, sie hätte bei dieser Zeremonie zugegen sein können! Ich wusste, wie viel es ihr bedeutet hätte, dabei zu sein, und wie viel es mir bedeutet hätte, sie dabei zu haben. Aber wegen ihrer Rückenverletzung konnte sie nicht die 14 km von unserem Dorf laufen, und es gab für sie keine andere Möglichkeit, den Weg zurückzulegen. Wenn sie an diesem Tag in Kandy gewesen wäre, hätte sie sicher vor Freude Tränen vergossen, während ihr jüngster Sohn endlich ein vollordinierter Mönch wurde.

7. Kapitel

Das endgültige Heilmittel: Meditation

Ein paar Tage nach meiner höheren Ordination nahm ich begierig eins der Privilegien eines vollordinierten Mönchs auf, nämlich die Teilnahme an einem siebentägigen Chanting. Dieses Ritual, auf Pali *paritta* genannt, soll böse Geister vertreiben – ein anderes Beispiel, wie Volksglaube und Buddhismus oft nebeneinander existieren. Wenn jemand krank ist oder ein Dorf an einer Hungersnot oder Dürreperiode leidet (Katastrophen, die möglicherweise von bösen Geistern hervorgerufen sein könnten), bitten die Menschen Mönche, dieses besondere Chanting durchzuführen. Eine ganze Woche lang chanten Paare von Mönchen ununterbrochen. Jedes Paar chantet jeweils eine Stunde und wird dann von einem anderen Paar abgelöst. Das Chanting ist energisch, mehr wie Schreien statt Singen. Nur Mönche mit einer kräftigen Stimme zum Chanten werden ausgewählt, und sie werden für ihre Bemühungen hoch geschätzt. Die jungen Mönche warten ungeduldig, bis sie an der Reihe sind, sich den Chantingteams anzuschließen.

Einer meiner Freunde aus der Mönchsschule war genauso begierig wie ich, an einem solchen Chanting teilzunehmen. Er wurde einen Tag vor mir ordiniert, sodass wir beide gleichzeitig geeignet waren. Bald schmuggelten wir eine Einladung zur Teilnahme an einem Chanting von einem unserer Freunde ein, der Abt in einem nahe gelegenen Tempel war.

Wir waren jung und begeistert, und wir wollten mehr als nur einen Einsatz, da es unser erstes siebentägiges Chanting war. Deshalb beknieten mein Freund und ich einige der älteren Mönche, uns ihren Einsatz zu überlassen. Sie hatten schon an vielen Parittas teilgenommen und waren froh, uns diesen Gefallen zu tun, und so chanteten wir schließlich fast die ganze Zeit. Unsere einzigen Pausen bestanden aus Essen und dem Folgen des Rufs der Natur. Wir schliefen überhaupt nicht!

Jeden Tag um 6.00 Uhr, 11.00 Uhr und 18.00 Uhr kündigten Trommler den Beginn des hingebungsvollen Dienstes am, indem sie auf Trommeln schlugen. Sie mussten laut schlagen, damit es unser Chanting übertönte. Um unsere Begeisterung zu beweisen, chanteten mein Freund und ich sogar noch lauter. Als wir versuchten, die Trommeln zu übertönen, schrien wir uns schließlich unsere Kehlen aus dem Hals.

Nach drei Tagen wurde mein Freund ohnmächtig. Einige der Laien im Tempel brachten ihn in einen Schlafraum und legten ihn auf ein Bett zum Schlafen. Bis zum Abend erholte er sich und schloss sich mir zum Chanten wieder an.

Nach Ablauf der Woche waren wir beide in schlechter Verfassung. Obwohl wir dringend Ruhe brauchten, konnten wir nicht schlafen. Auch konnten wir nichts essen und hatten beide starke Kopfschmerzen. Wir konnten nicht mit anderen zusammen sein, und ich denke, dass wir an einer Art Nervenzusammenbruch litten. Am schlimmsten war, dass ich mein Gedächtnis verloren hatte, und zwar nicht einfach nur mein fotografisches Gedächtnis, sondern alles! Ich konnte kein Alphabet mehr erkennen – sei es Singhalesisch, Sanskrit, Tamil oder Englisch. Ich öffnete ein Buch und war nicht in der Lage, etwas von dem Geschriebenen auf dem Papier zu verstehen. Wenn ich jemanden traf und ihn fünf Minuten später sah, konnte ich mich nicht an seinen Namen erinnern. Ich war durcheinander und gedemütigt wegen dem, was mit mir geschehen war. Mein ganzer Stolz in meine akademischen Errungenschaften war verschwunden.

Zurück in der Schule fiel ich durch meine Abschlussprüfung. Der Direktor, verblüfft, dass sein Starschüler so schlecht abgeschnitten hatte, rief mich in sein Büro. Ich erzählte ihm von dem siebentägigen Chanting und wie ich mein Gedächtnis verloren hatte. Er sagte mir, ich solle in meinen Tempel zurückkehren, um auszuruhen und behandelt zu werden.

Den größten Teil des darauf folgenden Jahres unterzog ich mich in einer verzweifelten Suche nach „Heilung" allen Arten von Behandlungen. Zuerst stellte mein Lehrer eine Heilsalbe aus Pflanzen her und trug sie jeden Morgen auf meine Stirn auf. Nach einem Monat ging es mir noch nicht besser, aber ich wollte trotzdem unbedingt zur Schule zurückkehren. Meine glorreichen Tage waren vorbei. Nun musste ich kämpfen, um nur die einfachsten Dinge zu lernen.

Nicht nur mein fotografisches Gedächtnis war verschwunden, sondern ich musste sogar darum kämpfen, um Satz für Satz, Wort für Wort und manchmal sogar Buchstabe für Buchstabe zu lesen. Zuweilen fühlte es sich abends so an, während ich ein Lehrbuch las, als würden Insekten überall auf meiner Kopfhaut herumkrabbeln. Ich erlitt tiefe Qualen und begann, Selbstmord in Erwägung zu ziehen. In dieser Verfassung wollte ich nicht leben. Ich hatte gehört, dass das Gewebe in Kerosinlampen giftig war, wenn man es schluckt, und begann deshalb, es zu sammeln und in einer Schachtel zu verstecken. Glücklicherweise bekamen meine Freunde Wind von der Sache und warfen die Schachtel weg.

Einige Menschen schlugen vor, ich solle einen ayurvedischen Arzt zurate ziehen, der in der Zeitung warb. Ich ging zu ihm und erzählte ihm von meinem Problem, sagte aber, dass ich kein Geld hätte. Er war freundlich und schenkte mir eine sehr teure Medizin. Wie er empfohlen hatte, rieb ich jeden Tag etwas von dem Öl auf meinen Kopf, schnupperte daran und trank sogar ein paar Tropfen davon. Es half bei der Reinigung meiner Stirn- und Nebenhöhlen, brachte aber nur wenig meines Gedächtnisses zurück. Es war noch ein langer Weg bis zur Wiederherstellung.

Dann meinte mein Lehrer, dass mein Leiden das Werk eines bösen Geistes gewesen sei. „Wir führen ein Chanting für dich durch, das die ganze Nacht dauert", sagte er. Zu der Zeit erschien mir sein Vorschlag nicht ironisch. Während ich auf dem Boden lag, chanteten acht Mönche die ganze Nacht lang Suttas auf Pali. Am nächsten Morgen spürte ich keinen Unterschied.

Meine Eltern dachten auch, dass ein böser Geist mich besetzt haben könnte und riefen deshalb einen Exorzisten. Ich traf den Mann in meinem Elternhaus. Er bat meinen Vater um sieben Zitronen. Dann sollte ich auf einem Stuhl sitzen, während er eine Zitrone und eine Schere über meinen Kopf hielt und ein Mantra in irgendeiner Sprache chantete. Ich glaube, er erfand dies an Ort und Stelle. Während er chantete, durchschnitt er die Zitrone mit der Schere und ließ den Saft auf meinen Kopf tropfen. Dieses Ritual wiederholte er mit allen sieben Zitronen. Als Abschluss band er einen Baumwollfaden um meinen Hals.

Meine Eltern waren sicher, dass dies funktionieren würde. Das tat es nicht, weshalb sie einen anderen Exorzisten einluden, angeblich einen mit mehr Kraft.

Dieser kam mit einem Gefolge von sechs Menschen zu unserem Haus. Er bat meinen Vater, eine lange Liste von Dingen zusammenzustellen: Kokosnüsse und Kokosnussöl, Arekanüsse, rote Hibiskusblüten und mehrere trockene Stöcke, die mit Stoff umwickelt waren und als Fackel dienen sollten. In der Zwischenzeit formte der Exorzist eine Figur aus Lehm, die mich darstellen sollte. Sie war rund und plump wie ein Schneemann aus Terrakotta. Als sie fertig war, legten ihr der Exorzist und seine Begleiter einen weißen Sarong und einen Turban an. Sie führten mich zu einem kleinen Schuppen und setzten mich vor die von ihnen angefertigte Lehmfigur. Andere Familienmitglieder durften auf Matten auf dem

Boden daneben sitzen. Nach dem Kauen von Betel begann der Mann in einer fremden Sprache zu chanten. Es war weder Singhalesisch noch Pali noch Sanskrit. Ich hatte niemals so etwas gehört. Es war wie ein Wirrwarr an Klängen. Während sie chanteten, hielten sie die angezündeten Fackeln und warfen pulverisiertes Räucherwerk auf sie, um ihre Flammen zu erhellen.

Jedes Mal, wenn die Fackeln aufloderten, brüllten zwei der Begleiter, die auf jeder Seite von mir saßen, auf Singhalesisch: „Ayu bova!" (Mögest du lange leben!) Das Ritual dauerte die ganze Nacht, bis die Fackeln abgebrannt waren. Beim Morgengrauen stieß der Mann einige Nadeln in den Kopf der Figur, offensichtlich um mich von meinem Leiden zu befreien. Dann banden sie einen Faden um meinen Hals, genau wie es der erste Exorzist getan hatte.

Wieder gab es keine Ergebnisse. Meine Eltern hatten keine Ideen mehr, aber meinem Lehrer fiel noch eine ein: Er gab mir einen Talisman aus Kupferblech in einem etwa fünf Zentimeter langen Röhrchen, etwa in der Größe eines Kugelschreibers. Das war ein traditioneller ceylonesischer Talisman, *ratana yantra* oder Schmucktalisman genannt. Ausgewählte Verse der Ratana Sutta waren darauf eingraviert. Singhalesen glauben, dass, wenn man diese Art Talisman um den Hals oder die Taille trägt, er böse Geister in Schach halten würde. Mein Lehrer legte ihn um meinen Hals. Ich war meinen Eltern, meinem Lehrer und den Heilern, die mir zu helfen versuchten, sehr dankbar. Unglücklicherweise waren alle ihre Bemühungen vergeblich. Nichts funktionierte. Mein hervorragendes Gedächtnis war für immer weg.

An dieser Stelle der äußersten Verzweiflung kam mir ein sehr ungewöhnlicher Gedanke: Vielleicht könnte Meditation helfen. Als meine Freunde von diesem Vorhaben hörten, brachen sie in Lachen aus. Die Praxis der Meditation war in diesen Tagen kaum verbreitet, selbst nicht für einen Bhikkhu.

„Bist du verrückt geworden?", fragte ein Freund. „Meditation ist nur etwas für alte Menschen, die sonst nichts mehr tun können. Du bist noch jung, zu jung, um zu meditieren. Sei kein Narr."

Obwohl ich mich in der Theorie der Meditation gut auskannte und die vier Grundlagen der Achtsamkeit auswendig wusste, hatte ich tatsächlich niemals meditiert, unglaublich aber wahr. Nur sehr wenige Mönche meditierten zu dieser Zeit. Sie waren zu sehr damit beschäftigt, Dhamma zu lehren, zu chanten und Segenszeremonien durchzuführen. Natürlich wurde viel über Meditation gesprochen, aber es gab nur sehr wenig Praxis. Manche Menschen glaubten tatsächlich, dass, wenn ein Mensch zu viel meditierte, das eine geistige Störung hervorrufen könnte.

Ich dachte, dass ich bereits eine geistige Störung hatte. Was hatte ich also zu verlieren?

Ich begann, heimlich zu meditieren, manchmal spät am Abend, manchmal früh am Morgen. Wann immer ich ein paar Minuten für mich alleine erübrigen konnte, meditierte ich, indem ich im Schreinraum in einer dunklen Ecke saß, und hoffte, dass mich niemand bemerken würde. Ich wusste, dass ich eine neue geistige Gewohnheit anzunehmen versuchte, und um erfolgreich zu sein, musste ich jeden Tag Zeit einplanen, um das zu tun. Es war wie ein Training für den Geist, bei dem versucht wird, etwas für seine Muskeln zu tun, die wegen mangelnder Übung schwach geworden waren.

Als Erstes versuchte ich einfach, meinen Geist zu beruhigen, indem ich mich an alltägliche Dinge erinnerte: die Namen meiner Freunde oder der Tempel, die ich besucht hatte, Titel von Büchern, die ich gelesen hatte. Es war nicht einfach; es gab in meinem Gedächtnis große Lücken. Aber ich versuchte, nicht in Panik zu geraten.

Indem ich mich auf meine schriftlichen Aufzeichnungen der vier Grundlagen der Achtsamkeit stützte, begann ich, den Fluss des Atems, der körperlichen Empfindungen, der Gefühle und der Gedanken, die mich durchströmten, zu beobachten.

Diese aufmerksame Beobachtung führte allmählich zu einem sehr friedvollen Gefühl in mir. Gelegentlich erlebte ich sogar spontane Lichtblitze von Freude. Natürlich ließen diese kurzen Momente die Meditation angenehm werden und ermutigten mich, damit fortzufahren.

Schließlich kamen die Dinge, die ich in der Vergangenheit gelernt hatte, in mein Gedächtnis zurück. Ich begann, Buchstaben und Zahlen zu erkennen. Unerwartet begann sich auch meine Stimmung zu verbessern. Nach ein paar Monaten der stetigen Praxis war ich wieder in der Lage, zu lesen und mich an das Gelesene zu erinnern. Ich war wegen meiner „Heilung" so beschwingt und erleichtert.

Der Meditation gelang es, was alle Beschwörungen und Öle und Talismane nicht konnten.

Sie brachte meinem Geist Frieden.

8. Kapitel

Der Kampf um den Schulbesuch

Dank der Meditation endete schließlich mein zweijähriger Albtraum meines verlorenen Gedächtnisses. Sobald ich begann zu meditieren, schien mein Gehirn von dem Trauma zu heilen, das ich mir durch das siebentägige Chanten zugefügt hatte. Aber obwohl ich mich nun grob an Dinge und ebenso an alles andere erinnern konnte, kehrte mein fotografisches Gedächtnis niemals zurück.

Zwei Jahre später, im Jahr 1949, konnte ich meine Studien wieder aufnehmen. Darüber war ich sehr glücklich. Am Ende dieses akademischen Jahres nahm ich an der ersten öffentlichen Schulprüfung teil, die Senior School Certificate Examination genannt wurde und dem Abschlussexamen eines Gymnasiums ähnelte. Ich wurde in acht Fächern geprüft (in Singhalesisch, Tamil, Pali, in singhalesischer Literatur, in ceylonesischer Geschichte, Arithmetik, Gesundheitswissenschaft und Buddhismus) und bestand sie alle.

Ich war stolz auf meine Urkunde, denn nur ein paar Monate zuvor wäre ich nicht in der Lage gewesen, etwas zu lesen oder mich an irgendetwas zu erinnern.

In demselben Jahr brachte mich mein Eifer, Englisch zu meistern, jedoch in Schwierigkeiten. Ich nahm an einer Prüfung an der Mönchsschule teil, an der ich mehrere Jahre lang Schüler gewesen war, und meine Noten für Englisch waren viel besser als die für Sanskrit. Der Direktor der Schule rief mich in sein Büro. Sein Gesicht war ernst. „Gunaratana“, sagte er, „du musst verstehen, dass die Lehre des Buddha die letzten 2500 Jahre nicht auf Englisch sondern in Pali und Sanskrit überliefert worden war. Ich empfehle dir, diesen Sprachen mehr Aufmerksamkeit zu widmen." Im Jahr 1950 wurde ich zum Vidyalankara Pirivena zugelassen, einem College für Mönche in der Nähe der Hauptstadt Colombo, einem der renommiertesten Colleges in Ceylon. Es hatte einen Lehrkörper von etwa zehn Männern – wunderbaren frommen, bescheidenen Lehrern, die im Dhamma, in der buddhistischen Geschichte, in Pali, Sanskrit, Singhalesisch, Tamil und Hindi Experten waren. Ich war begeistert, zugelassen zu werden, aber wieder konnte ich für Verpflegung und Unterbringung nicht bezahlen. Ich hatte keinen Platz, an dem ich leben konnte, also besuchte ich einige Wochen lang nahe gelegene Tempel, um eine Unterkunft zu finden. Schließlich fand ich einen Tempel am Ufer des Kelaniya Flusses, und der Abt erlaubte mir, einzuziehen. Ich nahm wieder die Pflichten eines Mönchs, der in einem Tempel wohnt, auf mich. Im nächsten Dorf Almosen zu sammeln, war wenig ergiebig. Gewöhnlich erhielt ich nur Reis aber kein Gemüse oder irgendetwas anderes in meine Schale. Ich ging zum Tempel zurück, gab viel Salz auf den Reis und aß ihn.

Mein Weg vom Tempel zur Schule war lang und umständlich. Zuerst fuhr ich in einem kleinen Boot über den Fluss, das Jinadasa gehörte, einem Mann, der im Tempel lebte. Jeden Tag nach dem Mittagessen wartete er im Boot auf mich, um mich über den Fluss zu setzen. Während dieser täglichen Bootsfahrten dachte ich oft an die Alagaddupama Sutta, auch „Das Gleichnis des Floßes" genannt, weil der Buddha in dieser Lehrrede das Dhamma mit einem Floß vergleicht. Er sagt, wir könnten das Dhamma verwenden, um den reißenden Strom des Lebens zu überqueren. Sobald wir jedoch das andere Ufer erreicht hätten, sollten wir das Floß hinter uns lassen. Das Ergreifen von und Festhalten an Dingen, selbst wenn sie gut sind, kann uns belasten.

Nach dem täglichen Überqueren des Flusses ging ich zu einer Bushaltestelle, wo ich zum College an der Straße von Kandy nach Colombo einen Bus nahm. Natürlich hatte ich kein Geld für die Fahrkarte, aber der Inhaber des Busunternehmens erlaubte mir freundlicherweise, umsonst zu fahren.

An den Wochenenden ging ich nach Yakkala, einem nahe gelegenen Dorf, um Dhamma in der Sonntagsschule zu unterrichten. Auch gab ich in dem Tempel, in dem ich wohnte, regelmäßig Vorträge an Vollmondtagen. Trotz meines jugendlichen Alters schienen mich die Menschen zu respektieren und wollten meine Belehrungen hören. Manchmal sprach ich über wichtige Themen wie Karma, Wiedergeburt und abhängiges Entstehen, aber rückblickend bin ich nicht sicher, ob ich selbst verstand, worüber ich sprach. Oft lernte ich nur Passagen auswendig, die ich in Büchern gelesen hatte, und wiederholte sie.

Ich erzählte auch Geschichten, die auf buddhistischen Überlieferungen beruhten. Eine meiner Lieblingsgeschichten war eine der vielen Erzählungen über den Buddha und Devadatta, einem Mönch, der immer im Geheimen plante, ihn zu töten. In vielen vergangenen Leben waren sie Feinde gewesen, und es gab zahlreiche Geschichten über ihre Konflikte. In meiner Lieblingsgeschichte wurde der Buddha als ein mitfühlender Affe wiedergeboren, und Devadatta wanderte im Dschungel als Mensch umher. Im Dschungel fällt der Mann in einen verlassenen Brunnen, und der Affe, der zufällig in der Nähe ist, arbeitet stundenlang, um ihn herauszuziehen. Erschöpft von seiner Leistung legt sich der Affe auf den Boden, um sich auszuruhen. Der Mann, sowohl erschöpft als auch hungrig, ergreift einen Stein und schlägt dem Affen auf den Kopf, damit er etwas zu essen haben würde. Weil der Mann schwach ist, tötet sein Schlag den Affen nicht. Blutend klettert der Affe auf einen Baum und sitzt eine Weile da, um nachzudenken: „Obwohl er gerade versuchte, mich zu töten, könnte er verhungern, wenn ich wegrennen und diesen törichten Mann hier verlassen würde", dachte der Affe. „Er wird niemals aus diesem dichten Dschungel herausfinden. Ich muss ihn ins nächste Dorf führen." Deshalb beginnt der Affe, von Baum zu Baum zu springen, und lärmte dabei, als ob er verletzt wäre. Der Mann dachte, dass der Affe jeden Moment zu Tode stürzen könnte, und folgte ihm. Als sie den Rand eines Dorfes erreichen, vergisst der Mann den Affen und geht weiter, um Nahrung und Wasser zu erhalten, und der Affe kehrt in den Dschungel zurück.

Diese Geschichte zeigt die bewundernswerten Eigenschaften des Buddha, noch bevor er einen menschlichen Körper angenommen hatte und voll erleuchtet wurde. Und immer erfreute ich damit meine Teilnehmer der Sonntagsschule.

Eines Tages sagte Jinadasa, dass er mir beim nächsten Mal, wenn ich einen Vortrag gebe, etwas anbieten wolle. Er fragte mich, was ich gerne hätte, aber ich antwortete nicht, weil ich wusste, dass er ziemlich arm war und wirklich kaum ein Geschenk kaufen konnte. Trotzdem schenkte er mir am nächsten Vollmondtag eine Taschenlampe. Wir beide wussten wenig davon, welches Vorzeichen das war.

Eines Abends gab ich im neuen Speiseraum im College einen Dhammavortrag. Es war eine besondere Gelegenheit; all meine Lehrer, Klassenkameraden und Hunderte von Laien kamen, um mich sprechen zu hören. Mein Vortrag handelte von der Culamalunkyaputta Sutta aus der Mittleren Sammlung, die die Menschen davor warnt, keine Zeit mit unwichtigen Dingen zu vergeuden. Der Buddha sagte, wir sollten Dringlichkeit verspüren, um für die Befreiung vom Leiden zu praktizieren.

Bis mein Vortrag beendet war und jeder mit den Fragen zu Ende kam, war es fast Mitternacht. Ich hatte den letzten Bus verpasst und ging deshalb die zehn Kilometer zu Fuß zum Fluss, wo ich hoffte, dass mich Jinadasa übersetzen würde. Der Fluss, vom Regen angeschwollen, floss sehr schnell. Es war fast 2.00 Uhr nachts, und ich wusste, dass Jinadasa schlief. Ich schaltete die Taschenlampe ein, die er mir gegeben hatte, leuchtete damit über den Fluss und rief seinen Namen, so laut ich konnte. Nach einiger Zeit erschien er am jenseitigen Ufer und setzte sich ins Boot. Er war wütend, aufgeweckt worden zu sein.

Während er über den Fluss ruderte, konnte ich seine Flüche hören, die aus seinem Mund kamen. Er warf mir alle möglichen Beleidigungen an den Kopf. Offensichtlich dachte er, dass ich in der Stadt war und etwas getan hätte, was sich für einen Mönch nicht ziemt, zum Beispiel zechen oder eine Affäre mit Frauen haben oder so etwas. Er wusste nicht, dass ich einen Dhammavortrag gegeben hatte.

Ich bestieg das Boot und entschuldigte mich dafür, ihn mitten in der Nacht gestört zu haben. Ich versuchte zu erklären, weshalb ich so spät dran war, aber er hörte nicht zu. Er überhäufte mich immer weiter mit schmutzigen Wörtern und beschuldigte mich, alle möglichen Dinge getan zu haben, was mir niemals im Traum eingefallen wäre zu tun. Dann übergab er mir ein Ruder und befahl mir zu rudern.

Niemals zuvor hatte ich ein Boot gerudert und schon gar nicht in einer starken Strömung. Sobald ich mein Ruder ins Wasser setzte, begann das Boot umzukippen. Ich war wie gelähmt. Alle meine Erfahrungen, bei denen ich fast ertrunken wäre, blitzten vor meinen Augen auf.

Jinadasa, der noch mehr Beschimpfungen ausstieß, entriss mir das Ruder. Wieder begann er gegen die reißende Strömung zu rudern und murrte und schimpfte die ganze Zeit. Normalerweise dauerte die Fahrt nur zehn Minuten, aber in dieser Nacht waren es fast zwei Stunden. Es waren die zwei längsten Stunden meines Lebens.

Nach ein paar Stunden Schlaf wachte ich am nächsten Morgen auf und beschloss, den Tempel, in dem ich lebte, zu verlassen, weil ich es einfach nicht mehr ertragen konnte, beängstigende Flussüberquerungen mit Jinadasa zu machen. Nach der Almosenrunde packte ich meine paar Bücher in eine Tasche und ging zum Flussufer. Jinadasa war dort und schaute verdrießlich drein.

„Warum ist deine Tasche heute voll?", fragte er mich.

„Weil ich den Tempel verlasse", erwiderte ich.

Er fragte mich warum, und ich ließ ihn wissen, wie sehr mich seine Beschimpfungen in der Nacht zuvor verletzt hatten. Ich sagte, dass ich einen guten Grund gehabt hätte, so spät dran gewesen zu sein, er sich aber geweigert hätte, mir zuzuhören. Ich erzählte ihm, dass ich mehrere Male fast ertrunken wäre und Angst vor Wasser hätte und dass seine Beschimpfungen mich nur haben schlechter fühlen lassen.

Jinadasa war in Tränen aufgelöst. Mit niedergeschlagenen Augen bettelte er, dass ich bleiben solle, aber ich war hartnäckig.

„Ich will einen Ort finden, wo ich nicht täglich einen Fluss überqueren muss, um zum College zu gehen", teilte ich ihm mit.

Und so suchte ich wieder einmal nach einem Ort, an dem ich leben konnte.

Schließlich fand ich einen Tempel, etwa zwölf Kilometer vom College entfernt. Der Mönch dort sagte mir, ich könne in einer kleinen Kuti auf dem Tempelgrundstück wohnen, die seit Jahren leer gestanden hatte, leer bis auf etwa 50 Fledermäuse! Manchmal war der Gestank so stark, dass ich nicht schlafen konnte.

Am Mittag nach der Almosenrunde nahm ich den Bus zum College. Wenn ich nach dem Unterricht heimkehrte, war es abendliche Stoßzeit, und im Bus gab es keinen Platz für Menschen wie mich, die nicht bezahlen konnten. Deshalb musste ich jeden Tag die zwölf Kilometer von der Schule nach Hause laufen.

Zwischen 21.00 Uhr und 21.30 Uhr kam ich in meiner Kuti an und entzündete die Kerosinlampe. In der Nähe lebte ein Kaufmann namens Albert. Er war Singhalese, aber wie viele meiner Landsleute hatte er einen britischen Vornamen. Einige Singhalesen gaben ihren Kindern britische oder holländische oder portugiesische Vornamen, je nachdem zu welchem Land Ceylon zu dieser Zeit gehörte, weil sie hofften, dies könnte ihren Kindern helfen, an eine angesehene katholische Schule zu kommen oder später einen Job bei der Regierung zu erhalten.

Albert war großzügig. Jeden Abend, wenn er das Licht in meiner Kuti angehen sah, schickte er seinen Diener mit einer Tasse heißen Tee für mich. Obwohl es nur einfacher Tee war, schmeckte dieses warme Getränk nach einem langen Tag immer köstlich. Ich lernte noch bis Mitternacht und ging dann zu Bett.

Albert begann, sich für mich und meinen Wunsch, das College zu beenden, zu interessieren. Er bot an, mir jeden Tag Essen zu bringen, sodass ich nicht auf Almosenrunde gehen musste. Und er bot an, für meine Schulbücher zu bezahlen. Mit wäre es lieber gewesen, unabhängig zu sein, aber als Mönch ohne materielle Mittel glaubte ich, jegliche Unterstützung, die Laien mir gaben, annehmen zu müssen. So bejahte ich seine Freundlichkeit.

Unglücklicherweise brachte mich Alberts Unterstützung schließlich in Schwierigkeiten. Etwa einen Monat, nachdem ich in den Tempel eingezogen war, erzählte Albert dem Abt, dass er dachte, ich sei ein wundervoller junger Mönch, der exzellente Dhammavorträge gab.

Der Abt wurde sofort misstrauisch und schlussfolgerte, dass ich im Geheimen plante, seinen Tempel zu übernehmen. Deshalb schickte er einen seiner Schüler, um mir zu sagen, dass ich gehen solle. Er zwang mich, auf der Stelle zu gehen, sodass ich noch nicht einmal Zeit hatte, um mich von Albert zu verabschieden. Ich sollte in einer leeren Kuti in einem nahe gelegenen Tempel wohnen, aber einen Monat später musste ich auch von dort wieder fortgehen. Ich vermute, dass der misstrauische Mönch wollte, dass ich komplett aus der Gegend verschwinde.

Glücklicherweise fand ich ein neues Zuhause, eine Kuti, die nahe an der Straße von Kandy nach Colombo lag und von der ich einfach zur Bushaltestelle gehen konnte. Diese Kuti wurde von einer wohlhabenden Frau finanziert, die damit Mönche unterstützen wollte, die am College studierten. Das schien perfekt zu sein. Wieder begann ich, Dhammavorträge zu geben, und die Menschen aus der Region kamen, um sie zu hören. Sie schienen mit mir zufrieden zu sein und gaben mir sogar einen Gaskocher, um Wasser zu kochen.

Leider geriet ich auch dort in Schwierigkeiten. Der Abt, der mich als solche Bedrohung betrachtete, schickte seinen Schüler, um mich wieder aufzuscheuchen. Dieses Mal behauptete er, dass zwei andere Mönchsschüler in der Kuti leben sollten und es nicht ausreichend Nahrung für uns drei gäbe. Deshalb sollte ich gehen, sagte er. Der Abt eines örtlichen Tempels verfügt über eine große Autorität in solchen Angelegenheiten.

Ich bat um Gnade. „Ich stamme aus einer armen Familie", sagte ich, „und ich kann die zehn Rupien im Monat für die Unterkunft und Verpflegung im College nicht bezahlen. In nur sechs Monaten mache ich die Abschlussprüfung – lassen Sie mich einfach so lange hier wohnen."

Trotzdem bestand er darauf, dass ich gehe. Ich nahm meine Bücher und ging zurück nach Yakkala, wo ich ein Jahr zuvor warmherzig empfangen worden war. Dieses Mal bekam ich ein Zimmer im Tempel. Trotz dieses warmherzigen Empfangs belasteten mich unglücklicherweise die vorhergehenden Kämpfe um die Unterkunft. „Warum sollte ich so hart arbeiten, um im College zu bleiben?", fragte ich mich. „Diese Themen sind für ein Mönchsleben nicht nützlich. Warum versuche ich so hart, dieses Ziel zu erreichen?"

Ich schämte mich auch dafür, immer Geld leihen zu müssen. Ich konnte mir die Bücher nicht leisten, deshalb musste ich andere Schüler anbetteln, mir ihre zu leihen. Dann musste ich die Bücher zurückgeben, bevor ich sie ausgelesen hatte. Wenn ich ein paar Rupien für die Examensgebühren brauchte, musste ich zu meiner Mutter oder meinem ursprünglichen Lehrer, meinem Präzeptor, gehen, um ein paar Münzen zu erbetteln. Es war peinlich, und ich hasste es, Menschen zu fragen, die selbst so wenig hatten.

Also beschloss ich im Jahr 1952, die Schule zu verlassen, obwohl mir zum Abschluss nur noch die letzten Examen fehlten. Die Examensgebühr betrug 15 Rupien, ungefähr 4,50 US-Dollar, aber ich hatte das Geld nicht. So schied ich aus.

9. Kapitel

Missionionarsmönch

Obwohl ich kurz vor dem Abschlussexamen aus dem College ausschied, blieb mein jugendlicher Drang, das Dhamma auf Englisch zu lehren, so stark wie eh und je. Ich weiß nicht genau, woher dieses Verlangen kam. Vielleicht teilweise davon, dass Englisch als ein kulturelles Überbleibsel der britischen Besetzung unter der singhalesischen Elite gesprochen wurde. Ich träumte davon, nach Indien oder Malaysia zu gehen, wo noch mehr Englisch gesprochen wird. Wenn ich ein Glückspilz wäre, könnte ich vielleicht sogar in England lehren, der Quelle des britischen Erbes meines Landes.

Niemals – selbst nicht in meinen wildesten Träumen – stellte ich mir vor, in Amerika zu lehren; das war das Ende der Welt für einen jungen Mann in Ceylon.

Nach dem Mönchscollege nahm ich weiterhin Englischunterricht, wo immer ich ihn finden konnte, und reiste manchmal viele Kilometer, nur um in einem Klassenzimmer sitzen zu können, in dem Englisch gesprochen wurde. Die meisten Menschen taten mein Interesse, solch eine unbekannte Sprache lernen zu wollen, ab.

„Kleiner Mönch", sagten sie, „warum bestehst du darauf, Englisch zu lernen? Nur Laien benutzen Englisch, und davon auch nur sehr wenige. Du solltest dich in einem Tempel niederlassen und dort deine Pflichten erfüllen."

„Aber vielleicht gehe ich eines Tages ins Ausland", protestierte ich. „Ich muss dann Englisch können."

Sie schauten mich an, als wäre ich verrückt.

Länger als sechs Jahre lang lehrte ich Dhamma an der Sonntagsschule des Tempels in Yakkala. In Ceylon gab es Hunderte von Sonntagsschulen und diese war vergleichsweise klein. An einem beliebigen Sonntag kamen etwa 200 Schüler, von denen die meisten jünger als 18 Jahre alt waren. Ich deckte die Grundlagen ab: die Tugendregeln, den Edlen achtfachen Pfad, das Leben des Buddha und die Geschichte des Buddhismus. Zu dieser Zeit bot die Schule keine Meditationsanweisungen an, was ich heutzutage hauptsächlich lehre, und ich dachte damals auch nicht, dass sie es tun sollte.

Glücklicherweise unterstützte der Abt des Tempels in Yakkala, der ehrwürdige Candajoti Thera, mein Ziel, Englisch zu lernen. Auch er dachte, dass es wichtig ist, diese Sprache zu lernen, und hatte selbst ein Zertifikat einer Aufbauschule in Englisch.

Mit der Hilfe des ehrwürdigen Candajoti eröffneten schließlich mein Bruder und ich eine kleine Englischschule im Tempel in Kebilitigoda. Weil mein Bruder so gut Englisch konnte, da er einige Jahre in Colombo gelebt und es dort studiert hatte, war er der Hauptlehrer an unserer kleinen Schule. Wir liehen von einem anderen Tempel Schultische, Stühle und eine Tafel. Dann brachten wir ein Schild an, und siehe da, es erschienen 20 Schüler! Jedoch waren es meistens Kinder aus armen Familien, die kein Geld für den Unterricht hatten. Das war ein Problem, denn mein Bruder musste für sein Essen und die Übernachtungskosten bezahlen. Ich wurde natürlich vom Tempel unterstützt.

Der ehrwürdige Candajoti organisierte es, dass wir 1000 Rupien erhielten (ungefähr 300 US-Dollar), was ausreichte, um die Schule drei Monate zu betreiben. Am Ende dieses Zeitraums kam trotz unserer größten Bemühungen niemand mehr mit Spenden. So schlossen wir widerwillig die kleine Schule und gaben die Möblierung, die wir geliehen hatten, zurück.

Und so ging mein Vagabundenleben weiter. Eine Zeit lang lebte ich in dem Tempel in Yakkala, wo mich der ehrwürdige Candajoti wie einen Bruder behandelte. Weil er meine Englischstudien unterstützte, war er freundlich genug, mich mit Essen zu versorgen, denn ich hatte keine Zeit, zur Almosenrunde zu gehen, während ich in der Schule war. (Zu der Zeit studierte ich an der Vidyasekhara Englischschule, einer Institution, die an der Vidyasekhara Pirivena gegründet wurde, wo ich in den späten 1940er Jahren als Mönchsnovize studiert hatte. Weil es zwischen der Englischschule und dem Tempel in Yakkala keine gute Busverbindung gab, zog ich in einen Tempel in einem Dorf namens Udugampola. Von dort musste ich immer noch zweieinhalb Kilometer laufen, um einen Bus zur Schule zu erwischen.)

An einem Wochenende im Jahr 1953 ging ich alte Schulkameraden der Vidyasekhara Pirivena besuchen. Eines abends flickte ich eine meiner Roben im Schlafsaal, während ich zufällig eine Unterhaltung zweier Mönche im Flur hörte. Sie sprachen über eine Nachricht, die einer der beiden von der buddhistischen Missionarsschule in Colombo erhalten hatte. Die Schule suchte nach einem zukunftsträchtigen neuen Schüler, der einen Mönch ersetzen sollte, der wegen eines Verhaltensvergehens entlassen worden war.

Die buddhistische Missionarsschule bildete ihrem Namen gemäß buddhistische Mönche aus, damit sie ins Ausland reisen und Dhamma lehren können. Sie wurde von einer buddhistischen Hilfsorganisation, der Mahabodhi Society, gegründet und geht bis in die späten 1800er Jahre zurück. Diese Schule war ziemlich klein und sehr exklusiv. Dort gab es einige Schüler aus anderen Ländern – Vietnam, Kambodscha, Thailand und China – jedoch nur zehn Mönche aus Ceylon. Der Direktor der Schule, der ehrwürdige Paravahera Vajiranana, war im Westen ausgebildet worden und war auch mit der Theorie und der Praxis der buddhistischen Meditation vertraut. Er war eine große Inspiration für mich.

Die Vorstellung einer Missionarsschule scheint für diejenigen seltsam zu sein, die vom Buddhismus wissen, dass er andere nicht bekehrt. Jedoch war der Buddha selbst tatsächlich ein Missionar. Innerhalb von drei Monaten nach seiner Erleuchtung hatte der Buddha 60 Schüler um sich versammelt. Dann schickte er diese Schüler aus, um „den Samen des Dhamma zu verbreiten", und bat sie, in 60 verschiedene Richtungen zu gehen.

Der Buddha stellte klar, dass seine Schüler nicht versuchen sollten, Menschen zu bekehren. Er sagte, dass sie einfach das Dhamma lehren sollten und dass diejenigen „mit wenig Staub in ihren Augen", die bereit waren zu hören, verstehen würden. Diese Anweisung hebt einen wichtigen Aspekt der buddhistischen Lehre hervor. In einer berühmten Lehrrede beschrieb der Buddha das Dhamma als offensichtlich. Er sagte, dass, wenn Menschen „kommen und sehen", sie selbst beurteilen können. Damit meinte er keine wörtliche Einladung, irgendwohin zu kommen und einer Lehrrede zuzuhören. Damit meinte er, dass das Dhamma für einen weisen Menschen, der es prüfen will, zur Verfügung steht.

Der Buddha wollte, dass die Menschen seine Lehren auf ihr eigenes Leben anwenden und erkennen, ob sie sinnvoll sind. Auf die Art können die Menschen seine Lehren aufgrund ihrer eigenen Erfahrungen akzeptieren, statt ihnen blind zu glauben. Das Dhamma als etwas zu beschreiben, zu dem man „kommen und" das man „sehen" kann, beruht auf dem Verständnis, dass Bekehrung von innen heraus geschieht und nicht einem Einzelnen von außen aufgezwungen werden kann.

Als ich die beiden Mönche über den freien Platz in der Missionarsschule reden hörte, obwohl ich niemals zuvor von einem solchen Ort gehört hatte, wusste ich sofort, dass das etwas war, was ich tun wollte. Ich ließ die Robe, die ich gerade flickte, fallen und stürmte in den Flur.

„Ehrwürdiger Herr“, sagte ich zu einem der Mönche, „ich würde mich gerne für diese freie Stelle bewerben.“

„Wann hast du frei, um den Direktor der Schule zu sprechen?“, fragte er.

„Morgen“, sagte ich.

Am nächsten Tag erzählte ich dem Direktor, dem ehrwürdigen Paravahera Vajiranana Nayaka Mahathera, warum die Missionarsschule für mich perfekt schien. Beeindruckt von meiner Überzeugung (und vielleicht von meiner Unverfrorenheit!), nahm er mich auf. Unglücklicherweise hatten die Schüler schon die Hälfte hinter sich von ihrem Dreijahresprogramm, deshalb musste ich kämpfen um aufzuholen, besonders ohne mein fotografisches Gedächtnis. „Das ist ein schwieriges Programm“, warnte mich der ehrwürdige Vajiranana, „und du hinkst hinterher. Du wirst besonders hart arbeiten müssen, um aufzuholen.“

Er erinnerte mich daran, was der Buddha über harte Arbeit gesagt hatte: „Dieses Dhamma ist für jemanden, der sich unablässig bemüht, und nicht für jemanden, der faul ist.“ Der Direktor sagte, dass, wenn ich ein guter Missionarsmönch sein wollte, ich mich der Praxis der Parami (Vollkommenheit) der Anstrengung verpflichten müsste. So hatte der Buddha Erleuchtung erlangt, bemerkte er, indem er seine Bemühung bis zum höchsten Grad vervollkommnete.

So begab ich mich an meine Schulaufgaben und holte bald meine Klassenkameraden ein. Glücklicherweise ähnelte der Lehrplan an der Missionarsschule dem am Mönchscollege. Wir lernten Palitexte und buddhistische Philosophie, ebenso Hindi, Englisch und Tamil. Nach dem Abschluss wurden die meisten Schüler ins Ausland nach Indien geschickt, also war der Unterricht auch so konzipiert, dass wir das lernten, was wir wissen mussten, wenn wir dort leben würden. Deshalb lernten wir etwas über indische Geschichte, Hinduismus und Jainismus.

Weil in der Missionarsschule Mönche aus mehreren anderen südostasiatischen Ländern waren, schlug ich vor, dass wir eine internationale buddhistische Studentenvereinigung gründeten. Wir führten alle Aktivitäten auf Englisch durch, sodass wir unsere sprachlichen Fertigkeiten üben konnten.

Ich habe eine besonders lebhafte Erinnerung an meine Zeit in der Missionarsschule. In Hunupitiya, einem Vorort von Colombo einige Kilometer von unserer Schule entfernt, gab es ein Uposatha-Haus – ein Ort, der besonderen religiösen Zeremonien gewidmet war. Alle zwei Wochen, an Vollmond- und Neumondtagen, gingen wir zum Uposatha-Haus, um den Vinaya, die 227 Regeln, die das monastische Leben regeln, zu rezitieren. Diese Zeremonie darf auf jedem geweihten (das heißt einem besonders gewidmeten) Grundstück durchgeführt werden, und es dürfen nur Mönche daran teilnehmen; Laien ist es nicht gestattet.

Dieses spezielle Uposatha-Haus war 150 Jahre alt. Es befand sich auf hölzernen Pfählen inmitten eines Sees. Es hatte halbhohe Backsteinwände und starke Balken, die das Ziegeldach stützten. Um dorthin zu gelangen, gingen wir Mönche über eine schmale Holzbrücke und entfernten die Brücke, nachdem wir alle im Gebäude waren. Diese Handlung symbolisierte unsere Trennung vom weltlichen Leben.

Als wir einmal zum Uposatha-Haus kamen, warnten uns einige Kinder, dass mehrere der Dielenbretter gestohlen worden waren, wahrscheinlich für Feuerholz. „Es ist nicht sicher“, sagten die Kinder. „Geht nicht hinein.“

„Egal, wir gehen einfach weiter“, sagte ein älterer Mönch. Wir folgten alle gehorsam seinen Anweisungen und gingen still im Gänsemarsch hintereinander weiter. Als wir in das Uposatha-Haus gelangten, sahen wir, dass die Kinder recht hatten: Die Hälfte des Bodens fehlte. Normalerweise nahmen wir gleichmäßig am Boden verteilt unseren Platz ein, um unser Gewicht über den alternden

Pfählen, die das Gebäude trugen, zu verteilen. Da die Hälfte des Bodens weg war, waren wir alle 14 jedoch gezwungen, auf einer Seite zu sitzen.

Wir begannen zu chanten, und mitten in der Zeremonie hörten wir ein lautes, krachendes Geräusch. Mehrere Mönche schauten sich beunruhigt um, aber der Seniormönch chantete noch lauter und nötigte uns dazu, seinem Beispiel zu folgen.

Auf einmal gab alles unter uns nach. Es war ein Chaos. Einige Mönche sprangen in den See. Andere fielen mit dem zusammenbrechenden Gebäude ins Wasser. Ich versuchte, mich über die halbe Wand zu hieven und war schließlich halb im und außerhalb des Gebäudes, als das Dach auf mich fiel.

Sofort eilten Laien zu unserer Rettung herbei. Manche sprangen in den See, kamen zu uns geschwommen und brachten uns zum Ufer zurück. Mehrere Mönche hatten Knochenbrüche; eine meiner Rippen schaute neben meinem Herzen aus meinem Brustkorb heraus. Zuerst tat es nicht sehr weh, aber als das Adrenalin absank, begann meine Brust zu pochen. Ironischerweise hatte der Abt, der uns alle dazu antrieb weiterzugehen, nicht einen einzigen Kratzer abbekommen. Die Dachspitze kam genau da herunter, wo er saß, und hatte ihn beschützt.

Der Rest von uns wurde in ein Krankenhaus gebracht. Am nächsten Tag wurde ich mit Verbänden um meinen Oberkörper entlassen. Danach fühlte sich mein Brustkorb einige Wochen lang wund an.

Gegen Ende des Jahres 1954 fand das Abschlussexamen statt. Obwohl ich spät zur Missionarsschule gekommen war, hatte ich sehr hart gearbeitet, um aufzuholen. Die Bemühung zahlte sich aus, und ich bestand mein Examen gut.

Dann kam die Zeit für unsere Aufgaben im Ausland. Es war der Beginn unserer Missionarskarrieren. Das Oberhaupt der Schule rief mich zu sich und erklärte mir, er würde mich gerne nach Tansania schicken.

„Tansania!", dachte ich. „Afrika! Das ist eine halbe Weltreise entfernt." Ich war mir nicht sicher, ob ich für eine solche Reise bereit wäre. Ich war erst 27 Jahre alt und war niemals außerhalb von Ceylon gewesen.

„Ich würde lieber näher an meiner Heimat bleiben", sagte ich ihm. „Wie wäre es mit Indien?"

Er nickte. Ich war durchaus bereit, irgendwohin zu gehen. Nun da ich mein Studium beendet hatte, wusste ich, dass ich nicht in den Tempel zurückkehren konnte, in dem ich ordiniert wurde. Ich wusste, dass, wenn mein Lehrer sterben würde, der ehrwürdige Sumanatissa meinen Anspruch, die Führung dieses Tempels zu erben, wegen des Streits zwischen meinem Lehrer und ihm bekämpfen würde.

Ich wusste sonst nicht, wohin ich gehen sollte, und immer noch hatte ich diesen brennenden Wunsch, eines Tages irgendwo Dhamma auf Englisch zu lehren. Dazu musste ich das Land, in dem ich geboren wurde, verlassen. Es schien, dass Indien sozusagen ein guter Auftakt war und viel ansprechender als Afrika!

Die Reise von Ceylon nach Indien betrug nur etwa 35 km durch den indischen Ozean, eine einfache Fahrt auf der Fähre, aber für mich war es eine große Exkursion und der Beginn meiner Weltreisen.

10. Kapitel

Den Ozean nach Indien überqueren

Als ich mich darauf vorbereitete, Ceylon zum ersten Mal in meinem Leben zu verlassen, brauchte ich zwei Dinge: Geld und einen Reisepass.

Aber weil ich Mönch war und keinen Nachweis über ein Einkommen hatte, konnte ich keinen Reisepass erhalten. Nur wer Einkommenssteuer bezahlte, konnte einen Reisepass beantragen. Deshalb bat das Oberhaupt der Missionarsschule einen wohlhabenden Unterstützer, der reichlich Einkommenssteuer bezahlte, mein Sponsor zu sein. Er unterschrieb die notwendigen Dokumente, und ich erhielt etwas, was man Ausnahmeurkunde nannte. Das erlaubte mir, zwei Jahre lang aus und nach Ceylon zu reisen.

Ich wusste, dass die Mahabodhi Society meinen Fahrpreis nach Indien bezahlen würde. Obwohl das wunderbar war, dachte ich, dass ich auch etwas Geld haben sollte, sobald ich im Land ankomme, damit ich ein wenig unabhängig sein könnte. Aber es schien einem Mönch nicht würdig zu sein, Menschen um Bargeld zu bitten. Deshalb ging ich zum Tempel in Yakkala, wo ich einige Zeit gelebt hatte, und fragte den ehrwürdigen Candajoti um Rat.

„Kleiner“, sagte er und benutzte ein Kosewort, „sei nicht dumm. Du bist ein Mönch. Jeder weiß, dass du kein Geld hast, und jeder weiß, dass du für diese Reise etwas Geld brauchst.“

Er half mir, einen allgemeinen Brief zu schreiben, in dem ich meine Reise beschrieb und was ich dafür benötigte. Er ließ 700

Kopien drucken. Ich verteilte einige von Hand und verschickte viele per Post.

Als alles erledigt war, erhielt ich 200 Rupien (etwa 60 US-Dollar), was zu dieser Zeit eine erstaunliche Summe war. Meine Mutter spendete eine Rupie, mein Vater fünf. Meine jüngere Schwester gab zwei Rupien, und mein Präzeptor, der Mönch, der mich ursprünglich ordiniert hatte, schickte fünf Rupien von Spenden, die er von Laien in seinem Tempel erhalten hatte.

Meine Reise begann am 15. Januar 1955 am Bahnhof in Colombo. Keines meiner Familienmitglieder konnte die 120 km fahren, um mich zu verabschieden, aber mein Präzeptor fuhr mit mir im Zug bis nach Colombo. Nachdem wir uns getrennt hatten, war ich ganz alleine. Jedoch hatte ich keine Angst; ich war begeistert, eine neue Phase meines Lebens zu beginnen. Endlich erweiterte sich mein Horizont. Obwohl ich mir das damals kaum hätte vorstellen können, aber bis im Alter von 75 Jahren habe ich auf sechs Kontinenten Dhamma gelehrt.

In Colombo traf ich meine Reisebegleiter, eine Gruppe von buddhistischen Pilgern, die zu den heiligen Stätten in Indien aufbrachen. Wir nahmen einen Nachtzug in eine Stadt namens Talaimanner an der nördlichen Spitze von Ceylon. Dort bestiegen wir eine Fähre für die 35 km lange Seepassage.

Da war ich zum ersten Mal auf einem großen Schiff, und trotz meiner Erfahrungen, bei denen ich fast ertrunken wäre, war ich überhaupt nicht nervös. Innerhalb einer Stunde waren wir in Indien. Das Schiff legte in Mandapam an, einer Stadt am südlichen Rand der indischen Halbinsel. Dieser Teil von Indien sah wie eine Wüste aus; es gab keine Bäume, nur trockenen Sand und gleißendes Sonnenlicht. Wir bestiegen einen weiteren Zug.

Im Zug aßen wir Snacks aus süßem Reis, in Bananenblätter gewickelt. Als wir unsere Bananenblätter aus dem Zugfenster warfen, kamen Bettler angerannt, um sie vom Boden aufzuheben und die letzten Reiskörner von ihnen abzulecken. Obwohl die kleinen Dörfer in Ceylon gewiss nicht reich genannt werden konnten, war dies deutlich eine viel schlimmere Armut, als ich je gesehen hatte.

Am darauf folgenden Nachmittag waren wir in Madras, an der Ostküste von Indien. Ich hatte vor, mich eine Woche auszuruhen und mich mit Indien vertraut zu machen, bevor ich mich in dem mir zugewiesenen Tempel melden würde.

Der ehrwürdige Batuvangala Jinananda Thera, das Oberhaupt der Mahabodhi Society in Madras, holte mich am Bahnhof ab. Er und seine Mitmönche sprachen Tamil, sodass wir miteinander reden konnten. Ich verbrachte eine entspannende Woche, indem ich Tempel besuchte und Zeit in der Theosophischen Gesellschaft verbrachte, einem nicht konfessionellen Zentrum, das sich dem Studium verschiedener religiöser Lehren gewidmet hatte.

Bald war es Zeit, um nach Sanchi aufzubrechen, meinem ersten Posten. Sanchi liegt in dem indischen Bundesstaat Bhopal, in der Mitte zwischen Delhi und Bombay. Um 19.00 Uhr abends bestieg ich in Madras einen Zug. Mehr als 24 Stunden später, nach einer Reise durch den halben indischen Subkontinent, landete ich in Sanchi. Ich war die einzige Person, die an diesem winzigen Punkt auf der Landkarte aus dem Zug ausstieg. Der Bahnhof hatte keinen Bahnsteig; ich sprang aus dem Zug, und meine Füße landeten auf dem Boden direkt neben den Gleisen. Als der Zug davontuckerte, kam ein Mann in Uniform zu mir. Ich nahm an, er war der Bahnhofsvorsteher.

Es war fast Mitternacht, sehr kalt und völlig dunkel. Seit ich Ceylon verlassen hatte, ängstigte ich mich zum ersten Mal zu Tode. Ich verstand gar nichts davon, was der Bahnhofsvorsteher sagte. Obwohl ich in Ceylon drei Jahre Hindi gelernt hatte, war dies das erste Mal, dass ich jemanden Hindi als dessen Muttersprache sprechen hörte.

Schließlich erzählte ich dem Bahnhofsvorsteher in gebrochenem Englisch, von dem ich hoffte, dass er es verstehen würde, dass ich gekommen war, um in dem Tempel in Sanchi zu leben. Das schien bei ihm anzukommen. In ebenso gebrochenem Englisch erzählte er mir, dass der Tempel etwa zwei Kilometer entfernt und auf einem Hügel liege und es töricht sei, zu versuchen, im Dunkeln dorthin zu gehen. Er schlug vor, dass ich die Nacht im Bahnhof verbringen und am Morgen aufbrechen solle.

In dieser Nacht fror ich zum ersten Mal in meinem Leben, eine vollkommen neue Erfahrung für einen jungen Mann, der sein ganzes Leben im tropischen Ceylon verbracht hatte. Aber im Januar war es in Zentralindien wohl kaum tropisch!

Glücklicherweise hatten mir die Mönche in Madras einen dünnen Schlafsack gegeben. Ich breitete ihn auf dem Betonboden des Bahnhofs aus und kroch hinein. Ich glaube nicht, dass ich überhaupt schlief in dieser Nacht, teilweise aus Nervosität, aber hauptsächlich wegen der klirrenden Kälte.

Am nächsten Morgen schleppte der Träger, den mir der Bahnhofsvorsteher zugewiesen hatte, mein Gepäck, während wir zu dem Tempel aufbrachen. Wir gingen fast zwei Kilometer, bis wir einen großen Hügel hinaufzusteigen begannen. Wir stiegen auf einem gewundenen, schlammigen Weg etwa 30 Minuten auf. Auf dem Gipfel des Hügels kamen wir zu der Tempelanlage, die von einer ein Meter hohen Steinmauer umgeben war. Entlang der Mauer waren alle drei Meter oder so Betonpfeiler mit runden Scheiben an ihrer Spitze, die wie Schirme aussahen und an die Zierschirme an der Spitze von Pagodas erinnerten.

Innerhalb der Anlage gab es einen Innenhof mit einem schönen Steinmosaik. Eine kurze Treppe führte in die Haupthalle, in der sich zwei Räume gegenüberlagen. Die Halle war kühl und fensterlos und hatte einen glatten Terrazzoboden. Am unteren Ende konnte ich einen Altar mit einer gelassen aussehenden Buddhastatue in sitzender Meditationshaltung sehen. Sie war aus Kalkstein, und eine einfache weiße Kerze brannte zu ihren Füßen.

Ich war überglücklich, hier zu sein; mein Leben als buddhistischer Missionar begann an einem sehr vielversprechenden Ort. Die Lage des Tempels in Sanchi geht zurück bis ins 3. Jahrhundert vor unserer Zeit, als König Ashoka, ein andächtiger indischer Buddhist, Mahinda und Sanghamitta, seinen Sohn und seine Tochter, als Missionare nach Ceylon schickte, um dort das Dhamma zu verbreiten. Bevor sie Indien verließen, besuchten Mahinda und Sanghamitta ihre Mutter, die in einem Nonnenkloster an der Stelle des Sanchi-Tempels lebte.

Im späten 19. Jahrhundert gruben britische Archäologen die Stelle bei Sanchi aus und öffneten mehrere Stupas, besondere Bauwerke, die Überreste von Toten, besonders verkohlte Knochen, die nach der Verbrennung übrig geblieben sind, enthalten. Inschriften an den Stupas besagten, dass dies Reliquien des Buddha und von zwei seiner Hauptschüler, Sariputta und Mahamogallana, waren. Bis 1941 wurden diese Reliquien, die sich die britische Regierung angeeignet hatte, im Victoria und Albert Museum in London ausgestellt. Als die Briten dazu veranlasst wurden, diese Schätze zurückzugeben, wurden die Reliquien in drei Teile aufgeteilt. Ein Drittel erhielt Burma, ein Drittel ging zu Vidyalankara Pirivena, dem Mönchscollege, das ich besucht hatte, und das letzte Drittel ging nach Sanchi zurück. Dort baute die Mahabodhi Society einen Tempel, um diese heiligen Reliquien aufzubewahren. Der Tempel wurde im Jahr 1954 fertiggestellt, und der ehrwürdige Hedigalle Pannatissa wurde als sein Abt ausgewählt.

Im darauf folgenden Jahr 1955 wurde ich nach Sanchi geschickt, um dem ehrwürdigen Pannatissa zu helfen. Ich war fünf Jahre lang sein Sekretär, und ich hätte um keine bessere Aufgabe bitten können.

11. Kapitel

Die Reliquien und der Dalai Lama

Sobald ich am Sanchi-Tempel ankam, erwies ich dem ehrwürdigen Pannatissa meinen Respekt. Ich hatte viele Geschenke für ihn, Dinge, die ich von seinen Freunden aus Ceylon und von der Mahabodhi Society mitgebracht hatte. Auch zeigte ich ihm eine mechanische Schreibmaschine, die jemand gespendet hatte und mit der ich Büroarbeiten erledigen und für ihn Briefe auf Englisch tippen konnte.

Der ehrwürdige Pannatissa war hoch erfreut, jedoch wusste er nicht, dass mein Englisch immer noch holprig war und ich noch nie eine Schreibmaschine benutzt hatte.

Das Leben in Sanchi war angenehm und friedvoll. Nicht zu viele Menschen bestiegen den Hügel, sodass es ein viel ruhigerer Ort war als die Dorftempel, an die ich gewöhnt war. Weil es keine Dorfbewohner in der Nähe gab, die uns hätten Essen anbieten können, bezahlte die Mahabodhi Society einen Koch, der die Mahlzeiten für den ehrwürdigen Pannatissa und mich zubereitete. Auch gab es einen Mann, der putzte und Wasser für uns brachte. Er musste die Eimer mit Wasser von einem Brunnen am Fuß des Hügels tragen.

Die indische Regierung stationierte in Sanchi 24 Stunden täglich einen Polizeibeamten wegen der heiligen Reliquien, die dort aufbewahrt wurden. Die Wachen arbeiteten in Schichten zu acht Stunden, in denen sie da saßen und mit Besuchern oder mit uns sprachen, wenn wir Zeit hatten.

Im Sommer war es in Sanchi heiß, so heiß, dass man kaum atmen konnte. Tagsüber erreichte die Temperatur fast 50 °C. Normalerweise verbrachte ich die meiste Zeit in Meditation in der inneren Halle, indem ich auf einem nassen Handtuch auf dem Betonboden saß. Gegen 19.00 Uhr brachte ich mein Bett nach draußen an die frische Luft. Es bestand aus einem einfachen Holzrahmen, den man carpai nennt (wörtlich „vier Beine") und über den Seile miteinander verflochten waren, auf denen eine dünne Matte lag.

Mehrere Stunden saß ich auf dem Bett, meditierte in der kühleren Abendluft und praktizierte Achtsamkeit auf den Atem, wie ich es immer vor dem Schlafengehen getan hatte, seit ich zu meditieren begonnen hatte. Dann schlief ich unter freiem Himmel.

Der Schreinraum, der die Reliquien beherbergte, war unter dem Hauptaltar. Von einer kleinen Tür rechts vom Altar führte eine enge Treppe in eine dunkle Kammer von vielleicht drei Quadratmetern. An einer Wand befand sich eine Tür, die in eine noch kleinere Kammer, eine Art Grabkammer, führte. Ein großer Stahlschrank stand inmitten dieses Raumes. Er hatte drei Schubladen, jede für einen Satz Reliquien. Die Schubladen waren mit weißem Leinen ausgelegt und hatten Glasdeckel. Die Reliquien selbst waren in kleinen, runden silbernen Behältern. Der Behälter mit den Reliquien des Buddha war größer als die Behälter mit den Reliquien seiner beiden Schüler.

Die Schubladen waren doppelt gesichert, genauso wie die Türen, die zu der Kammer mit den Reliquien führten. Drei Menschen hatten die Schlüssel – der Generalsekretär der Mahabodhi Society, der Gouverneur von Bhopal und der Abt des Tempels. Aber keiner dieser drei besaß komplett alle Schlüssel für alle Schlösser. Deshalb mussten alle drei Menschen anwesend sein, um die Türen zu den Reliquien vollständig zu öffnen. Auch zwei Polizeibeamte waren immer anwesend. Einmal im Jahr, am Geburtstag des Buddha während des Vollmonds im Mai, wurden die Vitrinen geöffnet und die Reliquien in die Haupthalle nach oben gebracht. Religiöse Pilger durften an den Vitrinen vorbeigehen. Viele warfen sich vor den Reliquien nieder.

Obwohl der ehrwürdige Pannatissa der Abt in Sanchi war, lebte er dort nur von November bis Februar. Den Rest des Jahres verbrachte er in Ceylon, und während er weg war, trug ich die Verantwortung. Zu meinen Aufgaben gehörten das Empfangen der Besucher, das Durchführen der Morgen- und Abendandacht, das Bezahlen der Arbeiter und das Tippen der Berichte für die Mahabodhi Society in Ceylon.

Ich brachte mir selbst das Tippen nach einer schriftlichen Anleitung, die mir jemand geliehen hatte, bei. Ich dachte, dass ich ganz gut sei, bis mich eines Tages der ehrwürdige Pannatissa bat, einen wichtigen Brief an den Sekretär der Mahabodhi Society zu tippen. Er diktierte auf Singhalesisch, und ich übersetzte ihn in mein Englisch auf Anfängerniveau.

Mit dieser Übersetzung neben der Schreibmaschine tippte ich den Brief, ohne überhaupt auf die Tastatur zu schauen. Ich war jung und übertrieben selbstbewusst. Ich beendete den Brief, schaute ihn immer noch nicht wirklich an und überreichte ihn dem ehrwürdigen Pannatissa zum Unterschreiben. Er blickte auf die fremde Schrift und nahm an, dass er das enthielte, was er diktiert hatte, unterschrieb, und der Brief wurde abgeschickt.

Drei Wochen später erhielten wir eine Mitteilung von dem Sekretär in Colombo. Er legte meinen Brief bei, der selbst mir wie Kauderwelsch vorkam, als ich vorsichtig darauf schaute. „Ich kann in diesem Brief kein Wort verstehen", schrieb er dem ehrwürdigen Pannatissa auf Singhalesisch. „Worüber sprechen Sie?"

Der ehrwürdige Pannatissa war ziemlich verärgert. Mit rotem Gesicht tippte ich den ursprünglichen Brief erneut, beobachtete dieses Mal meine Finger sorgfältig auf der Tastatur und las das fertige Produkt Korrektur. Danach war ich bezüglich meines Tippens nicht mehr so eingebildet, auch wenn es ein weiteres Mal gab, wo mich meine jugendliche Arroganz in Schwierigkeiten brachte.

Der Generalsekretär der Mahabodhi Society besuchte Sanchi. Zwei Tage nach seiner Abreise erhielt ich eine Botschaft von dem Direktor eines nahe gelegenen Colleges. Anscheinend hatte der Generalsekretär das College besucht, nachdem er Sanchi verlassen hatte, und ein Paket dort gelassen. Den Direktor des Colleges hatte er aufgefordert, mich zu bitten, zu kommen, das Paket entgegenzunehmen und nach Kalkutta zu schicken.

Ich war empört. Sollte ich den ganzen Weg den Hügel hinunter wandern, um für den Sekretär ein Paket zu nehmen und es abzusenden? Warum hatte er das nicht selbst getan? Ich feuerte einen wütenden Brief an den Direktor des Colleges ab. „Da er das Paket bei Ihnen gelassen hatte, weshalb schicken Sie es nicht ab?", schrieb ich. „Den Weg direkt beim College hinunter gibt es ein Postamt. Sie können viel einfacher dorthin gelangen als ich!"

Nach zehn Tagen schickte mir der Direktor eine weitere Botschaft, in der er seine Aufforderung wiederholte. Ich ignorierte sie, und zehn Tage später erhielt ich eine dritte Nachricht. Schließlich wanderte ich den Hügel hinunter, schimpfte die ganze Zeit und nahm das Paket. Als ich es per Post abschickte, behielt ich die Quittung, die der Sekretär brauchte, um zu reklamieren.

Nachdem das Paket im Postamt von Kalkutta angekommen war, schrieb er mir und bat um die Quittung. Ich schickte sie ihm zusammen mit einer wütenden Nachricht.

Als der Sekretär schließlich einen Monat, nachdem er das Paket gepackt hatte, es öffnete, entströmte ihm ein schrecklicher Gestank. Das Paket hatte Essen enthalten, und wegen all meiner Verzögerungen war die Nahrung verdorben. Jetzt war er an der Reihe, mir einen feurigen Brief zu schreiben.

„Du wurdest wegen einer einfachen Besorgung, um die ich dich gebeten hatte, so wütend", schrieb er. „Und dann schicktest du mir auch noch einen boshaften Brief. Wenn du weiterhin für die Mahabodhi Society arbeiten willst, rate ich dir, dein Temperament zu zügeln."

Wut ist eine der Verunreinigungen, die am schwierigsten zu überwinden ist; ich habe das aus erster Hand erfahren. Als ich in Ceylon ein junger Mönch war, hielt ich viele Vorträge über Wut und wie man sie kontrollieren kann, selbst als mich meine eigene Wut wiederholt die Beherrschung verlieren ließ. Ich nenne sie „meine" Wut, aber das ist nicht ganz richtig. Wut drang in meinen Geist ein und überwältigte mich, und ich ließ es zu trotz der Tatsache, dass ich mich damit unweigerlich schrecklich fühlte. Wenn ich wütend wurde, spürte ich Schmerz in meiner Brust und ein Brennen in meinem Magen. Meine Sehkraft trübte sich, mein logisches Denken wurde unklar, und aus meinem Mund kamen scheußliche, harte Worte.

Nachdem ich mich beruhigt hatte, fühlte ich mich immer beschämt und töricht und dachte über die Worte des Buddha über Wut nach: „Man sollte Wut aufgeben, Stolz entsagen und alle Fesseln überwinden. Jemand, der nicht am Geist und Körper anhaftet, sondern losgelöst ist, erfährt niemals Leiden. Jemand, der das Aufkommen der Wut kontrolliert so wie ein Wagenlenker einen fahrenden Wagen kontrolliert, den nenne ich einen wirklichen Wagenlenker."

Im buddhistischen Kanon gibt es eine bekannte Geschichte, die das Geschick des Buddha beim Umgang mit Wut veranschaulicht. Eines Tages besuchte ein Brahmane, eine Person von hohem Rang und Autorität, den Buddha. Dieser Brahmane hatte eine üble Laune und stritt häufig mit jedem. Er wurde sogar wahnsinnig, wenn jemandem unrecht getan wurde und diese Person als Reaktion darauf nicht wütend wurde. Als er hörte, dass der Buddha niemals wütend wurde, beschloss er also, ihn zu testen.

Der Brahmane ging zum Buddha und überschüttete ihn mit Beschimpfungen. Der Buddha hörte geduldig und ruhig zu. Als der Brahmane schließlich aufhörte und auf die Reaktion des Buddha wartete, fragte ihn der Buddha ganz ruhig: „Hast du Familie oder Freunde?"

„Selbstverständlich", erwiderte der Brahmane. „Warum?"

„Besuchst du sie regelmäßig?" sagte der Buddha.

„Ja", schnauzte der Brahmane.

„Bringst du ihnen Geschenke mit, wenn du sie besuchst?"

„Natürlich tue ich das!", knurrte der Brahmane.

„Was wäre aber, wenn sie eins deiner Geschenke jedoch nicht annehmen wollten?", fragte der Buddha. „Was würdest du dann damit tun?"

„Ich würde es wieder mit nach Hause nehmen und mich mit meiner Familie daran erfreuen", meinte der Brahmane.

„Nun, dann", sagte der Buddha, „Freund, du brachtest mir das Geschenk deiner wütenden Beschimpfungen. Ich möchte es nicht annehmen und gebe es dir zurück. Nimm es wieder mit und erfreue dich mit deiner Familie daran."

Wenn ich als junger Mann nur nach der Weisheit dieser Worte hätte leben können.

Oft kamen Pilger nach Sanchi, um den Reliquien ihren Respekt zu erweisen und die großen Tore, die von König Ashoka erbaut wurden, zu sehen. Davon gab es vier, und sie wurden im 3. Jahrhundert vor unserer Zeit erbaut. Jedes Tor bestand aus zwei Steinsäulen, die höher als sechs Meter waren und Querstreben dazwischen hatten. Es waren überall Tafeln eingemeißelt, die Szenen aus den früheren Leben des Buddha darstellten. Die Inschriften bei den Tafeln waren in einer altertümlichen Sprache verfasst, ähnlich zu Sanskrit und Pali.

Oft kamen die Pilger mit einem Reiseführer, der die Inschriften für sie wiedergab. Aber manchmal war der Führer nicht bei ihnen, sodass die Besucher mich um Erklärung baten. Zuerst erzählte ich ihnen einfach, dass ich nichts darüber wisse, und beließ es dabei. Aber schließlich machte mich dieses Zurschaustellen meiner Unwissenheit verlegen. Ich begriff, dass ich ein Großteil des Jahres, währenddessen der ehrwürdige Pannatissa abwesend war, immerhin der einzige ansässige Mönch war. Ich sollte wirklich in der Lage sein, Fragen zu diesem Ort zu beantworten.

Also bat ich einen der örtlichen Reiseführer, mich über die Steinsäulen zu unterrichten. Er kam dieser Bitte gnädig nach, und danach konnte ich den Besuchern bei der Deutung der Säulen behilflich sein. Schließlich schrieb ich einen Taschenführer zu Sanchi, der Erklärungen zu den Säulen und deren Tafeln enthielt.

Eine Tafel zeigte zum Beispiel die Geburt des Buddha, bei der Königin Mahamaya, seine Mutter, Wehen unter einem Salbaum im Wald hatte, während ihre Begleiterinnen einen Vorhang um sie hielten und himmlische Wesen, Devas genannt, Wasser fließen ließen, um das Baby zu waschen. Eine andere Szene zeigte die Erleuchtung des Buddha, die auch unter einem Baum stattfand. Als sich Siddhattha Gotama ruhig unter den Bodhibaum setzte, bedrohten ihn Dutzende Dämonen, die die geistigen Unreinheiten darstellen, mit erhobenen Schwertern, Dolchen, Pfeil und Bogen. Auf einer anderen Tafel stieg der Buddha vom Himmel herab, nachdem er seiner Mutter, die sieben Tage nach seiner Geburt gestorben war, das Dhamma unterrichtet hatte.

Auf einer anderen Tafel sah man einen Affen und ein Elefantenpaar, die sich vor dem Buddha verbeugen, der die Regenzeit in Parileyya verbrachte. Nachdem er einen Disput zwischen streitenden Gruppen von Mönchen nicht beilegen konnte, verbrachte er offensichtlich die Regenzeit alleine im Wald von Parileyya. Der Legende zufolge brachte ihm der Affe täglich Honigwaben zu essen, und die Elefanten erhitzten Wasser auf einem Feuer, um ihm ein warmes Bad zu ermöglichen.

Natürlich inspirierten alle Szenen auf den Säulen die Pilger, die sie besichtigen kamen, zu tiefer Hingabe.

Im April 1956 begannen wir, ein besonderes Buddha Jayanti (eine Feier) in Sanchi zu Buddhas Geburtstag im Mai zu planen. Wir beschlossen, den Premierminister von Indien, Jawarharl Nehru, einzuladen. Der ehrwürdige Pannatissa und ich reisten nach Delhi, um die Einladung persönlich zu überreichen.

Als wir in Nehrus Büro zu einem postalisch verabredeten Termin kamen, war es dort voll mit ausländischen Würdenträgern, einschließlich mehrerer Botschafter aus anderen asiatischen Ländern. Für einen politischen Führer hatte Nehru eine sehr friedliche Ausdrucksweise und ein sanftes Auftreten. Er war mittelgroß, hatte ergraute Haare und trug die traditionelle indische Kleidung: lockere weiße Hosen, eine langärmelige, weite Tunika und einfache Sandalen.

Nehru grüßte uns freundlich mit sanfter Stimme. Obwohl er mit seinen Gästen, den Würdenträgern, mitten in einer langen Diskussion war, führte er den ehrwürdigen Pannatissa und mich in sein Büro. Wir drei sprachen etwa 20 Minuten miteinander. Nehru sagte, dass es ihm leid täte, er aber nicht an unserer Feier teilnehmen könne, weil sie mit einer bevorstehenden politischen Konferenz in Indonesien kollidiere. Der Premierminister sprach reibungslos und flüssig Hindi. Für mich war es harte Arbeit, seine Worte für den ehrwürdigen Pannatissa ins Singhalesische zu übersetzen.

Schließlich wünschte uns Nehru alles Gute und stand auf, um das Ende des Treffens zu signalisieren. Er stellte sich mit uns für ein schnelles Foto auf und verbeugte sich dann zum Abschied mit zusammengelegten Handflächen.

Zusätzlich zu dieser kurzen Begegnung mit dem Premierminister Nehru war ich in der glücklichen Lage, auch noch andere Würdenträger zu treffen. Im November 1956 war vorgesehen, dass der König von Nepal Sanchi besuchen sollte. Ich wollte den Tempel für seine Ankunft dekorieren und beschloss, einige buddhistische, bunt gestreifte Fahnen aufzuhängen. Diese Farben sollten die Aura, die der Buddha nach seiner Erleuchtung ausstrahlte, darstellen. Eine andere Interpretation besagt, dass die Fahnen den Körper des Buddha präsentieren sollen: Weiß steht für seine Knochen und Zähne, Rot für sein Blut, Gelb für seine Galle, Blau für seine Haare und Orange für seine Haut.

Ich bestieg die Steinwand am Ende der Anlage, um eine Schnur an das obere Ende der Wand zu binden, wo die Fahnen hängen sollten. Als ich die Schnur festzog, riss sie, und mein eigener Schwung warf mich nach hinten. Ich fiel auf den steinigen Boden und brach mir mein Handgelenk. Als der nepalesische König ankam, war ich im Krankenhaus. Er hörte von meinem Missgeschick und kam mich dort besuchen.

Ungeachtet der Könige und Premierminister hatten wir gegen Ende des Jahres 1956 eine ganz andere Art von angesehenem Gast: den Dalai Lama. Der Zufall wollte es, dass er an meinem Geburtstag kam. Ich war der einzige Mönch, um ihn willkommen zu heißen.

Zu dieser Zeit war der Dalai Lama erst 19 Jahre alt, jünger als ich, aber schon der jugendliche Herrscher eines Reiches im Himalaja, das damals vor nicht langer Zeit von den Chinesen überfallen worden war. Ich hatte keine Vorstellung, welch bedeutende Person er war. Er traf unangemeldet in Sanchi ein, ohne die Polizei oder andere Schutzwächter, die ihn umgeben, wenn er heute reist. Jedoch begleiteten ihn mehrere Mönche. Sie waren ihm gegenüber sehr ehrerbietig, stellten sicher, dass seine Roben nicht im Staub schleifen, und führten ihn respektvoll dahin, wohin er gehen musste. Sie halfen ihm, als er seine Schuhe auszog, um den Tempel zu betreten, und dann legten sie ihre eigenen Gebetsketten in seine leeren Schuhe als ein Zeichen von Frömmigkeit.

Der Dalai Lama hatte ein abgeklärtes Gesicht, und häufig brach er in ein strahlendes Lächeln aus. Er trug eine kleine Brille mit Drahtgestell und sah sehr gut aus. Seine glatte Haut ließ ihn sogar jünger aussehen, als er war.

Er beugte sich mit zusammengelegten Händen leicht zu mir und sagte auf Englisch: „Dies ist ein wunderschöner, friedlicher Ort. Angenehm kühl. Fühlen Sie sich wohl hier?"

„Ja", sagte ich ihm, indem ich mich auch verbeugte. „Ich fühle mich sehr wohl. Und ich freue mich, Sie an diesem heiligen Ort willkommen zu heißen."

Er schien sehr bescheiden zu sein. Wir gingen zusammen zum Schreinraum, als sich uns auf einmal der Gouverneur des Bundesstaates Bhopal und der Generalsekretär der Mahabodhi Society anschlossen. Wie ich später herausfand, wurden sie vor einiger Zeit über den Besuch des Dalai Lama in Sanchi und seinen Wunsch, die Reliquien des Buddha zu sehen, informiert. Sie wussten, dass sie ihre Schlüssel mitbringen mussten, damit wir die Vitrinen mit den Reliquien in der dunklen Kammer unter dem Altar öffnen konnten.

Nachdem die Begleiter des Dalai Lama auf den Boden vor der Buddhastatue ein sauberes, weißes Tuch hingelegt hatten, warf sich der Dalai Lama dreimal nieder und berührte mit seiner Stirn den Stoff. Dann stellte er Blumen auf den Altar, brachte drei Räucherstäbchen dar und entzündete drei Kerzen. Wir gingen alle nach unten in die Kammer mit den Reliquien und öffneten die Vitrinen. Als der Dalai Lama die Reliquien sah, warf er sich wieder dreimal nieder.

Dann übergab er mir ein Geschenk für den Tempel: eine etwa

30 cm hohe, massive, goldene Öllampe. Wir stellten die goldene Lampe in die unterirdische Kammer zu den Reliquien.

Drei Jahre später ritten der Dalai Lama und eine Handvoll seiner Begleiter auf Pferden über das Gebirge, um der chinesischen Besetzung von Tibet zu entfliehen. Er ging nach Nordindien ins Exil, und die traurige Geschichte der Unterwerfung von Tibet verbreitete sich in der Welt.

Aber natürlich hätte ich mir das nie vorstellen können, als wir beide, er und ich, in Sanchi Seite an Seite standen.

12. Kapitel

Unter den Unberührbaren

Obwohl ich es liebte, in Sanchi in dem Tempel auf der Hügelkuppe zu leben, schien es dort immer Probleme zu geben, die ernst genug waren, dass ich schließlich daran zu denken begann wegzugehen.

Eines abends kam Anuruddha, unser Koch, zu mir und sagte: „Swamiji Gunaratana, ich bat Swamiji Pannatissa um einen Kredit von 25 Rupien. Er sagte, dass er überhaupt kein Geld habe, weil Sie ihm Ihren Anteil an den Ausgaben für das Essen im letzten Monat nicht bezahlt hätten."

Ich war überrascht. Jeden Monat, wenn ich mein Stipendium von 75 Rupien von der Mahabodhi Society erhielt, bezahlte ich als Erstes dem ehrwürdigen Pannatissa 40 Rupien für das Essen. Unglücklicherweise bat ich nie um eine Quittung. Das wäre eine Beleidigung gewesen angesichts des Kodex der Disziplin für Mönche. Wir sollten einander den Worten des anderen vertrauen, und nun belog der ehrwürdige Pannatissa glatt den Koch.

Zur Teestunde an diesem Abend kamen der ehrwürdige Pannatissa und ich wie gewöhnlich in der Küche zusammen. Ich saß neben ihm auf einer niedrigen Bank, und Anuruddha befand sich etwa ein Meter von uns entfernt auf dem Boden und bereitete unseren Tee zu. Ich wandte mich an den ehrwürdigen Pannatissa.

„Ehrwürdiger Herr, stimmt es, dass Sie Anuruddha erzählten, dass ich im letzten Monat nicht für das Essen bezahlte? Sie wissen, dass ich Sie bezahlte. Warum versuchen Sie, ihn glauben zu lassen, ich sei unehrlich? Selbst wenn ich Sie nicht bezahlt hätte, hätten Sie das mit mir besprechen sollen. Wir sind die einzigen Bhikkhus an diesem Ort. Wir sollten als Freunde in der Lage sein, über alles zu sprechen."

Das Gesicht des ehrwürdigen Pannatissa färbte sich dunkelrot. Er stand auf, trat gegen die Bank, auf der ich saß, und stürmte aus dem Raum.

Auch hatte ich Schwierigkeiten mit einem der indischen Polizisten, die im Tempel als Wächter arbeiteten. Eines Tages führte ich einige Gäste in den Schreinraum, als mir einfiel, dass ich etwas aus meiner Unterkunft brauchte. Ich ging in mein Zimmer, wo sich der Polizist über eine Schublade, in der wir das Bargeld aus dem Verkauf unseres kleinen Buchladens aufbewahrten, beugte. Sobald mich der Polizist sah, zog er seine Hand aus der Schublade und hatte die Hand voll Geld! Ich schämte mich mehr für ihn, als dass ich wütend war. Ich wusste nicht, was ich tun oder sagen sollte, also drehte ich mich um und eilte aus dem Zimmer.

Nachdem die Besucher gegangen waren, schickte ich dem Polizeiinspektor in dem Dorf am Fuß des Hügels eine Mitteilung und bat ihn, zu kommen und mich zu treffen.

Er kam innerhalb einer Stunde. Ich erzählte ihm, was geschehen war, und bat ihn, diesen Polizisten irgendwo anders hin zu versetzen. Nachdem der Polizeiinspektor gegangen war, kam der korrupte Polizeibeamte, kniete sich zu meinen Füßen und weinte. Er bettelte darum, dass ich ihm vergebe.

„Sie sollten uns hier beschützen", sagte ich. „Stattdessen erwische ich Sie beim Stehlen unseres Geldes aus dem Buchverkauf. Warum haben Sie so etwas Dummes getan?"

Am nächsten Tag kam der Hauptpolizeiinspektor den ganzen Weg aus Bhopal. Er fragte, was geschehen war, und ich erzählte es ihm. Er war sehr wütend und sagte, er würde den Polizeibeamten feuern.

„Bitte tun Sie das nicht“, sagte ich. „Er ist arm und muss mehrere Kinder ernähren. Entlassen Sie ihn nicht; versetzen Sie ihn einfach nur woanders hin. Ich will ihn hier nicht wieder sehen.“

Diese Art Schwierigkeiten ließen mich vom Verlassen von Sanchi fantasieren. Was mich auch dazu antrieb weiterzuziehen, war die Tatsache, dass ich mein Studium wieder aufnehmen wollte. Und als ein Professor der Benares Hindu Universität Sanchi besuchen kam, sah ich meine Gelegenheit gekommen. Der ehrwürdige Doktor Hammalawa Saddhatissa lehrte Pali an der Universität und hatte Bücher über Dhamma auf Hindi, Singhalesisch und Pali geschrieben. Im Jahr 1956 hatte ich einen exzellenten Vortrag von ihm über Vesakh (den Geburtstag des Buddha) gehört. Seine ruhige Persönlichkeit und sein tiefes Wissen des Dhamma beeindruckten mich ernorm. Ich schaute ihn an und sah etwas, von dem ich hoffte, es in einigen Jahren zu werden.

Als er nach Sanchi kam, bat ich den ehrwürdigen Saddhatissa um Hilfe. Ich erzählte ihm, dass ich lange Zeit Englisch studiert hatte, es aber schwierig sei, gute Lehrer zu finden.

„Lass mich für dich eine Bewerbung an die Universität schicken“, sagte er. Ich war begeistert. In der Zwischenzeit sollte ich mich vorbereiten, so dachte ich. Es war schon einige Zeit her, seit ich in einem Unterrichtsraum saß. Ich entschloss mich, ein kleines College, etwa 800 m von Sanchi entfernt, zu besuchen und um einen Tutor zu bitten. Indem ich genügsam gegessen hatte, hatte ich einen Teil meines monatlichen Stipendiums gespart, das ich für Privatunterricht ausgeben konnte.

Der Direktor des Colleges war einverstanden, mir Privatunterricht zu erteilen. Aber nach ein paar Sitzungen begann er nach meiner Motivation, Englisch zu lernen, zu fragen. „Sie sind ein Geistlicher“, bemerkte er unvermittelt eines Tages. „Warum wollen Sie Englisch lernen?“

Sein Ton war sarkastisch und spöttisch, als ob er sagen wollte:

„Was glauben Sie, wer Sie sind – ein Brahmane aus hoher Kaste, der einen Universitätsabschluss erwerben will?" Ich könnte sagen, er dachte, es stünde mir nicht zu, einen akademischen Abschluss anzustreben.

„Ich bin nicht einer dieser indischen Bettler, die nackt herumlaufen, ihre Gesichter komplett mit Asche einreiben und die Namen der Hindu-Gottheiten chanten!", sagte ich. „Ich bin ein buddhistischer Mönch, und buddhistische Mönche können jedes Fach, das sie wollen, lernen. Außerdem bin ich ein Missionar, deshalb will ich Englisch lernen und den Buddha-Dhamma in anderen Ländern lehren. Ob Sie mich unterrichten wollen oder nicht, ich werde lernen."

An diesem Abend erschienen der Direktor und Vizedirektor im Tempel von Sanchi. Ich bereitete Tee für sie zu, und wir setzten uns hin, um zu reden. Der Direktor entschuldigte sich dafür, mich an diesem Morgen kritisiert zu haben. Er sagte, dass ich von diesem Zeitpunkt an kostenlosen Privatunterricht haben könne.

Die Aufnahmeprüfung für die Universität fand im März 1956 statt. Ich nahm mir ab Februar von meinem Posten in Sanchi frei und reiste zum ersten Mal nach Benares.

Benares war und ist eine der überfülltesten Städte Indiens. Sie ist auch eine der heiligsten Plätze. Viele Hindus kommen an ihrem Lebensende nach Benares und leben am Westufer des heiligen Flusses Ganges. Sie baden im Fluss und trinken sein Wasser, obwohl es verschmutzt ist. Sie glauben, dass sie, wenn sie dort sterben, dem Osten zugewandt, direkt in den Himmel kommen.

Überall entlang des Ufers des Ganges gibt es offene Krematorien, die man *ghat* nennt, in denen die Toten verbrannt werden. Es ist ein einfacher Prozess, ganz anders als die moderne Einäscherung. Zuerst wird der Körper auf einige Stücke Feuerholz auf einem Eisenrost gelegt. Dann werden Stücke von getrocknetem Kuhdung, die wie braune Tortillas aussehen, direkt auf den

Körper gelegt. Ghee (geklärte Butter) wird über den Körper und das Feuerholz gegossen. Dann wird dies normalerweise von dem ältesten Sohn des Verstorbenen in Flammen gesetzt. Wenn der Körper größtenteils verbrannt und das Feuer abgekühlt ist, werden die Asche und andere Überreste in den Fluss geworfen.

Der Rest von Benares ist staubig und chaotisch. Die engen, löchrigen Straßen sind verstopft mit Fahrrädern, Motorrädern, Bussen, Lastwagen, Rikschas und offenen, dreirädrigen Taxis. Neben den Straßen hocken die Menschen im Freien, um ihre Notdurft zu verrichten. Religiöse Mystiker, die die Inder gerne als heilige Männer bezeichnen, wälzen sich nackt im Staub und chanten die Namen der Götter. Bettler, sowohl ältere Menschen als auch Kinder, gehen mit ihren ausgestreckten Händen herum.

Streunende Hunde, abgemagert und ohne Fell, ziehen durch die Straßen umher, genau wie die Kühe. Weil die Hindus Kühe als heilig betrachten, dürfen sie frei umherstreifen. Manchmal gehen die Kühe direkt in einen Essensstand, um rohes Gemüse und Früchte zu fressen. Andererseits werden Hunde ignoriert oder aus dem Weg befördert.

Sobald ich in Benares angekommen war, begann ich nach einem Platz zum Leben nahe der Universität zu suchen. Glücklicherweise traf ich einen Mönch, während ich den Campus durchstreifte. Er sagte, ich könne mit ihm in seinem Zimmer wohnen, obwohl wir uns gerade erst begegnet waren. Zufällig hatte er denselben zweiten Namen wie ich: Gunaratana. Außerdem hatte er etwas anderes, was ich als sehr wertvoll erachtete: ein Lehrbuch für Pali. Tagelang wälzten wir dieses Buch gemeinsam. Ich konnte mein Glück kaum fassen.

Zwei Tage, bevor die Aufnahmeprüfung begann, kündigte mein Freund ganz plötzlich an, dass er woanders wohnen werde. Unsere kurze Periode als Zimmergenossen war vorbei, und ich wusste nicht, wohin ich gehen konnte. Aus Verzweiflung besuchte ich das Büro der Mahabodhi Society in Benares. Der dortige Mönch fand netterweise ein Zimmer für mich in einem burmesischen Tempel nahe der Universität. Vom Tempel war es nur ein kurzer Weg zur Prüfungshalle.

Ich sollte in mehreren Fächern Prüfungen ablegen: Hindi, Sanskrit, Pali, indische Geschichte und Hinduismus. Glücklicherweise hatte ich einige Informationen über Hinduismus während meines Studiums an der Mönchsschule in Vidyalankara erhalten.

Jede Prüfung fand an einem anderen Tag statt. Am Tag vor der Prüfung in Pali traf ich meinen Freund Gunaratana und bat ihn, mir sein Pali-Lehrbuch für einige Stunden zu leihen.

„Kennst du die fünf Tugendregeln?", fragte er. „Die acht Tugendregeln? Die zehn Tugendregeln? Das ist alles, was du brauchst, denn das ist alles, was sie dich fragen werden. Das Pali-Lehrbuch habe ich ohnehin nicht mehr."

Das war nur wenige Stunden vor der Prüfung, und ich brauchte verzweifelt dieses Lehrbuch, also ging ich zum ehrwürdigen Sadhatissa und bat ihn um Hilfe. Er gab mir einen Pali-Text, und während er ihn mir gab, sagte er: „Letzte Woche gab ich ein Exemplar dieses Buches dem anderen Gunaratana. Du hättest seines für ein paar Stunden leihen können."

Ich lernte die ganze Nacht aus dem Pali-Buch. Als wir am nächsten Morgen die Prüfungshalle betraten, stand auf einer Tafel, dass wir unsere Schultertasche aus Stoff auf einem Tisch im Flur ablegen sollten. Als ich wieder rausgehen wollte, schob mir Gunaratana seine Tasche in meine Hand und bat mich, sie zu den anderen auf den Tisch zu legen.

Sobald ich in den Flur hinausgegangen war, spähte ich natürlich in seine Tasche. Wie ich erwartete, war dort das Pali-Buch, das er angeblich nicht hatte. Das war weder das erste noch das letzte Mal, dass ich entdeckte, dass Mitmönche eine Regel brechen. Es macht mich immer traurig, denn Mönche sollten Vorbilder für Laien sein. Laien vertrauen uns. Wir verleihen ihnen die Tugendregeln, und wenn wir sie selbst nicht einhalten, dann sind wir scheinheilig.

Wenn nur ein Mönch beim Lügen erwischt wird, dann schädigt dies das Vertrauen der Menschen in den Sangha. Menschen beginnen zu verallgemeinern, dass vielleicht alle Mönche Lügner seien. Deshalb müssen sich die ehrlichen Mönche härter anstrengen, um Vertrauen und Respekt zu verdienen.

Ich fühle mich traurig, wann immer ich jemanden beim Lügen ertappe, weil ich weiß, welch unheilsames Karma das nach sich zieht. Ich weiß es aus Erfahrung. Als ich ein Junge war und log, tat ich alles, um diese Lügen zu verschleiern. Eine Lüge erzählte ich, um eine andere zu vertuschen, und eine weitere, um diese zu verbergen. Schließlich war ich in Lügen verstrickt und fühlte mich schrecklich schuldig. Es brauchte lange Zeit, wahrscheinlich sogar erst bis nach meiner höheren Ordination, bis ich erkannte, wie heuchlerisch ich war und wie schmerzhaft es war, unehrlich zu sein. Endlich verstand ich die Worte des Buddha über Lügen in der Dhammapada: „Ein Lügner, der das eine Gesetz (der Wahrhaftigkeit) verletzt hat, der nicht auf die Folgen achtet, ist zu allem Übel fähig."

Später in diesem Jahr hatte ich einen ersten Kontakt mit einer Gruppe von Menschen, die zu einem wichtigen Teil meiner Missionarsarbeit wurde: die Unberührbaren. Diese Menschengruppe sind die niedrigsten der niedrigen in der starren gesellschaftlichen Hierarchie Indiens, dem Kastensystem. Das Kastensystem ist so alt wie der Hinduismus, älter als 3000 Jahre, und genauso fest etabliert. Die Hindus glauben, dass ein Mensch in eine bestimmte Kaste hineingeboren wird, hoch oder niedrig, entsprechend dem Wunsch des Schöpfers. Es gibt vier Hauptgruppen.

Die Bramanen, die höchste Kaste, sollen aus dem Mund von Brahma geboren worden sein. Ihre Pflichten bestehen darin, die

Veden (die hinduistischen Schriften) zu studieren, andere Brahmanen zu unterrichten, zu predigen, religiöse Rituale durchzuführen und dem König zu dienen und seine Verwalter darin zu beraten, wie man ein Land regiert.

Die zweithöchste Kaste, die Kshatriyas (was „Herrscher" bedeutet), sollen aus den Armen von Brahma geboren worden sein. Die Kshatriyas sind Krieger und Könige, und ihnen ist es deshalb erlaubt, Waffen zu tragen, um das Gesetz zu vollstrecken und das Land zu verteidigen.

Die Vaisyas sind die dritte Kaste. Sie sollen aus dem Magen von Brahma geboren worden sein. Ihre Pflicht ist es, die Bevölkerung zu ernähren. Deshalb haben sie verschiedene Berufe: Bauern, Kaufmänner, Händler. Sie sind auch in der Wirtschaft tätig als Banker, Broker, Geldverleiher und Geschäftsleute.

Die vierte Kaste sind die Sudras, aus den Füßen von Brahma geboren. Sie üben niedrige Tätigkeiten aus, wie das Putzen der Häuser der höheren Kaste oder als Schrotthändler oder das Sammeln von wiederverwertbarem Material.

Die Unberührbaren sind so weit unter den Sudras, dass sie noch nicht einmal als eigene Kaste betrachtet werden. Sie sind dazu gezwungen, die niedrigsten und ekelhaftesten Jobs auszuüben: die Abwassergruben reinigen, den Müll wegtransportieren, tote Tiere von öffentlichen Straßen wegschaffen und Kuhdung als Brennmaterial sammeln. Als ich in Indien war, durften die Unberührbaren nicht zur Schule gehen oder Kinos, Restaurants und öffentliche Parks besuchen, weil sie die Menschen der höheren Kaste „verunreinigen" könnten. Wenn sie sich in den Straßen aufhielten, mussten sie eine Glocke um ihren Hals tragen, damit andere sie kommen hören und ihnen aus dem Weg gehen konnten. Die Unberührbaren durften nicht von öffentlichen Brunnen trinken; ihr Trinkwasser kam aus offenen Abflüssen.

Als die Briten Indien kolonisierten, erließen sie Gesetze gegen die Diskriminierung aufgrund der Kaste. Im Jahr 1947 schaffte eine neue Verfassung in Indien das Kastensystem formal ab, aber dennoch besteht es bis zum heutigen Tag fort. Die Vorstellung von Kasten ist mit dem hinduistischen Glauben so eng verflochten und wird von den privilegierten Klassen so sehr unterstützt, dass es fast unmöglich ist, sie auszumerzen. Zwischen verschiedenen Kasten wird fast nicht geheiratet, und Politiker nutzen Kasten für ihre eigenen Ziele. Es ist fast wie die Rassendiskriminierung, die ich in den Vereinigten Staaten gesehen habe und die, obwohl offiziell illegal, immer noch subtil vorhanden und schwer zu belangen ist.

Der Buddha sprach sich vehement gegen Klassenunterschiede aus, insbesondere in der Dhammapada:

> *Nicht das verfilzte Haar, nicht die Kaste und auch nicht die Familie machen jemanden zu einem Heiligen. Aber wenn man die Wahrheit und die Lehre lebt, dann gilt man als rein und als Heiliger. Wozu diese verfilzten Haare, o du Tor? Wozu dieser Umhang aus Antilopenfell? Nur das Äußere putzt du schön zurecht, doch in dir ist ein Dschungel (der Leidenschaften). Ich nenne niemanden einen Heiligen nur wegen seiner Herkunft oder hochgeborenen Mutter. Wenn er voller hinderlicher Anhaftung ist, ist er nur ein hochmütiger Mensch. Wer aber frei von allen Verunreinigungen ist und an nichts mehr hängt, den nenne ich einen Heiligen.*

Und im Vasala Sutta aus der Khuddaka Nikaya spricht der Buddha über die wahre Definition eines Kastenlosen oder von jemandem, der des Kastensystems verwiesen wurde: „Durch Geburt ist man kein Kastenloser. Durch Geburt ist man kein Brahmane. Durch Handlung wird man zum Kastenlosen. Durch Handlung wird man zum Brahmanen."

Mit anderen Worten, ein Brahmane kann ein Unberührbarer

werden, und ein Unberührbarer kann ein Brahmane werden, abhängig von ihren Taten und von ihren Anhaftungen. Unser Status wird nicht dadurch bestimmt, wer uns geboren hat, sondern durch das, was wir tun, während wir uns durch das Leben bewegen. Dies ist eines der grundlegenden Dinge, bei denen sich die buddhistische Sicht von der der Hindus unterscheidet.

Als ich in den 1950er Jahren in Indien war, gab es dort 80 Millionen Unberührbare. Im Oktober 1956 konvertierte Doktor Bhimarao Ambedkhar, der charismatische Anführer der Bewegung zur Verbesserung der Lebensbedingungen der Unberührbaren, zum Buddhismus. Diese Religion hatte er ironischerweise entdeckt, als er in England studiert hatte. Für Ambedkhar bot der Buddhismus einen Weg des Mitgefühls und ein Entkommen aus dem starren Kastensystem, das der Hinduismus unterstützt.

Für die Unberührbaren ist die Lebensgeschichte Doktor Ambedkhars eine Inspiration. Als Kind lauschte er dem Unterricht von außerhalb der offenen Schulräume, die ihm aufgrund seiner Kaste verschlossen waren. Eines Tages, als niemand sonst im Klassenzimmer eine mathematische Aufgabe lösen konnte, lud der Lehrer tatsächlich Ambedkhar ein, reinzukommen und zu versuchen sie an der Tafel herauszubekommen. Er löste die Aufgabe, aber die anderen Kinder warfen daraufhin ihr Lunchpaket in den Müll, weil sein Schatten darauf gefallen war.

Von seinem Vater angetrieben, ließ Ambedkhar nicht von seiner Ausbildung locker. Im Gymnasium machte er seine Prüfungen, indem er draußen saß. Er schnitt so gut ab, dass sich der Gouverneur seines Bundesstaates für ihn zu interessieren begann und dafür sorgte dass er aufs College nach New York und später nach London geschickt wurde. Dort, in einer kastenlosen Welt, blühte Ambedkhar auf. Er erhielt einen Abschluss in Jura und je einen Doktortitel in Philosophie und Wirtschaftswissenschaften.

Als er jedoch als Rechtsanwalt zum ersten Mal in Indien einen Gerichtssaal betrat, ging jeder – der Richter, die anderen Rechtsanwälte, die Jury und die Zuschauer – aus dem Raum hinaus. Das verbotene Kastensystem war immer noch mächtig.

Deshalb begann Ambedkhar, sich in der Politik zu engagieren. Er gewann mit Leichtigkeit einen Platz im Parlament, weil alle Unberührbaren im Bundesstaat Maharashtra ihn gewählt hatten. Als Indien im Jahr 1947 für die Unabhängigkeit von den Briten bereit war, war Ambedkhar der Vorsitzende des Komitees, das die neue Verfassung des Landes entwarf. Sie enthielt mehrere Klauseln, die die Not der Unberührbaren und der niedrigen Kasten ansprachen, indem sie ihnen Stipendien für Berufsausbildung, günstige Unterkunft, Nachlass der Steuern und andere finanzielle Erleichterungen gewährten.

Ambedkhar war für die Unberührbaren ein Held. Er war zehn Jahre lang ihr geliebter Anführer. Und als er zum Buddhismus konvertierte, folgte eine halbe Million Unberührbarer seinem Beispiel. Leider starb er nur zwei Monate danach, im Dezember 1956.

Weil ich gut Hindi sprach, wurde ich häufig darum gebeten, mich um die Unberührbaren, die konvertierte Buddhisten waren, zu kümmern, besonders nachdem Ambedkhar gestorben war. Im Dezember 1956, bald nach dem Tod von Ambedkhar, kam der ehrwürdige Pannatissa um 4.30 Uhr am Morgen zu mir. Mit ihm kamen zwei arme Menschen in zerlumpter Kleidung. „Das sind Unberührbare", sagte mir der ehrwürdige Pannatissa. „Heute wird die Asche von Ambedkhar nach Nagpur gebracht und in einer Gedenkstätte aufbewahrt. Und Tausende Unberührbarer warten dort, um den Buddhismus anzunehmen. Sie brauchen einen Mönch, der ihnen die dreifache Zuflucht und die fünf Tugendregeln erteilt. Kannst du das machen?"

„Ja", sagte ich, ohne zu zögern. „Natürlich."

Die Zugreise dauerte fast den ganzen Tag. Wir kamen etwa um 15.00 Uhr in Nagpur an. Dann nahmen wir einen Bus, um die ungefähr 100 km nach Amarawati zu fahren, was weitere fünf Stunden dauerte.

Als wir nach Amarawati kamen, war ich überrascht, Tausende von Menschen zu sehen, die sich auf freier Fläche neben den Hochhäusern, die die Regierung für die Unberührbaren gebaut hatte, versammelten. Die Menschen verbreiteten sich über den ganzen Platz und standen oder saßen auf dem puren Schmutz. Kinder, Kühe, Hunde und Hühner liefen frei herum.

Sobald sie mich in meiner safrangelben Robe sahen, erhob sich ein lauter Gesang in Marathi aus der Menge: *„Bhagavan Buddhanca jayaho! Mahaparinirvanprapta parama pujya baba saheb doctor. Ambedkhar yanca jayaho!"* (Ehre dem Erhabenen Buddha! Ehre dem Meisterdoktor Ambedkhar, der größten Respekt verdient und endgültige Befreiung erlangt hat!) Der Klang von 100.000 Stimmen, die den Buddha und ihren verstorbenen Lehrer preisen, war beeindruckend und fast ohrenbetäubend.

Ich bestieg über drei Stufen eine kleine hölzerne Plattform, und ein Mann winkte mit seinen Armen, um der Menge zu signalisieren, still zu sein. Ich nahm das Mikrofon und erteilte auf Pali die dreifache Zuflucht und die fünf Tugendregeln. Die Menge schrie begeistert und wiederholte die alten Phrasen, nachdem ich sie gesprochen hatte. Niemals zuvor und niemals danach habe ich einer solch gewaltigen Menge die fünf Tugendregeln gegeben. Es war berauschend. Freudentränen brannten in meinen Augen.

Nachdem die Zufluchtnahme und das Nehmen der Tugendregeln beendet waren, wurde ich gebeten, einen Vortrag zu halten. Weil diese Reise so spontan war, hatte ich überhaupt nichts vorbereitet. Trotzdem schaffte ich es, 30 Minuten auf Hindi über die Bedeutung der Zufluchtnahme und der Tugendregeln und darüber, aus freier Wahl Buddhist zu werden, zu sprechen.

Am nächsten Tag stand mein improvisierter Vortrag zusammengefasst in der Zeitung.

Die nächsten vier Tage kümmerte ich mich um Gruppen von Unberührbaren von überallher aus diesem Teil von Indien. Die Menschen fuhren mich von Treffen zu Treffen, wobei wir um 7.00 Uhr morgens begannen und manchmal bis zu den frühen Morgenstunden durchmachten. Die Unberührbaren schienen sehr hungrig nach spiritueller Nahrung zu sein.

Am 24. Dezember fuhren wir nach Wardha, einer hinduistischen Hochburg, wo der berühmte Ashram von Mahatma Gandhi war. Es war das erste Mal, dass ein öffentliches buddhistisches Treffen jemals dort abgehalten wurde.

An diesem Abend ging ich um 22.00 Uhr zu Bett, erschöpft von dem ununterbrochenen Programm der letzten paar Tage. Kurz nachdem ich im Bett war, eilte ein Mann in mein Zimmer, händigte mir einen Brief aus und lief wieder hinaus. Der Brief war auf Englisch geschrieben. „Nehmen Sie an dem morgigen Treffen nicht teil", warnte er, „oder jemand wird versuchen, Sie zu töten."

Ich rief meinen Gastgeber und zeigte ihm den Brief. Er runzelte sorgenvoll die Stirn.

„Wer gab dir dies?", fragte er.

Ich beschrieb den Mann, der in mein Zimmer hereingelaufen kam. Mein Wirt hörte gewissenhaft zu und ging dann, um mehrere Männer zusammenzutrommeln, die meine Tür für den Rest der Nacht bewachen sollten. Ich versuchte zu schlafen. Etwa eine halbe Stunde später hörte ich einen Tumult im Flur.

„Wir wollen mit Swamiji sprechen", hörte ich mehrere Stimmen einstimmig sagen. Sie benutzten die typisch indische Form der respektvollen Anrede für einen Ordinierten. Sie bedeutet „lieber Meister".

„Das geht nicht“, wiederholte mein Gastgeber. „Er ist müde. Er ist seit einigen Tagen ununterbrochen am Lehren gewesen, und er braucht seine Ruhe. Niemand wird mit ihm heute Abend sprechen.“

Sie protestierten: „Swamiji gehört nicht nur Ihnen. Er gehört auch zu uns. Lassen Sie uns ihn sehen.“

„Nein! Er ruht sich aus. Geht weg.“

„Wir gehen nirgendwo hin, solange wir nicht mit ihm gesprochen haben.“

Der Streit dauerte eine Weile an, aber schließlich waren die Besucher einverstanden zu gehen, solange ihnen für den nächsten Tag ein Termin genannt wurde, an dem sie mich treffen konnten. Mein Wirt entschuldigte sich später für die Störung.

„Swamiji, hier ist eine streng hinduistische Gegend“, sagte er. „Hier gibt es religiöse und rassistische Fanatiker. Ihnen gefällt es nicht, dass Sie den Buddhadhamma lehren. Die Vorstellung, dass so viele Unberührbare zum Buddhismus konvertieren, ist gefährlich. Wenn Sie morgen irgendjemand zu einem Treffen einlädt, gehen Sie bitte nicht. Es ist nicht sicher.“

Aber am nächsten Tag gab es bereits um 16.00 Uhr ein weiteres Treffen in einer Stadt namens Goregaong neben einem anderen Hausprojekt für Unberührbare. Ich sollte einer weiteren gewaltigen Menge die dreifache Zuflucht und die fünf Tugendregeln erteilen und einen Dhammavortrag halten. Während der Fahrt passierten wir eine Menschenmenge, die in jubelnder Prozession zu dem Ort unterwegs war.

Am Eingang gab es einen Tumult – es wurde geschubst, geschoben und wütend geschrien. Ich wurde gebeten, zu meiner eigenen Sicherheit im Auto zu bleiben. Schließlich schienen sich die Dinge zu beruhigen, und ich wurde zu einer behelfsmäßigen Bühne eskortiert. Der Organisator erzählte mir, dass mehrere Schläger versucht hatten, sich einen Weg zu dem Treffen zu erzwingen. Die

Schläger forderten, dass ich mit ihnen gehen solle anstatt einen Vortrag zu halten, und sie begannen mit den Organisatoren, die sich weigerten, mich zu übergeben, zu kämpfen. Das Bein eines Mannes wurde im Handgemenge gebrochen, und seine Kumpel rannten davon.

Später erzählte man mir, dass ich knapp einer Entführung entkommen war.

13. Kapitel

Unter dem großen Bodhibaum

Bis zum Sommer 1956 schmiedete ich aktiv Pläne für meine Flucht aus Sanchi. Obwohl ich den Tempel selbst und meine Arbeit dort liebte, hatte ich genug von der schlechten Behandlung durch den ehrwürdigen Pannatissa. Doch eigentlich sollte mein Einsatz ursprünglich fünf Jahre dauern, wie es mir von der Mahabodhi Society zugewiesen wurde, und ich hatte noch drei Jahre vor mir.

Eines Tages hatten wir eine Gruppe bedeutender Besucher, einschließlich des ehrwürdigen Narada Mahathera und des ehrwürdigen K. Dhammananda Thera. Zu dieser Zeit war der ehrwürdige Narada der bekannteste Verkünder des Dhamma in Ceylon, weil er sowohl auf Singhalesisch als auch auf Englisch Vorträge halten konnte. Und der ehrwürdige Dhammananda war das Oberhaupt der buddhistischen Sangha in Malaysia.

Ich wusste, dass der ehrwürdige Dhammananda einen großen Tempel in Kuala Lumpur hatte. Ich ging zu ihm und fragte ihn mutig, ob er einen jungen Mönch in Malaysia benötigte.

„Selbstverständlich“, sagte er. „Wenn du nach Malaysia kommen willst, werde ich dir helfen. Lass mich wissen, wann du bereit bist zu kommen.“

Auf einmal sagte ein paar Minuten später der ehrwürdige Narada zu mir: „Gunaratana, dein Wissen über Sanchi und deine Erklärung der Tore sind sehr gut. Da du Englisch sprichst, kann ich es für dich organisieren, nach Malaysia zu gehen, wenn du möchtest.“

Zwei aufregende Einladungen innerhalb von fünf Minuten – ich hatte das große Los gezogen! Ich erzählte beiden Mönchen, dass ich durch eine fünfjährige Vereinbarung mit der Mahabodhi Society gebunden sei, aber dass ich schaue, ob ich mich irgendwie herauswinden könne.

Was ich ihnen gegenüber nicht erwähnte, war, dass ich ein paar Monate zuvor eine andere Einladung erhalten hatte, als Devapriya, der Generalsekretär der Mahabodhi Society in Sanchi war. Nachdem ich den ehrwürdigen Pannatissa damit konfrontiert hatte, unseren Koch angelogen zu haben, beschwerte er sich bei Devapriya und meinte, dass er nicht länger „einen Mönch wie Gunaratana" in seinem Tempel haben wolle.

Devapriya erwiderte nichts darauf, aber am nächsten Morgen lud er mich ein, ihn nach Bhopal zu begleiten. Er wollte vertraulich mit mir sprechen, und im Zug gab er unverblümt zu, dass er wisse, dass der ehrwürdige Pannatissa lügt.

„Ich bitte dich, nach Kalkutta oder Bodhgaya zu gehen", sagte er. „Ich werde dir einen neuen Brief zur Berufung schicken."

Während ich auf diesen Brief wartete, schrieb ich selbst einen Brief an den Hochkommissar von Ceylon in Neu-Delhi. Meine Bescheinigung für den Reisepass, die in Ceylon dringlich ausgestellt wurde, als ich nach Indien reiste, würde in einigen Monaten ablaufen und müsste erneuert werden.

Im Dezember 1956 hatte ich noch nichts daraufhin gehört und ich begann, mir Sorgen zu machen. Meine Bescheinigung würde Ende Januar ablaufen, deshalb schrieb ich einen eindringlicheren Brief.

Am 5. Januar, weniger als drei Wochen vor Ablauf meines Reisepasses, erhielt ich eine Antwort. Der Hochkommissar schickte mir einen Antrag für eine neue Ausnahmebescheinigung und sagte, dass, wenn ich sie mit der Befürwortung eines prominenten Arztes oder Rechtsanwaltes in Ceylon zurückschicken würde, mein Antrag genehmigt würde. Wieder einmal brauchte ich einen Sponsor, weil ich kein Einkommen hatte.

Glücklicherweise kam ein paar Tage später ein ceylonesischer Arzt Sanchi besuchen. Als ich ihn jedoch bat, meinen Antrag für ein Visum zu unterschreiben, weigerte er sich, weil er dachte, dass er mich nicht gut genug kennen würde. Einige Tage später kam ein Rechtsanwalt nach Sanchi. Er fragte, ob ich mich ihm auf eine Pilgerreise zu den vier buddhistischen heiligen Stätten in Indien anschließen würde. Ich malte mir aus, dass, wenn ich mit ihm ginge, mir dieser Mann helfen könnte, und ich hatte mich immer danach gesehnt, die Pilgerorte zu besuchen.

Am nächsten Tag fuhren wir Richtung Neu-Delhi ab. Am darauf folgenden Vormittag besichtigten wir den herrlichen Taj Mahal in Agra. Nachdem wir in Neu-Delhi angekommen waren, fragte ich den Rechtsanwalt, ob er bereit sei, meinen Antrag für die Ausnahmebescheinigung zu unterschreiben. Er sagte, er wäre glücklich, das zu tun. Ich ging zum Büro des Hochkommissars und begegnete dem Menschen, der meinen Brief vor sieben Monaten ignoriert hatte, persönlich.

„Herr“, sagte ich „vor sieben Monaten schickte ich Ihnen einen Antrag. Haben Sie ihn erhalten?“

„Fragen Sie mich nichts dazu“, schnauzte der Kommissar.

„Warum nicht?“, fragte ich.

„Ich kann die Frage ebenfalls nicht beantworten.“

Ich war verärgert, und meine jugendliche Arroganz erhob ihr Haupt. Ich war wütend, dass ich als Mönch so einfach abzuweisen war. Auch war ich wütend, dass ich jemanden mitbringen sollte, der für mich bürgt.

„Herr, ich bin über 700 km gefahren, um bei Ihnen meine Ausnahmebescheinigung erneuern zu lassen. Sie repräsentieren hier mein Land in Indien. Ich habe ein Recht, Ihnen diese einfachen Fragen zu stellen.“

Auf einmal meldete sich der Rechtsanwalt zu Wort.

„Ich bin hierher gekommen, um diesem Mönch zu helfen, aber jetzt glaube ich, gegen ihn sprechen zu müssen. Er scheint zu denken, dass er alles weiß."

„Ich denke gar nicht, dass ich alles weiß", protestierte ich. „Aber ich weiß, dass ich das Recht habe, diesem Mann eine vernünftige Frage zu stellen."

Der Rechtsanwalt lehnte sich nach vorne und flüsterte mir ins Ohr. „Mache dir keine Sorgen. Ich stimme dir zu. Der Kommissar ist ein arroganter Narr, aber er hat die Macht, dir das Ausstellen deiner Ausnahmebescheinigung zu verweigern. Deshalb ist es am besten, geduldig mit ihm zu sein."

Natürlich hatte er recht. Es ist niemals eine gute Idee, mit Bürokraten, die von ihrer eigenen Macht trunken sind, zu streiten. Ich sagte kein weiteres Wort, und der Kommissar sagte mit einem säuerlichen Lächeln, dass er meinen neuen Reisepass in drei Tagen nach Sanchi schicken würde. Wir dankten ihm reichlich, verbeugten uns immer wieder und gingen.

Unsere Pilgerfahrt begann in Kushinagar, in Nordindien, wo der Buddha gestorben war. Dort stand eine kleine goldene Pagoda, die ein einzelner älterer Mönch bewohnte. Er war sehr freundlich und zeigte uns die Anlage ringsherum. Ich fühlte mich von Freude überwältigt, an dem Ort zu sein, an dem der Buddha gewesen war. Der alte Mönch und ich rezitierten einige Teile des Mahaparinibbana Sutta, das die Worte enthält, die der Buddha unmittelbar vor seinem Tod sprach: „Arbeitet mit Eifer für eure Erlösung. Seid nicht nachlässig."

Diese beiden einfachen Sätze fassen die gesamten Lehren zusammen, die der Buddha 45 Jahre lang gab. Er meint damit, dass ein spirituell Praktizierender nicht einen Moment verschwenden solle. Wir sollten uns ständig bemühen, achtsam zu sein, mit der Intention, die Wahrheit des Lebens zu verstehen, sodass wir Befreiung vom Leiden erlangen mögen. Im Folgenden beschreibt der Buddha diese Empfehlung an seine Schüler auf eine andere Art:

> *Möge eine Person die Vergangenheit nicht wieder aufleben lassen*
> *oder ihre Hoffnung auf die Zukunft bauen.*
> *Denn die Vergangenheit ist vorbei*
> *und die Zukunft noch nicht erreicht.*
> *Möge sie stattdessen mit Einsicht*
> *jeden gegenwärtigen, aufgekommenen Zustand erkennen;*
> *möge sie das unbezwingbar, unerschütterlich*
> *erkennen und dessen sicher sein;*
> *heute muss man sich bemühen;*
> *morgen kommt vielleicht der Tod, wer weiß?*
> *Kein Handel mit der Sterblichkeit*
> *kann ihn und seine Horden fernhalten,*
> *wer aber leidenschaftlich darüber nachdenkt,*
> *unablässig, Tag und Nacht,*
> *ist derjenige, von dem der friedvolle Weise gesagt hat,*
> *dass er einen glücklichen Vorsatz hat.*

Nach unserem Aufenthalt in Kushinagar fuhren wir mit dem Taxi nach Lumbini, dem Geburtsort des Buddha, gerade über die Grenze nach Nepal.

Lumbini war sehr verwahrlost, alles war von Gras überwuchert, und Kühe liefen frei herum. Nur ein kleiner Schrein markierte die Stelle, an der die Mutter des Prinzen Siddhattha, die Königin Mahamaya, in einem Baumhain in Wehen lag. Eine Steinsäule, die von König Ashoka aufgestellt worden war, verkündete, dass dies der Ort war, an dem Siddhattha Gotama geboren wurde. In der Nähe war eine Hütte, kaum groß genug, um sich darin umzudrehen, mit einem Steinaltar darin, in den eingemeißelt war, wie Mahamaya sich an einem Ast festhielt, während ihre Begleiterinnen einen Vorhang um sie hielten. Der Altar war voll gestopft mit frischen Blumen, Kerzen und Räucherwerk.

Wir verbrachten einige Zeit dort, während wir saßen und meditierten. Es war ein wunderbarer Ort, doch war ich traurig zu sehen, dass man sich um eine solch heilige Stelle wenig kümmerte. Heutzutage ist Lumbini in einem besseren Zustand. Das Land Nepal, obwohl offiziell hinduistisch, hat Buddhisten erlaubt, den Geburtsort des Buddha zu erhalten. Mehrere Länder, einschließlich Sri Lanka und Burma, betreiben Tempel dort und eine große internationale „Friedenspagoda" ist errichtet worden.

Am nächsten Tag fuhren wir nach Sarnath in Nordindien, wo der Buddha in dem berühmten Wildpark seine erste Lehrrede hielt. Während wir durch das ruhige Wäldchen mit Mango-, Teak- und anderen tropischen Bäumen gingen, traf ich einen Freund von mir, Ponnamperuma, der im Büro der Mahabodhi Society in Sarnath arbeitete.

„Hast du deinen Brief erhalten?", fragte er mich direkt.

„Nein", sagte ich.

„Es gab ein Einschreiben, das von der Universität in Benares in unser Büro geschickt wurde. Er war nur an den ehrwürdigen Gunaratana adressiert. Deshalb brachte ich ihn zu dem Mönch mit diesem Namen in Benares. Er öffnete ihn und sagte, er sei für dich, nicht für ihn, und er wollte ihn dir per Post senden."

Weil wir nahe bei Benares waren, ging ich zu dem Tempel und traf Potuwila Gunaratana. Das war der Mönch, mit dem ich kurz zusammengelebt hatte, unmittelbar vor der Aufnahmeprüfung für die Universität. Er hatte es abgelehnt, seine Lehrbücher mit mir zu teilen, und er hatte mich angelogen. Ich wusste, dass er nicht mein Freund war.

„Ich schickte den Brief an dich vor einer Weile ab“, erzählte er mir. „Vielleicht ist er bei der Post verloren gegangen.“

Ich vermutete, dass er lügt, aber mir ging es hauptsächlich darum, was in dem Brief stand.

„Du hast ihn geöffnet“, sagte ich. „Was stand drin?“

„Ich weiß nicht, ich las ihn nicht gründlich gelesen“, sagte er. „Etwas über deine Bewerbung. Vielleicht ist sie abgelehnt worden.“

Er grinste. Er schien sich daran zu erfreuen.

Ich konnte nichts Nützliches aus ihm herausbekommen, deshalb ging ich zu dem ehrwürdigen Hammalawa Saddhatissa, dem Professor von Benares, der mir ursprünglich vorgeschlagen hatte, mich an der Universität zu bewerben. Ich war tatsächlich abgelehnt worden, sagte er, aber er half mir, den Grund dafür aufzuspüren: Ich hatte vergessen, das Foto von mir, das ich mit meiner Bewerbung einreichte, zu unterschreiben, und deshalb wurde die Bewerbung für nichtig erklärt!

Bis zum Anmeldeschluss blieben noch fünf Tage, und der ehrwürdige Saddhatissa schlug mir vor, eine neue Bewerbung einzureichen. Ich erzählte meinem Freund, dem Rechtsanwalt, dass ich einige Tage in Benares bleiben müsse und er die Pilgerreise ohne mich fortsetzen solle. Dann begann ich wie ein Wirbelwind zu versuchen, alles für meine Bewerbung fertigzustellen.

Zuerst musste ich neue Fotos machen lassen, und ich bat den Fotografen, sich mit der Entwicklung zu beeilen. Dann konnte ich kein Bewerbungsformular finden – die Universität schien keine mehr zu haben. Jemand vermutete, dass Potuwila Gunaratana welche haben könnte, also ging ich in sein Zimmer, wobei mich Ponnamperuma, mein Freund von der Mahabodhi Society, begleitete. Gunaratana stand an seinem Eingang und sagte, dass er keine Bewerbungsformulare mehr habe, also drehten wir uns um und gingen weg.

„Ponnamperuma, weshalb bist du mit diesem jämmerlichen Menschen hierher gekommen?“, rief der Mönch. Er bezog sich natürlich auf mich. „Wenn du alleine gekommen wärst, hätte ich dir ein Bewerbungsformular gegeben. Aber weil er bei dir ist … vergiss es!“

Wieder wandte ich mich an den ehrwürdigen Saddhatissa um Hilfe. Zusammen liefen wir durch die gesamte Universität, bis wir jemanden fanden, der ein Bewerbungsformular übrig hatte. Inzwischen war es 22.30 Uhr, und am nächsten Morgen war Anmeldeschluss. Die Tage sind nur so vorübergeflogen, und die Zeit lief ab. Ich setzte mich hin, um das Formular auszufüllen. Direkt in der ersten Zeile wurde ein Nachweis verlangt, dass ich die 15 Rupien Anmeldegebühr bereits mit meiner ersten Anmeldung eingereicht hatte. Sie wollten die Nummer der Zahlungsanweisung, die ich geschickt hatte, und natürlich konnte ich mich nicht an dieses Detail erinnern.

Nach all dieser fieberhaften Anstrengung landete ich also in einer Sackgasse. Ich konnte meine Anmeldung nicht einreichen. Bevor die Computer allgemein verbreitet waren, konnte zu dieser Zeit ein Patzer wie dieser die Anmeldung von jemandem komplett entgleisen lassen, und deshalb konnte ich nicht die Universität besuchen.

Um meine Enttäuschung zu lindern, beschloss ich, meine Pilgerreise fortzusetzen. Ich rief ein paar Freunde zusammen, um mit mir zu reisen, und wir fuhren nach Bodhgaya.

Sobald wir dort an der Stelle waren, an der der Buddha Erleuchtung erlangte, fühlte ich mich wie neu geboren, während wir unter einem Baum saßen. In mir wallten Ergebenheit und Glücksgefühle auf, als ich den großen, sich ausladenden Bodhibaum sah.

Dieser Baum ist, nebenbei bemerkt, nicht der ursprüngliche Ficus religiosa, der dort zur Zeit des Buddha wuchs. Der ursprüngliche Baum wurde von der Ehefrau des Königs Ashoka im 3. Jahrhundert vor unserer Zeit zerstört – verbrannt und vergiftet, weil sie eifersüchtig war, dass ihr Mann so viel Zeit im Tempel in Bodhgaya verbringt. Später pflanzte der fromme König einen neuen Bodhibaum an diese Stelle. Der Legende zufolge, bat der Buddha Ananda, seinen Aufwärter, einen Zweig des ursprünglichen Bodhibaums zu nehmen und ihn beim Jetavana-Hain einzupflanzen, einem Ort, an dem der Buddha oft Vorträge gab. Der neue Baum von Ashoka in Bodhgaya, ein Setzling vom so genannten Bodhibaum des Ananda, war also ein Ableger des ursprünglichen, der von seiner Ehefrau zerstört worden war.

Heute ist das Gebiet ein Anziehungspunkt für buddhistische Pilger. Menschen umrunden immer wieder den alten Baum und chanten: „Sadhu, Sadhu, Sadhu." Die Luft ist angefüllt mit dem moschusartigen Rauch der Räucherstäbchen. Irdene Lampen flackern am Fuß des Baums, der von reichlich Blumen, Früchten und Kerzen umgeben ist. Safranfarbige Tücher sind um den Stamm des Baums gewickelt. Tibetische Mönche und Nonnen werfen sich bäuchlings nieder bei ihren Verbeugungen.

Ich glaubte, dass ich stundenlang unter diesem Baum sitzend meditieren könnte. Ich spürte die Präsenz des Buddha, wie er seinen letzten, heroischen Vorstoß zur Befreiung machte. Ich stellte mir den Bösen vor, Mara, den Betrüger, wie er seine Töchter – Gier, Hass und Verblendung – mit einer letzten Kraftanstrengung aussandte, um den Buddha zu versuchen.

Während ich dort in dem gewaltigen Schatten des Bodhibaums stand, hörte ich fast die Stimme des Buddha, während er die Erde mit den Fingerspitzen einer Hand berührte, um sie als Zeugin für sein Recht, Erleuchtung zu erlangen, anzurufen.

14. Kapitel

Eine Reise zurück nach Hause

Sobald ich von meiner Pilgerreise zurückgekehrt war, schickte ich einen Brief an Devapriya, den Generalsekretär der Mahabodhi Society, der gesagt hatte, dass er mich woanders einsetzen würde, damit ich Sanchi verlassen könnte. Als wir früher miteinander gesprochen hatten, hatte er erwähnt, dass er mich nach Kalkutta oder Bodhgaya senden könnte. Aber als er meinen Brief beantwortete, dachte er an einen anderen Einsatzort: Neu-Delhi. Offensichtlich war dort ein bengalischer Mönch, der ehrwürdige Ariyawansa, der meine Hilfe brauchen könnte. Ich nahm die neue Zuweisung gerne an und fand einen anderen Mönch, der mich in Sanchi ersetzte. Ich sagte dem ehrwürdigen Pannatissa, dass ich gehen würde. Seine Reaktion war so, wie ich erwartet hatte: Er freute sich, mich los zu sein, denn ich war ungehorsam.

Das Einzige, was der ehrwürdige Pannatissa von mir wollte, bevor ich Sanchi verließ, war das Manuskript, das ich zu den Erklärungen der Tafeln der Tore von Sanchi geschrieben hatte. Ich hatte versucht, jemanden zu finden, der die englische Broschüre veröffentlichte, damit wir sie den Touristen, die Sanchi besichtigten, geben könnten. Ich zögerte, weil ich wusste, dass der ehrwürdige Pannatissa das Manuskript nicht veröffentlichen lassen würde, sondern es möglicherweise ignorieren oder sogar zerstören würde, und meine ganze Arbeit würde flöten gehen. Ich war sicher, dass er das Manuskript genau deshalb wollte. Dennoch wusste ich auch, dass, wenn ich mich weigerte, er mich niemals in Ruhe lassen würde. So atmete ich tief durch, überreichte ihm das handgeschriebene Manuskript und trug meinen Koffer, während ich zum letzten Mal den Hügel hinunterging. Ich schaute niemals zurück.

Am 1. Februar 1957 kam ich in Neu-Delhi an und war bereit, im Büro der Mahabodhi Society in der Reading Road zu arbeiten. Ich lebte in einem kleinen buddhistischen Tempel zusammen mit einem bengalischen Mönch, der in Ceylon ausgebildet worden war. Er sprach fließend Singhalesisch und hieß mich herzlich willkommen. Ich schrieb sofort an Herrn Moonasinghe, den Sekretär der Mahabodhi in Ceylon. Ich erzählte ihm, dass ich nach Neu-Delhi versetzt worden war und er mein monatliches Stipendium bitte dorthin senden solle. Seine Antwort kam nach wenigen Tagen: „Wer erlaubte dir, nach Neu-Delhi zu gehen?“, schrieb er. „Dieses Büro gehört der indischen Mahabodhi Society! Wir können dich nicht bezahlen, solange du dort lebst. Wenn du deine 75 Rupien von uns willst, musst du nach Sanchi zurückgehen. Dieser Tempel gehört uns.“

Ich war verblüfft. Ich wusste nicht, dass die Mahabodhi Society in Ceylon und in Indien getrennt waren. Ich wandte mich an Devapriya um Hilfe. „Wie kann ich ohne dieses Stipendium leben?“, fragte ich ihn. „Es gibt hier nur wenige buddhistische Unterstützer, und ich kann in Delhi nicht auf Almosenrunde gehen, weil die Straßen schon gestopft voll mit Bettlern sind.“

Devapriya schrieb an Moonasinghe einen Brief, in dem er erklärte, dass er Generalsekretär der Mahabodhi Society sowohl in Indien als auch in Ceylon sei. Als solcher habe er die Autorität, jeden Mönch zu berufen, zu entlassen oder zu versetzen, und mich wolle er in Neu-Delhi.

Von da an stellte Devapriya sicher, dass mein monatliches Stipendium problemlos aus Kalkutta eintraf.

Ich arbeitete in Neu-Delhi mit den Unberührbaren, die zum Buddhismus konvertiert waren. Jeden Sonntag ging ich in ihre Versammlungshalle und gab einen Dhammavortrag. Auch besuchte ich die Gemeinschaften der Unberührbaren in den Außenbezirken der Stadt. Eines Tages fuhr ich nach Beerat, wo der Buddha die berühmte Mahasatipatthana Sutta, die Lehrrede über die vier Grundlagen der Achtsamkeit, gehalten haben soll.

Auch fand ich eine nahe gelegene Schule, „Das Gupta College", wo ich Unterricht in Englisch und anderen weltlichen Fächern nehmen konnte. Der Direktor, ein großzügiger und mitfühlender Mensch, verzichtete auf meine Schulgebühr. Das Gupta war bei Weitem keine Universität von Benares, aber wenigstens konnte ich etwas lernen, und das machte mich glücklich. Das einzige Problem vom ersten Tag dort bestand darin, dass mich die anderen Studenten verbal belästigten. Ich glaube, sie dachten, ich sei ein Unberührbarer, weil ich so viel Zeit in den Gegenden der Unberührbaren verbrachte.

Allen Mönchen, die in der Mahabodhi Society beschäftigt waren, wurde alle zwei Jahre ein Urlaub gewährt. Zu dieser Zeit war ich schon länger als zwei Jahre in Indien gewesen, sodass ich berechtigt und tatsächlich überfällig für einen Urlaub war. Ich hatte von meiner Familie Briefe erhalten, in denen sie schrieben, dass mein Vater krank sei, und mich baten, nach Ceylon zu kommen und eine Chanting-Zeremonie für ihn durchzuführen. Ich schrieb ihnen, dass ich am 20. März abreisen würde.

Mein Antrag für einen Urlaub wurde schnell bewilligt, aber ich erwartete nicht, dass die Dinge so völlig reibungslos liefen. Obwohl die Reisekosten im Urlaub enthalten sein sollten, schickte mir das Büro der Society keine Zugfahrkarte.

Als der 20. März näher rückte, wartete ich immer noch besorgt auf meine Fahrkarte. Dann begegnete ich aus heiterem Himmel einem Mönch, der gerade eine Zugfahrkarte der 1. Klasse nach Bombay verschenkt hatte. Er sagte, dass er sie nicht benutzen wolle und sie einem anderen Mönch gegeben habe, der sie wahrscheinlich auch nicht verwenden würde. Am 20. März um 10.30 Uhr am Vormittag stöberte ich diesen zweiten Mönch auf. Er sagte, dass er unverbindlich eine Reise geplant hätte, sie aber gerade abgesagt hätte, und gab mir deshalb die Fahrkarte. Der Zug nach Bombay sollte um 17.30 Uhr abfahren.

Ich packte schnell meine Habseligkeiten, und weil ich nur drei Rupien besaß, nahm ich ein dreirädriges Taxi zum Bahnhof, ein übergroßes Dreirad, bei dem der Fahrer vorne die Pedale tritt und der Passagier auf einem Sitz hinten. Mit der Fahrkarte der 1. Klasse nach Bombay konnte ich ein- und aussteigen, wie ich wollte, und machte so einige Besichtigungen. Entlang des Weges blieb ich in mehreren Tempeln für ein oder zwei Nächte. Auch besuchte ich die berühmten buddhistischen Höhlen in Ajanta und Allora. Als ich in Bombay ankam, war es Anfang April.

Ich stieg aus dem Zug und war unsicher, was ich weiter tun sollte. Ich hatte erst die Hälfte des Weges nach Hause zurückgelegt und hatte kein Geld mehr. Glücklicherweise stieß ich auf eine Gruppe von etwa 20 Singhalesen. Sie waren auf Pilgerreise in Indien gewesen und kehrten nach Hause nach Ceylon zurück. Sie sagten, dass sie ein komplettes Zugabteil reserviert hätten und es reichlich Platz gäbe, um mich ihnen anzuschließen. Das tat ich also.

In dieser Nacht legte ich meine Aktentasche unter mein Kopfkissen, während ich schlief. Diebstahl war gängig in Zügen, und man musste vorsichtig sein. In dieser Aktentasche waren alle meine Reisedokumente, einschließlich meiner so schwer zu erlangenden Ausnahmebescheinigung.

Als ich am Morgen erwachte, war die Aktentasche weg. Jemand hatte sie unter dem Kopfkissen herausgezogen, während ich schlief!

Ich suchte verzweifelt überall, konnte sie aber nicht finden. Ich wusste, dass ich ohne diese Bescheinigung nicht zwischen Ceylon und Indien hin- und herreisen konnte. Ich musste eine andere Bescheinigung bekommen, und der nächste Ort war Madras. Deshalb übergab ich meinen Koffer einem meiner singhalesischen Reisekameraden. Ich bat ihn, meine Dinge demjenigen zu geben, wer auch immer mich an meinem Reiseziel abholen würde. „Nein", sagte der Pilger. „Kommen Sie einfach mit nach Mandapam, der Grenzkontrolle, und erzählen Sie dem Einwanderungsbeamten Ihre Geschichte. Er wird Ihnen hoffentlich eine Mitteilung mitgeben, die den Beamten in Ceylon alles erklären würde. Wenn er Ihnen nicht glaubt, können Sie immer noch nach Madras zurückfahren, um eine neue Ausnahmebescheinigung zu erhalten."

Ich war mir bezüglich dieses Vorschlags nicht so sicher. Wenn ich schließlich nach Madras zurückreisen musste, sobald ich einmal in Mandapam sein würde, würde meine Reise noch mehr verzögert werden. Aber ich ließ mich von ihnen breitschlagen.

Als ich in Mandapam in der Schlange der Grenzkontrolle stand, machte ich mir Sorgen. „Ich wäre besser früher nach Madras zurückgefahren", dachte ich. Ich hatte eine beunruhigende Vision, die ich nicht aus meinem Geist bekommen konnte: die Vorstellung von der Beisetzung meines Vaters. Ich sah meine Mutter, meine Schwestern und Brüder, wie sie um seinen Sarg herum standen und weinten.

Auch dachte ich: „Was, wenn ich zu demselben Hochkommissar in Neu-Delhi zurückkehren müsste, der mir bei meiner ersten Bescheinigung das Leben so schwer machte?"

Aber als ich an die Reihe kam, erklärte ich dem Einwanderungsbeamten, dass meine Aktentasche gestohlen worden war. Zum Glück glaubte er mir und gab mir prompt einen Brief, um ihn an der Grenzkontrolle von Ceylon vorzuzeigen. Ich war so erleichtert.

In der Zwischenzeit hatten die anderen Reisenden für mich etwas Geld gesammelt, weil es ihnen wegen meiner Aktentasche leid tat. Sie ließen das Geld heimlich in meine Schultertasche gleiten.

Am nächsten Morgen, dem 6. April 1957, war ich um 5.00 Uhr zurück in Ceylon. Als mein Zug in Kurunegala einfuhr, schaute ich umher, um vertraute Gesichter zu sehen, sah aber niemanden. Ich fühlte mich genauso wie zu der Zeit, als ich mein Zuhause zum ersten Mal verlassen hatte – ganz alleine.

Ich nahm mit dem Geld, das die singhalesischen Pilger für mich gesammelt hatten, ein Taxi. Es fuhr mich durch die Kokosnuss-Plantagen bei Malandeniya, bis die Straße endete. Den Rest des Weges ging ich zu Fuß, durch dieselben Reisfelder, durch die ich mich vor Jahren geschlichen hatte, als Gunawardhena und ich weggelaufen waren.

Als ich zum Tempel kam, war es vollkommen ruhig. Mein Lehrer war nicht da, also fragte ich eine Gruppe von Laien, ob sie wüssten, wo er war. „Er ging los, um Sie am Bahnhof abzuholen", sagte mir einer. „Er ist weggegangen", sagte ein anderer. Sie waren alle nervös und flüsterten miteinander und schauten mich von der Seite an. Irgendetwas war definitiv nicht in Ordnung. Schließlich kam um 22.00 Uhr mein Lehrer zum Tempel. Ich verbeugte mich zu seinen Füßen.

„Ich war gerade im Haus deiner Familie", sagte er mir. „Dein Vater ist letzte Nacht gestorben."

15. Kapitel

Das Begräbnis meines Vaters

Ich war fassungslos. Ich war nur ein paar Stunden zu spät zu Hause in Ceylon angekommen. Mein Vater starb im Alter von 79 Jahren. Ich war nicht rechtzeitig angelangt, um die Chanting-Zeremonie, die ich meiner Familie versprochen hatte, durchzuführen. Ich wusste, wie gekränkt meine Mutter sein musste.

Ich nahm ein weiteres Taxi und fuhr nach Henepola. Sobald mich meine Mutter im Hof ihres kleinen Hauses stehen sah, brach sie in Tränen aus.

„Du solltest eine Opferzeremonie für ihn durchführen", schluchzte sie. „Schau, was so plötzlich geschah! Er ist von uns gegangen."

Tränen rannen meine Wangen hinunter.

Zwei Tage lang lag der Körper meines Vaters auf dem Bett, wo er starb, auf der vorderen Veranda des Hauses, mit einem weißen Hemd und Sarong bekleidet. Um den Geruch zu kaschieren, verbrannten wir Räucherwerk und Zitrusblätter. Kerosinlampen flackerten am Kopf- und Fußende des Bettes. Unsere erste Aufgabe bestand darin, den Mönch des Dorftempels einzuladen, um die Begräbniszeremonie durchzuführen. Er wiederum lud so viele weitere Mönche wie möglich ein, indem er von Tempel zu Tempel ging und die Botschaft verbreitete. Begräbnisse in Ceylon wurden nicht in Tempeln abgehalten; sie fanden im Haus des Verstorbenen statt, wenn es einen großen Hof gab, wo eine große Menschenmenge draußen umherlaufen kann. Wenn es im Haus nicht genügend Platz gab, kamen die Mönche zum Friedhof, um dort in einer Zeremonie am Grab zu chanten.

Obwohl schon jeder im Dorf wusste, dass mein Vater gestorben war, wurde von uns erwartet, jeden Haushalt formal zur Teilnahme einzuladen. Das tat mein Bruder Rambanda. Normalerweise hätte das der älteste Sohn, Tikiribanda, tun sollen, aber er war auf Reisen, und meine Mutter wusste nicht, wie sie ihn erreichen konnte. Er wusste noch nicht einmal, dass unser Vater gestorben war.

Nach der singhalesischen Tradition wurden für Einladungen aller Art Betelblätter verwendet. Bei jedem Haus hielt man drei Blätter in seiner Hand, und wenn der Hausherr die Tür öffnete, überreichte man ihm die Blätter. Einfach durch die Art, wie die Blätter arrangiert waren, konnte die Person erraten, zu welchem Ereignis sie eingeladen wurde.

Für glückliche Anlässe – wie Hochzeiten, Hauseinweihungen, Namensgebungen für neugeborene Kinder – wurden die Blätter so gedreht, dass ihr Stiel zu den Gästen zeigte. Wenn es ein Begräbnis war, richteten sich die Spitzen der Blätter auf die Gäste. Dies ist ein wichtiges Ritual, und wir konnten niemanden auslassen, oder sie wären höchst beleidigt gewesen. In Ceylon nahm jeder im Dorf an einem Begräbnis teil, ob man mit dem Verstorbenen befreundet war oder nicht. Aus unterschiedlichen Gründen könnte es als sehr unhöflich angesehen werden, eine solche Zeremonie zu verpassen.

Während der beiden Tage vor dem Begräbnis kamen viele Freunde und Nachbarn zu unserem Haus, um ihr Beileid auszudrücken. Weil die Hinterbliebenen nicht kochen, brachten uns die Besucher Essen. Alle Bilder und Spiegel im Haus wurden umgedreht und zeigten zur Wand. Meine Mutter und Schwestern weinten sehr viel.

Rambanda und ich gingen fünf Kilometer zu einem Laden und

kauften eine Stoffbahn weißen Stoff, um ihn beim Begräbnis zu verwenden. Normalerweise ist dieser Stoff etwa 18 m lang, aber wir konnten uns nur sieben Meter leisten.

In der Zwischenzeit sammelten Freunde der Familie Altholz, um den Sarg für meinen Vater zu zimmern. Andere gingen zum Friedhof und hoben eine Grube aus, eine Aufgabe, die den ganzen Tag dauerte.

Am Tag des Begräbnisses hoben meine Familie und ich den Körper meines Vaters in den Sarg, während die Nachbarn nach dem Brauch Feuerwerkskörper im Hof anzündeten. Der Deckel wurde teilweise offen gelassen, sodass sein Gesicht und seine Brust zu sehen waren. Es kamen immer noch mehr Dorfbewohner, bis etwa 400 Menschen da waren.

An diesem Nachmittag erschienen zehn Mönche in unserem Haus. Nachdem sie den Körper betrachtet hatten, setzten sie sich auf Stühle, die wir mit Stoff bedeckt hatten. Der dienstälteste Mönch unter ihnen erteilte jedem die Zufluchtnahme und die Tugendregeln. Dann entfaltete Rambanda die lange, weiße Stoffbahn, die wir gekauft hatten, und gab sie diesem Mönch. Er wiederum gab sie an die Reihe der Mönche weiter, sodass jeder einen Teil des Stoffes halten konnte.

Sie chanteten zusammen den alten buddhistischen Vers über Vergänglichkeit. Die Worte waren natürlich auf Pali, aber auf Deutsch bedeuten die Verse Folgendes:

> *Alle bedingten Dinge sind vergänglich, dem Entstehen und Vergehen unterworfen. Einmal entstanden, müssen sie vergehen. Ein Glück ist es, wenn sie abklingen.*

Diese Vorstellungen von Vergänglichkeit und Tod sind einige der Dinge des Dhamma, die am schwierigsten zu lehren sind. Menschen regen sich auf, wenn sie so etwas hören wie: „Wir alle sterben von Moment zu Moment“, oder: „Alles ist vergänglich; wir können nichts festhalten.“ Aber wir leiden nur deshalb, wenn wir Dinge unvermeidlich verlieren, weil wir an veränderlichen Dingen anhaften.

Wenn wir aber wirklich den Wandel direkt anschauen, beginnen wir zu erkennen, dass er auch etwas Gutes hat. Wir können mit der Tatsache rechnen, dass, welche Umstände auch immer in unserem Leben existieren, sie sich unausweichlich verändern werden. Dinge können sich verschlechtern, aber sie können sich auch verbessern. Wegen der Vergänglichkeit haben wir die Möglichkeit zu lernen, uns zu entwickeln, zu wachsen, zu lehren und andere positive Veränderungen vorzunehmen, einschließlich des Praktizierens der Buddhalehre. Wenn alles in unserer Welt fest betoniert wäre, wären alle diese Veränderungen nicht möglich. Der Ungebildete würde ungebildet bleiben; der Arme und Hungrige würde arm und hungrig bleiben. Wir hätten keine Chance, Hass, Gier und Verblendung und ihre negativen Folgen zu überwinden.

Wir sollten uns wie bei der Unvermeidlichkeit des Todes auch daran erinnern, dass nicht nur der Körper alt wird, verfällt und stirbt. Unsere Gefühle und geistigen Zustände tun dasselbe. Wenn Sie nur für eine Minute Ihre Augen schließen, können Sie erleben, wie ein Gefühl oder eine Empfindung geboren wird, altert und vergeht. Es ist wie bei einer Welle, die sich zu einem Höhepunkt erhebt und dann zusammenfällt. Auf dieselbe Art altern unsere Wahrnehmungen und sterben. Unsere Gedanken altern und sterben. Unser Bewusstsein altert und stirbt. Das ist die Natur unserer Existenz, und es geschieht in jedem Moment.

Die einfache Zeremonie zum Tode meines Vaters endete mit einer Übertragung von Verdiensten. Meine Mutter, mein Bruder und meine Schwestern knieten auf dem Boden und gossen Wasser von einem Krug in eine Tasse, während sie das traditionelle Teilen der Verdienste rezitierten:

> *Mögen diese Verdienste unseren Angehörigen zugute kommen. Mögen unsere Angehörigen glücklich sein.*

Während sie immer weiter Wasser ausgossen, chanteten die Mönche Wünsche für die Wiedergeburt unseres Vaters:

> *So wie die wasserreichen Flüsse den Ozean anfüllen, so möge das hier Gegebene dem Wohl des Verstorbenen dienen. So wie Wasser, das auf dem Hochland niederfällt, in die unteren Ebenen fließt, so möge das hier Gegebene dem Wohl des Verstorbenen dienen. Mögest du dadurch ein langes Leben, eine gute Gesundheit, eine Wiedergeburt in den Himmeln und Nibbana erlangen. Mögen sich alle deine Hoffnungen, Wünsche und Sehnsüchte erfüllen, als ob sie ein Wunsch erfüllender Juwel wären oder der Mond am Vollmondtag.*

Solche süßen Worte über eine Wiedergeburt im Himmel veranschaulichen den einen Teil der Buddhalehre, den man glauben muss. Die buddhistische Kosmologie beschreibt 31 Existenzebenen. Da gibt es Höllenbereiche, den Bereich der hungrigen Geister, der Tiere, der Menschen und die himmlischen Bereiche. Die Wesen werden gemäß ihres Karmas in diese Zustände geboren, die in den Annehmlichkeiten variieren. Das Gesetz von Ursache und Wirkung steuert den ganzen Prozess.

Glaube könnte in einer Lehre, die persönliche Bemühung und Verantwortung betont, problematisch erscheinen. Aber Tatsache ist, dass wir nicht wissen, was geschieht, nachdem wir gestorben sein werden. Deshalb müssen wir entscheiden, ob wir den Worten des Buddha nicht einfach Glauben schenken wollen. Manchmal ist es weise, das zu tun. Zum Beispiel gibt Ihnen ein Arzt eine Medizin und sagt, dass sie jenes Problem, das Sie haben, heilen werde. Sie wissen nicht, ob sie Sie heilen wird; Sie müssen dem Wissen und der Erfahrung des Arztes vertrauen.

Jemand, dessen Glaube nicht stark ist, könnte dennoch denken: „Ich mache mir keine Sorgen über ein zukünftiges Leben. Ich möchte nur in diesem Leben möglichst viel profitieren.“ Der Buddha empfahl uns, eine andere Möglichkeit zu betrachten.

Selbst wenn es kein zukünftiges Leben geben wird, so sagte er, dann werden wir in diesem Leben glücklich sein und ein reines Gewissen haben, wenn wir heilsame Dinge tun. Wenn es sich herausstellt, dass es nach dem Tod ein zukünftiges Leben geben wird, dann wird die heilsame Person doppelt belohnt werden – jetzt und im nächsten Leben.

Wählen Sie andererseits zum Beispiel den Weg des Unheilsamen, dann werden Sie sich in diesem Leben trotzdem erbärmlich und schuldig fühlen, selbst wenn es kein zukünftiges Leben geben wird. Und wenn es sich herausstellt, dass es nach dem Tod tatsächlich ein zukünftiges Leben geben wird, dann werden Sie später auch leiden.

Ob also Wiedergeburt Realität ist oder nicht, so wird unser Glück dadurch garantiert, dass wir das Unheilsame loslassen und das Heilsame entfalten.

Der Abt sprach bei dem Begräbnis meines Vaters über einige dieser Dinge. Dann hielten mehrere unserer Freunde und Angehörigen kurze Ansprachen über meinen Vater. Schließlich war ich an der Reihe, um jedem für sein Erscheinen zu danken. Bis dahin konnte ich meine Gefühle kontrollieren. Als ich aber zu sprechen begann, brach ich zusammen und weinte. Das war alles, was ich tun konnte, um die Worte des Dankes herauszubekommen.

Nach dem Begräbnis meines Vaters blieb ich ein paar Tage bei meiner Mutter im Haus, bevor ich nach Colombo fuhr. Ich wollte die buddhistische Missionarsschule besuchen und dem ehrwürdigen Vajirananda Nayaka Thera meinen Respekt erweisen.

Welch raues Erwachen erwartete mich dort!

„Was machst du hier?", begrüßte mich der ehrwürdige Vajirananda kühl. „Wir haben dich ausgebildet, dann hast du uns verlassen und dich der indischen Mahabodhi Society angeschlossen! Jetzt willst du zurückkommen und hier bleiben und unser Essen zu dir nehmen? Du hast kein Recht, hierher zu kommen. Wir wollen mit dir nie wieder etwas zu tun haben."

Das war meine zweite Lektion zu der tiefen Spaltung zwischen dem singhalesischen und dem indischen Zweig der Mahabodhi Society. Sie waren anscheinend erbitterte Rivalen, und der ehrwürdige Vajirananda war wütend auf mich, weil ich versuchte, beiden zu dienen.

Er schien nicht nur den Brief vergessen zu haben, den ich ihm geschrieben hatte, um ihm zu erklären, warum ich von Sanchi weggegangen war, sondern er wollte immer noch nicht meine Geschichte hören. Er stellte mir weder eine einzige Frage zur Situation in Sanchi, noch gab er mir die Gelegenheit zu sprechen.

Als ich Moonasinghe besuchte, war dieser auch wütend. Er blieb auf seinem Stuhl sitzen, obwohl Laien normalerweise einen Mönch begrüßen und sich dann aus Respekt auf den Boden setzen. Weder sprach er mit mir, noch schaute er mich an.

So war es seit Generationen in der singhalesischen Kultur. Jungen Menschen ist es einfach nicht erlaubt, ihre Meinung zu äußern. Heutzutage legen aus Frustration über eine solche Behandlung viele junge Mönche die Robe ab und verlassen den Tempel. Ein paar ältere Mönche bleiben zurück in dem Bemühen, die Tempel am Laufen zu halten, und all das wegen der falschen Art des Führungsstils, der sowohl die Jungen als auch die Älteren nicht fair behandelt.

Als ich ein Junge war, durften wir niemals unseren Eltern widersprechen. Niemals. Wir sollten aus Respekt zu unseren Älteren unseren Mund halten. Nicht einmal während meiner ganzen Kindheit wagte ich es, nicht mit meinem Vater übereinzustimmen oder gar eindringlich zu ihm zu sprechen. Dasselbe galt in der Schule; die Lehrer wussten alles. Sie gaben das Wissen von sich, und wir durften nichts davon in Frage stellen oder darüber diskutieren.

Während meiner gesamten Kindheit war ich also pflichtgemäß still. Ich sprach kaum in Gegenwart von Erwachsenen. Und diese Konditionierung dauert immer noch an, sage und schreibe 70 Jahre später. Manchmal habe ich einen Traum, in dem ich mit meinem Vater oder Lehrer zusammensitze und mich davor fürchte zu sprechen. Die Furcht ist tief in meinem Unterbewusstsein verwurzelt.

Einen Monat nach dem Tod meines Vaters, am 6. Mai 1957, kehrte ich nach Indien zurück. Ich blieb einen Monat in Madras, besuchte dort Freunde und ging dann zurück nach Neu-Delhi. Dort nahm ich meine Aufgaben im Tempel und meinen Unterricht im Das Gupta College wieder auf.

Als Devapriya, der Sekretär der Mahabodhi Society, hörte, dass ich am Unterricht des Colleges teilnahm, wurde er wütend. Er versuchte, mich zu überzeugen, nach Bodhgaya zu gehen, um dort einen Mönch zu ersetzen, der „einen schlechten Ruf" erlangt hatte, so sagte er. Diese beschönigende Beschreibung wies darauf hin, dass der Mönch wahrscheinlich eine der Hauptregeln übertreten hatte.

Es war Anfang Juli, der Beginn der Regenzeit, zu der die Mönche traditionell drei Monate in einem Kloster bleiben, um die Zeit zu würdigen, als der Buddha und seine Schüler das „Regenzeit-Retreat" einhielten. Deshalb sagte ich Devapriya, dass ich nicht auf der Stelle irgendwo hingehen könne.

Sobald im Oktober das Regenzeit-Retreat endete, meldete sich Devapriya wieder bei mir. Er schrieb einen weiteren Brief, in dem er mich dieses Mal beauftragte, nach Bombay zu gehen.

„Wenn Sie nicht gehen, könnten wir dort unser Zentrum verlieren“, schrieb er. „Bitte fahren Sie sofort ab.“

Ich erfuhr, dass dieser Tempel keinen ansässigen Mönch mehr hatte und dass die Funktionäre der Mahabodhi Society sich darum Sorgen machten, dass ein paar der Millionen Obdachlosen von Bombay in die leeren Gebäude ziehen und die Rechte von Hausbesetzern beanspruchen würden. Solche Dinge kamen in diesen Tagen öfter vor.

Also ging ich nach Bombay. Das dortige Zentrum hieß Ananda Vihara; Vihara ist Pali und bedeutet wörtlich „Verweilstätte des Buddha“. Heutzutage wird Vihara allgemeiner benutzt, um die Unterkunft eines Mönchs sowie den Schreinraum, eine Meditationshalle und andere Räume, die insgesamt einen buddhistischen Tempel oder ein Meditationszentrum ausmachen, zu beschreiben.

Ananda Vihara lag in der Lamington Road, mitten auf dem Gelände eines Krankenhauses. Es wurde mit der Spende eines Arztes, der im Krankenhaus arbeitete, errichtet. Im Erdgeschoss hatten wir eine Bibliothek. Im ersten Stock waren ein Schreinraum, ein Badezimmer, ein Schlafzimmer und ein Raum, der mein Büro sein sollte. Gegenüber des Büros war die Entbindungsstation. Wann immer ich an meinem Schreibtisch saß, Tag und Nacht, konnte ich die Schreie und das Stöhnen der gebärenden Frauen hören. Viel Zeit meines Aufenthaltes in Bombay verbrachte ich jedoch mit dem Besuch der Gemeinschaften der Unberührbaren in der Umgebung der Stadt. Im Tempel gab es einen weiteren Mönch, aber er sprach weder Hindi noch Englisch, weshalb die Unberührbaren mich bevorzugten. Ich erteilte die Zufluchtnahme und die Zeremonie für die Tugendregeln, lehrte Pali, chantete Suttas für die

Kranken, führte Begräbnisse durch und gab Dhamma-Unterricht. Ich besuchte auch Patienten im Krankenhaus.

Jeden Sonntag kamen mindestens 500 Menschen zum Tempel zur religiösen Andacht. Das war eine große Verbesserung gegenüber der Vergangenheit des Zentrums, als es mehr als sozialer Klub fungierte, in dem sich die Menschen zum Rauchen und Trinken versammelten. Wir eröffneten auch eine kleine Bibliothek und einen Buchladen. Zum ersten Todestag von Doktor Ambedkar organisierten wir eine große Zeremonie, an der der Gouverneur des Staates von Bombay teilnahm.

Manchmal kümmerte ich mich eine oder zwei Wochen lang um die Unberührbaren und ging in der Zeit von einem Dorf zum nächsten, ohne zwischenzeitlich zu meinem Tempel zurückzukehren. Diese Menschen lebten in sehr ärmlichen Heimen – die meisten waren Hütten, die aus einem Raum bestanden und Lehmwände, Grasdächer und mit Kuhdung bedecktem Boden hatten. Wenn ich ein Heim betrat, breitete die Familie eine Strohmatte auf dem Boden aus, damit ich darauf sitzen konnte. Dann boten sie mir Essen an, wie wenig auch immer sie hatten. Normalerweise setzte sich jemand neben mich und wedelte ein Tuch durch die Luft, um die Fliegen zu vertreiben.

Der Hof draußen war voll von stehenden Pfützen, menschlichen Exkrementen sowie denen von Hühnern, zerbrochenem Geschirr und anderem Müll. Insekten schwärmten überall umher. Ich wusste, dass mich das Essen in solch unhygienischer Umgebung krank machen würde, und so geschah es immer wieder. Aber ich sagte niemals Nein zu ihren Einladungen; ich konnte die aufrichtige Gastfreundschaft der Unberührbaren nicht ausschlagen.

Als mein Lehrer im Jahr 1958 zu Besuch kam, war er überrascht zu sehen, wie dünn und schwach ich geworden war. Das Aufsuchen der Dörfer der Unberührbaren forderte von meinem

Immunsystem einen Tribut. Ich glaube, mein Lehrer hat das der Mahabodhi Society berichtet.

Im September erhielt ich einen Brief vom ehrwürdigen Dhammananda, den ich in Sanchi getroffen hatte. Er schickte mir ein Antragsformular für ein Visum und bat mich, es auszufüllen und an ihn zurückzuschicken. Er wollte, dass ich nach Malaysia gehe.

So siedelte ich am 1. Oktober – nach 18 Monaten in Bombay – wieder in einen neuen Tempel über. Bevor ich aufbrach, stattete ich meinem Heimatdorf einen kurzen Besuch ab, um mich von meiner Mutter und meinen Angehörigen zu verabschieden. Dann bestieg ich in Madras ein Schiff. Das Schiff fuhr nach Japan, sollte aber in Malaysia anlegen, wo ich von Bord gehen – und das nächste Kapitel meiner Missionarskarriere beginnen sollte.

16. Kapitel

Malaysia

Am 5. November 1958 dockte mein Schiff in Penang, der zweitgrößten Stadt von Malaysia, an. Erst ein Jahr zuvor wurde Malaysia von den Briten unabhängig und hatte so immer noch eine angenehme koloniale Ausstrahlung. Es war so viel sauberer und moderner als Indien. Die Straßen waren gut erhalten, und Armut schien nicht zu existieren. Es gab keine Bettler, und die Menschen auf den Straßen waren gut gekleidet. Es gab viele herrliche chinesische Tempel mit gewaltigen Buddhastatuen. Diese Tempel waren immer voller ergebener Anhänger, die Früchte, Blumen und Räucherwerk darbrachten. Auf dem Marktplatz gab es fast vor jedem Laden chinesische Schilder.

Es war ein herrliches Land, das mich an Ceylon erinnerte, mit Bergen, Regenwald, Reisfeldern, Kokosnuss- und Gummiplantagen, und das nahezu dieselbe tropische Vegetation hatte. Wegen des fruchtbaren Bodens und des warmen Klimas konnte eine breite Vielfalt an Feldfrüchten wachsen: Zusätzlich zu Reis, Gummi und Tee pflanzten die Bauern von Malaysia auch Papayas, Mangos, Litschis, Tapioka, Süßkartoffeln, Jackfrüchte und Zitrusfrüchte an.

Ich blieb als Gast des ehrwürdigen Kamburupitiye Gunaratana eine Woche im buddhistischen Mahindaram Tempel. (Er war einer von mehreren Mönchen namens Gunaratana, denen ich in meinem Leben begegnet bin. Wir waren alle nicht miteinander verwandt. Wir erhielten bei unserer Ordination einfach denselben

Pali-Namen. Nur unsere Vornamen – normalerweise der Name unseres Heimatdorfes – unterscheiden sich.) Er war ein älterer Mönch, der ranghöchste buddhistische Bhikkhu in Malaysia.

Jeden Tag zur Essenszeit scharten sich chinesische Anhänger um ihn, während sie ihm einen Teller mit besonderem Essen servierten. Wenn der ehrwürdige Kamburupitiye fertig war, mischte er die Reste zusammen – Reis, Fleisch, Gemüse, Früchte und andere Nachspeisen. Dann stellten sich die Anhänger an, um einen kleinen Happen dieses Essens, das für sie den Segen des Ehrwürdigen enthielt, zu erhalten.

Nachdem er einige Jahre später gestorben war, sagten einige, dass er ein voll erleuchteter Arahant gewesen sei.

Als mich Kamburupitiye zum ersten Mal sah, schaute er irritiert. „Ich glaube, du solltest nicht länger die Robe tragen", sagte er. „Du kannst nicht älter als 18 Jahre alt sein. Du bist zu jung, um ein vollordinierter Mönch zu sein." Ich lachte. Zu dieser Zeit war ich 30 Jahre alt, sah aber immer noch wie ein Novize aus.

Als ich in Kuala Lumpur ankam, wurde ich von dem angesehenen Mönch, der mich nach Malaysia eingeladen hatte, begrüßt: dem ehrwürdigen Dhammananda Thera. Der Tempel, in dem ich leben sollte, bestand aus zwei Schlafzimmern, einer Küche mit Speiseraum, zwei Badezimmern, einem Schreinraum und einer größeren Versammlungshalle, in die etwa 40 Menschen passten.

Der Tempel diente hauptsächlich den ungefähr 50 singhalesischen Familien, die in Kuala Lumpur lebten. Ein paar chinesische Buddhisten kamen auch zu Besuch. Im Tempel wurden regelmäßig Zeremonien, Dhamma-Unterricht und eine Sonntagsschule angeboten.

Sehr schnell erkannte ich, dass ich mein Englisch verbessern musste, wenn ich dort ein erfolgreicher Lehrer werden wollte. Die singhalesischen Eltern wollten, dass wir ihren Kindern Dhamma auf Singhalesisch beibringen, aber die Kinder, die in Malaysia aufwuchsen, sprachen hauptsächlich Malayisch oder Englisch. Als ihre Eltern sie zum Tempel brachten, waren sie den Mönchen gegenüber befangen, die Singhalesisch mit ihnen sprachen.

Deshalb entschloss ich mich, die meisten Klassen der Sonntagsschule auf Englisch zu halten, um es den Kindern angenehmer zu machen, sodass sie bereitwilliger zuhörten. Ich begann mit dem Erzählen von Dhamma-Geschichten.

Einige der Singhalesen kritisierten mich dafür, dass ich auf Englisch unterrichtete, aber die Gebildeteren unterstützten mich. Sie sahen einen Nutzen darin, dass ihre Kinder Englisch lernten.

Eines Tages kam ein Chinese und fuhr uns zu jemandem, um eine Beisetzung abzuhalten. Auf dem Weg fragte er, ob der Tempel irgendetwas benötigte. Wir erzählten ihm, dass die Anmeldungen für die Sonntagsschule anwüchsen und wir ein größeres Gebäude benötigten, um all die Kinder unterzubringen. Der Mann dachte einen Moment nach und schilderte uns dann etwas sehr Interessantes. Er sagte, dass er ein Mitglied des Vorstands der malayischen Staatslotterie sei und es von Zeit zu Zeit vorkäme, dass Menschen, die in der Lotterie gewannen, ihren Gewinn nicht beanspruchten. Wenn dies geschah, wurde das Geld für wohltätige Zwecke gespendet.

„Beim nächsten Mal werde ich dem Vorstand vorschlagen, dass wir das nicht geltend gemachte Geld Ihrem Tempel spenden“, sagte der Mann.

Ein paar Monate später erschien er auf einmal mit einem Scheck, der dem Wert von etwa 40.000 US-Dollar entsprach. Wir bauten mit dem Geld ein wunderbares Gebäude als neue Sonntagsschule.

Ungefähr ein Jahr, nachdem ich in Malaysia angekommen war, Ende September 1959, wurde der Premierminister von Ceylon bei sich Zuhause in Colombo erschossen. Der Mörder trug Mönchsroben. Am darauf folgenden Tag organisierte ich eine Gedenkfeier in unserem Tempel.

Als die Menschen an diesem Abend eintrafen, saßen wir auf der Veranda, um die Tragödie zu erörtern. Urplötzlich hörte ich einen Aufruhr. Herr K. A. Albert, ein Anführer der singhalesischen Gemeinde in Kuala Lumpur, kam sichtlich wütend auf die Veranda. Er begann, mich in sehr beleidigender Sprache anzubrüllen. Er war zornig, dass ein buddhistischer Mönch den Premierminister umgebracht hatte, und er fing an, den Sangha zu beleidigen.

„Herr Albert", sagte ich, „es ist nicht fair, alle Mönche zu verurteilen, bloß weil ein Mensch in Robe etwas Falsches getan hatte. Dieser Mann war wahrscheinlich noch nicht einmal Mönch. Vermutlich trug er die Robe als Verkleidung, deshalb konnte er dem Premierminister nahe kommen."

Aus irgendeinem Grund schien das Herrn Albert noch wütender zu machen. Er stürzte sich auf mich und schwang seine Fäuste. Der singhalesische Botschafter, der mit mir auf der Veranda gesessen hatte, sprang zwischen uns, um ihn aufzuhalten. Schließlich beruhigte sich Herr Albert und ging nach Hause. Er weigerte sich, für die Gedenkfeier zu bleiben.

Später an diesem Abend rief einer seiner Angehörigen an, um mir zu erzählen, dass Herr Albert sehr krank sei, mit hohem Fieber, Erbrechen und Durchfall. Sie baten mich, zu ihnen nach Hause zu kommen und für ihn zu chanten.

Ich ging, fand ihn aber im Bett liegend, zur Wand gedreht und seinen Rücken mir zugewandt. Weder sprach er zu mir, noch schaute er mich an. Dennoch chantete ich und band ein traditionelles Segensband um sein Handgelenk. Er widersetzte sich nicht, sprach aber auch kein einziges Wort.

Ein paar Tage später hatte sich der körperliche und geistige Zustand von Herrn Albert verbessert. Von meiner Freundlichkeit bewegt oder vielleicht von den Auswirkungen des Fiebers erholt, rief er mich an und lud mich zum Mittagessen zu sich ein. Ich glaube, das war seine Art, sich zu entschuldigen und auch zu testen, ob ich auf ihn ärgerlich war. Als ich seine Einladung annahm, wusste er, dass ich nichts gegen ihn vorbringen würde. Mit tiefem Wohlwollen servierte er mir persönlich das Mittagessen.

Meine Tage in dem Tempel in Kuala Lumpur waren ziemlich geschäftig. Ich gab an jedem Vollmondtag und an jedem Sonntag Dhammavorträge sowohl auf Englisch als auch auf Singhalesisch. Auch unterrichtete ich an der Sonntagsschule Kinder und leitete einen Kurs in buddhistischer Korrespondenz für Menschen, die ein Fernstudium machen wollten.

Der Kurs bestand aus zwölf Lektionen für Anfänger und zwölf Lektionen für Fortgeschrittene, die alle vom Leben des Buddha und vom Inhalt seiner Lehren handelten. Ich hatte einen Assistenten, der mir half, die Pakete zu versenden. Sie zu vervielfältigen, war mühsam und langweilig; wir mussten auf einer mechanischen Schreibmaschine Schablonen prägen, indem wir auf eine dünne, gewachste Folie tippten und dann diese Folie benutzen, um verschwommene Kopien auf einer Druckmaschine mit Handkurbel und Tintenfass anzufertigen. Jede Lektion endete mit einer Reihe von Fragen, die der Schüler beantworten sollte. Wenn diese Antworten per Post zurückkamen, korrigierte ich sie und schickte das Material an den Schüler zurück.

Als ich Jahre später in die Vereinigten Staaten ging, begegnete ich Menschen, die durch diese Korrespondenz eine erste Einführung in den Buddhismus erhalten hatten.

Der Wunsch, mein Englisch zu verbessern, brannte wie eine ewige Flamme in mir. Zuerst nahm ich am Nachmittagsunterricht an einer Schule teil, die von einer hinduistischen Organisation betrieben wurde, dann an einer privaten Oberschule, wo mir der Direktor erlaubte, gebührenfrei teilzunehmen. Später ging ich zu einer anderen Privatschule, die dem Tempel näher lag, und dort zahlte ein Unterstützer des Tempels meine Unterrichtsgebühr.

Im Jahr 1960 entschloss ich mich, die auswärtigen Prüfungen der Cambridge Universität, die vom malayischen Bildungsministerium abgenommen wurden, abzulegen. Das war ein Überbleibsel des britischen Einflusses in diesem Teil der Welt.

Es gab mehrere Stufen, die alle auf Englisch abgehalten wurden. Die niedrigste Stufe, Qualifikationstest genannt, entsprach der neunten Klasse. Die nächste Stufe, das Senior-Cambridge-Examen, entsprach der zehnten Klasse. Die letzte Stufe, das Cambridge High School Zertifikatsexamen, ähnelte der heutigen Aufnahmeprüfung fürs College. Dies war für Schüler der zwölften Klasse gedacht. Wer dieses Examen bestand, konnte entweder auf die Cambridge Universität oder die Universität von Malaysia gehen.

Ich hoffte, auf die Universität von Malaysia gehen zu können. Ich dachte, dass ein College-Abschluss ein Talisman sein könnte, der mir den Respekt von Menschen aller Bildungsstufen verschaffen könnte. Ich schätzte, dass, je mehr Bildung ich hatte, desto mehr Menschen bereit wären, meinen Dhammavorträgen zuzuhören.

Als ich mich für den Qualifikationstest anmeldete, beinhaltete er nur Englisch. Während ich mich dafür vorbereitete, änderten sie dann aber die Anforderungen. Von da an wurden die Schüler auch in Mathematik geprüft.

Ich hatte nur acht Monate Zeit für die Vorbereitung, deshalb lieh ich mir einen Satz Lehrbücher für Mathematik von einem Lehrer und ging an die Arbeit. Ich lernte zusammen mit einem jungen Chinesen, der unseren Tempel besuchte und auch an dem Test teilnehmen wollte. Dieses Examen bestand ich.

Ein Jahr darauf nahm ich an der Senior-Prüfung teil und bestand sie auch. Zwei Jahre danach legte ich die Cambridge High School Zertifikatsprüfung ab. Bei dieser schnitt ich nicht so gut ab. Ich musste sie noch zweimal machen, bevor ich bestand. Bis 1964 bestand ich zwei Fächer mit Auszeichnung und die anderen beiden mit normalen Noten. Ich dachte, dass es gut genug sei, damit ich zur Universität von Malaysia zugelassen würde. Als ich mich aber anmelden wollte, wurde ich abgewiesen. Es war eine vernichtende Enttäuschung für mich.

In der Zwischenzeit kamen immer mehr Chinesen zu unserem Tempel. Im Jahr 1961 lud der ehrwürdige Dhammananda mehrere prominente chinesische Buddhisten ein, die sich ihm anschließen sollten, die buddhistische Missionarsgesellschaft zu errichten. Es war eine Art, ihre vielen Zuwendungen zum Tempel zu würdigen.

Sobald die Gesellschaft gegründet war, kamen sogar noch mehr Chinesen zum Tempel und brachten noch mehr Geld. Der ehrwürdige Dhammananda begann, buddhistische Bücher zu drucken und überall in der Welt zu verteilen. Er reiste durch Malaysia und gab Dhammavorträge und gründete mehr buddhistische Gruppen. Auch publizierte er ein Magazin, das sich Stimme des Buddhismus nannte.

In demselben Jahr fügten wir dem Tempel eine Tagesschule für Mädchen hinzu. Fast 200 Schülerinnen meldeten sich an. Zusätzlich zu meinen anderen Aktivitäten begann ich, auch dort zu unterrichten. Ende 1961 wurde ich eingeladen, einen anderen Mönch nach Thailand zu begleiten. Das war das erste Mal, dass ich dorthin reisen würde, und ich bat einen Laienunterstützer, Herrn R. A. Janis, mit mir zu fahren. Auf dem Weg hielten wir in einem Tempel in Penang, und während unseres Aufenthaltes dort begann eine meiner Nieren zu schmerzen. Mehrere Tage lang war Blut in meinem Urin, und schließlich kam ich ins Krankenhaus. Der

Arzt diagnostizierte einen Nierenstein und verschrieb Antibiotika. Obwohl ich wieder genas, blieb der Stein immer drin.

Nachdem ich zwei Jahre in dem Tempel in Kuala Lumpur gelebt hatte, hatte ich Urlaub verdient. Die Gesellschaft, die den Tempel unterstützte, gab mir eine Fahrkarte, damit ich für einen Besuch nach Hause nach Ceylon zurückkehren konnte. Im Dezember 1962, nur ein oder zwei Tage vor meinem 35. Geburtstag, brach ich nach Singapur auf, wo ich ein paar Tage verbringen wollte, um Tempel zu besuchen, bevor mein Schiff Richtung Heimat fuhr.

Am 14. Dezember schickte ich mein Gepäck zum Hafen, damit es dort sein würde, wenn wir zwei Tage später an Bord gehen würden. An diesem Nachmittag spürte ich plötzlich einen heftigen Schmerz in meiner Brust, als ich nach dem Mittagessen mit einigen Menschen sprach. Ich entschuldigte mich und legte mich hin. Ich schwitzte übermäßig. Schließlich wurde der Schmerz so stark, dass ich bewusstlos wurde.

Mein Gastgeber, der Abt des Tempels, den ich besuchte, rief eine Ambulanz an. Während der Fahrt zum Krankenhaus war der Schmerz unerträglich. Ich hatte das Gefühl, als ob eine riesige Hand mein Herz zusammenquetschte. Ich konnte so schwer atmen, dass ich dachte, ich würde sterben, bevor wir das Krankenhaus erreicht hätten.

Aber ich schaffte es und kurz darauf war ich in einem separaten Zimmer mit der Aufschrift „Keine Besucher“ an der Tür. Der Arzt sagte, dass ich einen leichten Herzinfarkt gehabt hätte, aber er gab mir keine Medizin. Er meinte nur, ich solle ausruhen.

Zwei Tage darauf ging es mir ungemein besser. Als ich am Morgen erwachte, war der Schmerz weg und ich fühlte mich wieder normal. Ich realisierte, dass es nun der 16. Dezember war und mein Schiff mit meinem Gepäck darauf schon bald davonsegeln würde. Ich rief eine Krankenschwester und erzählte ihr, dass ich entlassen werden müsse. Sie rief einen Arzt.

„Sind Sie verrückt?“, fragte der Arzt, als er zu meinem Krankenbett kam. „Vorvorgestern hatten Sie einen Herzinfarkt, und jetzt wollen Sie fortgehen?“

„Ich fühle mich gut“, protestierte ich. „Ich habe überhaupt keine Schmerzen oder Schwäche. Ich muss gehen.“

„Ich kann Sie nicht entlassen“, sagte er streng.

Wir argumentierten einige Minuten lang hin und her. Ich erklärte, dass mein Gepäck auf einem Schiff war, das bald abfahren würde, dass ich meinen Angehörigen geschrieben hätte, wann ich in Ceylon ankommen würde.

Schließlich lenkte der Arzt ein, aber er ließ mich ein Papier unterschreiben, auf dem stand, dass ich das Krankenhaus gegen seinen Rat verlassen hätte. Ich ging direkt zum Dock, bestieg das Schiff und war sieben Tage später in Ceylon.

Und seit dieser Zeit hatte ich niemals irgendwelche Herzprobleme. Jeden Tag laufe ich nach dem Mittagessen mehrere Kilometer. Der Arzt, zu dem ich heute gehe, sagt, ich hätte das Herz eines jungen Mannes.

Trotzdem gibt es auch noch etwas anderes, das ich täglich tue, eine Praxis, die ich seit meinem 20. Lebensjahr mache: die Kontemplation meines eigenen Todes.

Jeden Abend, wenn ich im Bett liege, denke ich, kurz bevor ich einschlafe: „Ich könnte diese Nacht sterben. Vielleicht werde ich morgen niemals sehen.“ Wenn ich für meinen täglichen Spaziergang aufbreche, denke ich: „Ich könnte von einem Auto angefahren werden.“ Wenn ich fliege, denke ich: „Dieses Flugzeug könnte abstürzen.“ Wenn ich in einem Auto fahre, denke ich: „Wir könnten einen Unfall haben.“

Vielleicht liegt es daran, dass ich als junger Mensch mehrmals fast ertrunken wäre, dass der Gedanke an den Tod ständig in der Luft um mich schwebt. Solange ich mich erinnern kann, ist er da gewesen, aber dies ist sicher keine morbide Besessenheit. Es ist etwas viel Wertvolleres – eine Gelegenheit und eine Erinnerung, das Dhamma gewissenhaft zu praktizieren.

Wir wissen nie, wie viel Zeit uns noch bleibt.

17. Kapitel

Eine Einladung in den Westen

Ich nehme an, der ehrwürdige Dhammananda hatte mich ursprünglich nach Malaysia eingeladen, weil er mich respektierte. Trotzdem wurde schließlich unsere Freundschaft brüchig. Ich bin nicht ganz sicher warum.

Vielleicht lag es daran, dass ich darauf bestand, so viel auf Englisch zu lehren. Vielleicht lag es an meiner Jugend. Vielleicht lag es an dem Extraunterricht, an dem ich teilnahm und der mich vom Tempel und meinen dortigen Pflichten abhielt.

Ich weiß, dass ich manche Mitglieder der Sasana Abhiwurdhiwardhana Society, der Gruppe, die den Tempel unterstützte und betrieb, verärgerte. Einige von ihnen ärgerten sich darüber, dass ich weiterhin den Kindern auf Englisch Dhamma beibrachte. Weil es in der gehobenen Mittelklasse als modern und progressiv angesehen wurde, Englisch zu sprechen, hörten diese Kinder Zuhause Englisch. Auch hörten sie es in der Schule, im Radio und im Fernsehen. Aber ihre Eltern wollten, dass wir Mönche Singhalesisch mit den Kindern sprachen, wenn sie zum Tempel kamen.

Ich wusste, dass es besser war, Englisch zu verwenden, eine Sprache, mit der die Kinder vertraut waren. Es ist schwer genug für Kinder, Dhamma-Konzepte zu erfassen, und wenn ich sie in einer Sprache, die sie nicht gut verstehen konnten, gelehrt hätte, wären sie frustriert gewesen und hätten überhaupt nicht mehr zum Tempel gehen wollen.

Ich hatte mit den Eltern viele Diskussionen darüber.

„Wir verlassen uns auf Sie, unsere Sprache und Kultur zu erhalten“, sagten sie. „Wir luden Sie hierher ein, um unsere Kinder auf Singhalesisch zu unterrichten. Stattdessen machen Sie die ganze Zeit auf Englisch weiter.“

„Das ist nicht wahr“, antwortete ich. „Ich gebe sowohl auf Singhalesisch als auch auf Englisch Dhammavorträge. Ich fand auch Freiwillige, die in der Sonntagsschule auf Singhalesisch unterrichten. Aber ich lehre Dhamma auf Englisch. Das ist am besten.“

Unglücklicherweise waren sie nicht überzeugt.

Unterdessen hatte mich die Einwanderungsbehörde von Malaysia darüber informiert, dass sie mein Visum gar nicht mehr verlängern konnten. Neun Jahre hintereinander hatten sie es jedes Mal erneuert, wenn ich es beantragte. Aber das war offensichtlich ihre Grenze. Sie warnten mich, dass sie es nicht ein zehntes Mal erneuern könnten. Ich müsste das Land endgültig bis Ende 1968 verlassen.

So begann ich, meine Möglichkeiten in Betracht zu ziehen. Ich schickte Anfragen an Tempel in Hongkong, Korea, Indonesien und Kanada. Die meisten von ihnen antworteten positiv mit einer Einladung, dort zu leben und zu lehren. Es war einfach eine Angelegenheit der Wahl, wo ich als Nächstes hingehen wollte.

Im Jahr 1967 machte ich eine herrliche Reise durch ganz Asien, die freundlicherweise von der Sasana Abhiwurdhiwardhana Society ermöglicht worden war. Während sechs Monaten besuchte ich zehn Länder: Thailand, Kambodscha, Laos, Vietnam, Korea, Japan, Taiwan, die Philippinen, Indonesien und auch Hongkong. Es war für einen jungen Mönch ein erstaunliches Abenteuer und tatsächlich der erste „Urlaub“, den ich jemals genommen hatte. Ich musste weder unterrichten noch lernen. Ich hielt mich einfach in den Tempeln auf und besichtigte religiöse Plätze, wo auch immer ich hinging.

Vietnam war besonders interessant. Trotz des Krieges, der im Land zu wüten begann, waren die Vietnamesen sehr freundlich zu mir. Sie nahmen mich mit, Tempel zu besuchen, und organisierten überall, wo ich hinging, Vorträge für mich. Hunderte von Menschen kamen und hörten zu; irgendjemand übersetzte immer meine Rede vom Englischen ins Vietnamesische.

In Danang, einer vietnamesischen Stadt, ließen die B52-Bomber der Vereinigten Staaten alle paar Minuten Bomben in die entmilitarisierte Zone fallen. Das gesamte Gebäude, in dem ich mich aufhielt, wurde mit jeder Bombe erschüttert.

In Laos besuchte ich die Städte Luong Prabang und Vientiane. Weil es keine zivilen Flugzeuge gab, arrangierte es ein hoch angesehener laotischer Mönch, dass ich mit einem Militärflugzeug flog. Meine Mitpassagiere waren Soldaten.

In Kambodscha bestieg ich die steilen Steinstufen von Angkor Wat, dem berühmten Tempelkomplex aus dem 12. Jahrhundert, der sich kilometerweit durch den Dschungel erstreckt.

In Japan begegnete ich einem anderen singhalesischen Mönch, dem ehrwürdigen Ratmalane Sivali, der auch durch Südostasien reiste. Ich erwähnte ihm gegenüber, dass mein Visum für Malaysia ablaufen werde. Er erzählte mir, dass in Washington D. C. ein singhalesischer Tempel errichtet worden war, der erste singhalesische Tempel in den Vereinigten Staaten. Es sagte, dass sie nach einem Englisch sprechenden Mönch mit Missionarserfahrung suchen würden, um den Mönch, der bereits dort war, zu unterstützen. Der ehrwürdige Ratmalane Sivali gab mir die Adresse des Tempels und den Namen des Mönchs, der dort lebte. Er schlug vor, dass ich auch an die Sasanasevaka Society in Ceylon schreiben und mein Interesse, nach Washington zu gehen, bekunden solle.

Am Ende meiner sechsmonatigen Reise durch Asien kehrte ich nach Hause nach Ceylon zurück.

Ich brachte etwa einen Monat zu, um alle meine Angehörigen zu besuchen. Auch traf ich den ehrwürdigen Madihe Pannasiha Nayaka Thera, den Schirmherrn der Sasanasevaka Society, der meinen Brief zur Eröffnung in Washington bereits beantwortet hatte. Nach einer kurzen Vorstellung sagte er, er würde den Mitgliedern der Society über mich berichten und sie würden mich ihre Entscheidung wissen lassen.

Eines Tages gegen Ende meines Aufenthaltes in Ceylon aß ich im Haus meines Bruders Rambanda zu Mittag. Dann fuhr ich zum Yakkala-Tempel, der etwa 110 km von meinem Dorf Henepola entfernt liegt, um mich dort aufzuhalten. Am nächsten Tag erhielt ich eine Nachricht von meiner jüngeren Schwester.

„Rambanda ist gestorben“, hieß es. „Du musst sofort kommen.“

Was?! Das war unmöglich. Beim Mittagessen am Tag zuvor ging es ihm noch gut. Rambanda war jung, erst 45 Jahre alt, und vollkommen gesund.

Ich zeigte dem ehrwürdigen Candajoti die Notiz. „Das muss ein Irrtum sein“, sagte ich. „Oder eine Art grausamer Scherz.“

„Nein“, antwortete er. „Ich glaube nicht, dass es ein Witz ist. Der Tod kann jeden zu jeder Zeit treffen. Du gehst besser dorthin.“

Ich nahm ein Taxi und fuhr zum Haus meines Bruders. Dort war die gesamte Familie und trauerte.

Ich erfuhr, dass Rambanda am Abend zuvor nur ein paar Stunden, nachdem ich gegangen war, mit seinem ältesten Sohn Jackfrüchte für die Wasserbüffel pflücken gegangen war. Er hatte seinem Sohn gesagt, auf dem Boden zu bleiben, während er die großen Früchte zu ihm hinunterwerfen würde. Rambanda kletterte bis hoch in den Baum, etwa 15 m hoch.

Als er die erste Jackfrucht warf, brachen sowohl der Ast, auf dem er gestanden hatte, als auch der Ast, an dem er sich mit einer Hand festgehalten hatte. Er stürzte krachend zu Boden und brach sich sein Genick. Er war sofort tot.

Am nächsten Morgen ging ich mit einigen Angehörigen nach Galagedara, um den weißen Stoff und andere Dinge, die wir für das Begräbnis meines Bruders benötigten, zu kaufen. Ich war wie betäubt. Die nächsten paar Tage waren getrübt.

Nach dem Begräbnis war es Zeit, nach Malaysia zurückzukehren. Ich bestieg in Colombo ein Flugzeug, und als ich meinen Sitz einnahm, schmerzte mein Herz, weil ich meinen Bruder verloren hatte. Wir standen uns als Kinder so nah, gerieten immer zusammen in Schwierigkeiten und erlebten gemeinsam Abenteuer. Erinnerungen überfluteten meinen Geist.

Und dann dachte ich daran, dass, jedes Mal wenn ich Ceylon verließ, Rambanda derjenige war, der mich zu jedem Hafen oder Bahnhof, von dem ich abgefahren war, brachte. Dieses Mal war er nicht dabei.

Ich begann zu weinen.

Ziemlich bald nach meiner Rückkehr nach Malaysia erhielt ich den Brief, der das nächste Kapitel meines Lebens bestimmen würde. Es war eine formale Einladung der Sasanasevaka Society, die mich bat, nach Washington D. C. zu kommen, um dort in ihrem Tempel ein ansässiger Lehrer zu sein. Meine Aufgabe sollte im nächsten Jahr, 1968, beginnen.

Ich war 40 Jahre alt, und schließlich würde ich das tun, was ich immer wollte – Dhamma auf Englisch lehren, in der Hauptstadt des führenden englisch-sprachigen Landes der Welt.

Ich war dabei, in die Vereinigten Staaten aufzubrechen.

18. Kapitel

Ankunft in Amerika

Im Jahr 1968 ging ich in Ceylon auf Pilgerreise zu allen heiligen Stätten. Ich sollte mich für einen weit entfernten Standort, Amerika, einschiffen, und niemand von uns wusste, wann ich wieder nach Hause kommen könnte. Es war wichtig, den heiligsten Plätzen von Ceylon meinen Respekt zu erweisen, bevor ich ins Ausland ging.

Es war ein herrlicher Ausflug. Die meisten meiner Angehörigen und ein paar gute Freunde kamen mit. Wir mieteten einen Bus. Ich wünschte, meine Mutter hätte auch mitfahren können, aber zu dieser Zeit war sie schon so behindert, dass sie die lange Busfahrt nicht ausgehalten hätte.

Auf eine Pilgerreise zu den heiligen Stätten in Ceylon zu gehen, ist wie in anderen Ländern ein Picknick zu machen. Die Menschen mieten Busse oder Minivans und schmücken sie mit Kokosnussblüten. Während der Fahrt singen sie Lieder, und gelegentlich halten sie den Bus an, steigen aus, setzen sich unter schattige Bäume und essen das, was sie mitbrachten. Es ist sehr entspannt und freudig. Unsere Gruppe besuchte mehrere alte Klöster und Tempelruinen. Einem alten Bodhibaum huldigten wir und besuchten auf einem Berggipfel den Palast von König Kassapa dem 5., bei dem wunderschöne Fresken von himmlischen Nymphen, die Lotusblüten halten, die Wände zierten. In Kandy besichtigten wir den Zahntempel, in dem eine Reliquie des Buddha aufbewahrt wird. Dies wird als der heiligste Ort meines Landes angesehen.

Unsere Legenden besagen, dass, als der Prinz Danta Kumara und seine Schwester, Hemamala, die Reliquie zu der Insel brachten, sie ihr Haar zu einem Knoten band und den Zahn darin verbarg, damit er nicht gestohlen würde. Ein herrlicher Tempel wurde zur Ehre der Reliquie gebaut.

Der srilankischen Geschichte zufolge muss jeder König versprechen, den Zahntempel zu beschützen, wenn er an der Macht bleiben will. Wenn er die Reliquie nicht ehrt, wird er gestürzt werden. Und deshalb ist der Tempel immer beschützt worden. Selbst die Briten respektierten den Tempel, als sie Sri Lanka einnahmen und zu einer Kolonie namens Ceylon machten.

Heutzutage statten normalerweise Politiker dem Zahntempel einen ehrenhaften Besuch ab, nachdem sie bei einer Wahl gewonnen haben. Und jedes Jahr gibt es in Kandy eine enorme Prozession, um die Reliquie zu ehren.

Unglücklicherweise wurde der Tempel im Jahr 1998 bei einem terroristischen Bombenanschlag beschädigt, ein weiteres Opfer unseres langen Bürgerkrieges. Die herrliche Frontfassade wurde bei der Explosion schwer zerstört. Mehrere Jahre lang hielten umfangreiche Barrikaden um den Tempel jeden davon ab, näher an ihn heran zu fahren, aber im Jahr 2002 wurden sie als ein Zeichen von gutem Willen während der Friedensgespräche zwischen der Regierung und den tamilischen Rebellen beseitigt.

Während dieses Ausflugs in meiner Heimat ging ich auch zur U.S.-Botschaft in Colombo, um ein Visum zu beantragen. Der Einwanderungsbeamte befragte mich zweimal an zwei verschiedenen Tagen. Dann sollte ich mich ärztlich untersuchen lassen. Wie sich herausstellte, erinnerte sich der Arzt, der die Untersuchung durchführte, daran, dass ich sein Elternhaus vor Jahren bei der Almosenrunde besucht hatte, als ich am Vidyasekhara Pirivena in Gampaha Schüler war. Er war erstaunt, mich wiederzusehen, und wünschte mir Glück für meine Reise.

In jenen Tagen war es einfacher, Flugreisen zu buchen, als es heutzutage ist. Keine Stornierungsgebühr und keine Extragebühr, wenn man irgendwo zwischenlandet. Man konnte jede beliebige Reiseroute mit so vielen Zwischenstopps, wie man wollte, wählen, solange bis man am endgültigen Bestimmungsort angelangt war.

Weil ich so weit reiste, entschloss ich mich zu einem Abenteuer und auf dem Weg anzuhalten und Orte zu besichtigen, die ich niemals gesehen hatte. Ich erstellte eine Liste von Ländern, die ich besuchen wollte, und schrieb an die Botschaft von Ceylon in jedem dieser Länder mit der Bitte, dass mir jemand hilft, einen Platz zu finden, an dem ich einige Tage bleiben könnte.

Das waren meine Aufenthaltsorte: Indien, Pakistan, Afghanistan, Iran, Irak, Türkei, Ägypten, Griechenland, Italien, Frankreich, Deutschland, Schweiz, Belgien, Holland und England.

In Rom wurde ich von dem Vertreter des Botschafters von Ceylon empfangen. Er fuhr mich zu einem wunderbaren Hotel, und sobald ich eingecheckt hatte, erzählte ich dem Empfangschef, dass ich eine Führung durch den Vatikan machen wollte. Es gab eine Rundfahrt, die sofort begann. Also stellte ich mein Gepäck in mein Zimmer und bestieg unmittelbar darauf einen Bus mit mehreren anderen Touristen. Wir wurden entsprechend der Sprache, die wir sprachen, in Gruppen eingeteilt. Ich schloss mich der englischsprachigen Gruppe an. Als der Reiseleiter unsere Tickets einsammeln wollte, konnte ich meins nicht finden, obwohl ich mich daran erinnerte, dass es mir der Empfangschef gegeben hatte. Der Reiseleiter sagte: „Herr, es ist in Ordnung. Ich weiß, dass Sie aus einem Hotel kamen. Nennen Sie mir einfach den Namen Ihres Hotels."

Ich schluckte schwer. Ich wusste den Namen des Hotels nicht, in dem ich wohnte. Ich wurde einfach dort abgeliefert, und ich hatte nicht nach dem Namen geschaut. Auch hatte ich keine Bestätigung, um sie ihm zu zeigen.

Er war immer noch gelassen.

„Machen Sie sich keine Sorgen, Herr. Genießen Sie Ihren Besuch des Vatikans, und der Bus wird um 17.00 Uhr zurückkommen, um sie abzuholen. Hoffentlich werden Sie sich dann an den Namen Ihres Hotels erinnern."

Die Besichtigung des Vatikans war wunderbar, aber ich war die ganze Zeit abgelenkt, weil ich versuchte, mich an den Namen meines Hotels zu erinnern. Meine Unachtsamkeit, dass ich etwas so Einfaches wie den Namen eines Gebäudes nicht notiert hatte, hatte mich der Gelegenheit beraubt, im gegenwärtigen Moment zu sein und die Schönheit des Vatikans vollkommen zu genießen.

Als der Bus um 17.00 Uhr zurückkehrte, hatte ich immer noch keine Idee davon, wo ich untergebracht war. Ich war so beschämt. Ich erzählte dem Reiseleiter, dass mein Hotel in der Nähe der ceylonesischen Botschaft liegen könnte.

„Ceylonesische Botschaft. Und wo ist das?", fragte er.

Ich hatte keine Ahnung.

Nun verlor der Reiseführer seine Geduld. Es war später als Abendessenszeit. Es sagte, dass sein Arbeitstag vorüber sei; er müsse nach Hause gehen. Er sagte, dass es ihm Leid tue, aber sie müssten mich genau da, wo wir waren, absetzen und ich müsste auf eigene Faust mein Hotel oder die Botschaft finden. Mehrere Stunden lang irrte ich durch die Straßen von Rom. Es war ein kühler, regnerischer Abend. Ich fragte jeden, dem ich begegnete, ob sie wüssten, wo die ceylonesische Botschaft sei. Als Antwort erhielt ich nichts als fragende Blicke. Ich betrat Läden, Klubs, Bars, Restaurants, alles, wo Menschen waren.

Schließlich ging ich um etwa 22.30 Uhr in eine Tankstelle und fragte den Tankwart, ob er wüsste, wo die ceylonesische Botschaft sei. Wie durch ein Wunder verstand er mich. Und noch wunderbarerweise ging er in sein Büro und tauchte ein paar Minuten später mit einem Brief mit der vollständigen Adresse und Telefonnummer der ceylonesischen Botschaft wieder auf. An der Tankstelle war dieser Brief hinterlegt, weil die italienische Regierung die ceylonesische Botschaft beim Kauf von Benzin von der Steuer befreit hatte.

Das letzte Wunder bestand darin, dass in der Botschaft jemand tatsächlich das Telefon beantwortete! Eine Stunde später war ich sehr erleichtert in meinem Hotel.

Ich weiß immer noch nicht seinen Namen.

In Brüssel gab es weder eine ceylonesische Botschaft, noch kannte ich jemanden. Am Flughafen bezahlte ich etwa zehn Dollar für ein Visum und nahm dann ein Taxi in die Stadt. Ich schaute ins Telefonbuch, fand einen singhalesischen Namen und rief die Nummer an. Diese Familie kam und holte mich ab. Ich blieb mehrere Tage bei ihnen, und wir besichtigten einige örtliche, interessante Sehenswürdigkeiten, einschließlich Waterloo, das berüchtigte Schlachtfeld, das Napoleon zum Verhängnis wurde.

In England wohnte ich in der London Buddhist Vihara. Eines Tages machte ich einen Ausflug nach Stratford-upon-Avon, dem Heimatort von Shakespeare. Während ich dort war, kam ich mit einem amerikanischen Paar ins Gespräch. Ich erzählte ihnen, dass ich buddhistischer Mönch sei und auf dem Weg, in den Vereinigten Staaten zu leben.

„Nun, wenn Sie die Vereinigten Staaten erreichen werden, dann werden Sie die Kleidung, die Sie tragen, wechseln müssen", sagte der Ehemann.

„Nein, das wird er nicht tun", sagte seine Ehefrau. „Er ist ein buddhistischer Mönch. Er trägt die Roben eines buddhistischen Mönchs. Warum sollte er das aufgeben? Das ist das Problem mit unseren heutigen Priestern. Es gibt kein äußeres Zeichen, dass sie Priester sind. Man kann sie nicht einmal erkennen. Man kann keinen finden, bei dem man zur Beichte gehen kann. Wir sollten den Mut dieser buddhistischen Mönche, ihre Tradition fortzuführen, bewundern."

Die Robe zu tragen, ist tatsächlich nicht einfach eine Tradition, und wir tun das nicht, damit die Menschen uns als Mönche erkennen. Es dient mehr dazu, uns selbst daran zu erinnern, wer wir sind, was wir tun sollen und wie wir auf andere wirken und umgekehrt. Es hilft uns, unsere Sprache weise zu wählen, Maßlosigkeit zu vermeiden und uns daran zu erinnern, uns um Frieden mit anderen zu bemühen.

Die Robe bei Reisen zu tragen, lässt uns auf positive Weise unsicher sein. „Tue ich irgendetwas, was andere beleidigen oder verletzen könnte?", fragen wir uns selbst. „Geht mein Verhalten mit gutem Beispiel voran? Vertrete ich den Sangha gut?"

Alle diese Überlegungen werden von einem einfachen, orangefarbenen Stoff inspiriert.

Von Amsterdam nahm ich einen Flug nach New York City. Es war die Schlussetappe einer sehr langen Reise, das letzte Teilstück eines Puzzles, das ich vor so vielen Jahren zusammenzusetzen begann, als ich mein erstes englisches Lehrbuch öffnete. Ich war begeistert.

Am 18. September 1968, um 14.00 Uhr, landete ich auf dem John F. Kennedy-Flughafen. Ich hatte keine Ahnung, wohin ich gehen sollte, und folgte deshalb den anderen Passagieren, die aus dem Flugzeug stiegen. Nachdem ich den Einwanderungsschalter und den Zoll passiert hatte, trug ich mein Gepäck in eine riesige Ankunftshalle. Dort war niemand, der mich abholte.

Ich war auf mich selbst gestellt, in dem Land, das meine neue Heimat werden sollte.

19. Kapitel

Missionar als Handwerker

Ich kam mit nur einem Hinweis in New York an – der Adresse und Telefonnummer eines chinesischen Tempels in der Bronx, den mir vor Jahren ein Mönch zu Besuch in Malaysia gegeben und mich damit eingeladen hatte, sie zu besuchen, wenn ich jemals in Amerika sein sollte.

Ich lief auf dem Kennedy-Flughafen herum, bis ich ein Münztelefon sah.

Ich ging hinüber zu ihm, nahm den Telefonhörer auf und wählte die Nummer von der Visitenkarte des Tempels. Ich sah den Schlitz für die Münze am Telefon, aber ich hatte keine Ahnung, was ich hätte einwerfen sollen. Und selbst wenn ich es gewusst hätte, so hatte ich doch noch keine U.S.-Münzen sondern nur Papiergeld.

Mindestens 45 Minuten lang wählte ich immer wieder die Nummer, ohne Glück zu haben. Ich konnte nicht verstehen, warum nichts geschah. Und ich konnte die Aufforderung nicht verstehen, die mir ständig erzählte, ein Zehncentstück einzuführen.

Schließlich gab ich auf. Ich sah eine junge Frau, die an etwas, was wie ein Informationsschalter aussah, saß. Ich ging zu ihr und fragte sie mit meinem besten Englisch, das ich aufbringen konnte, wie das Telefon zu benutzen sei.

Sie antwortete nicht. Sie starrte mich einfach nur an. Ich wiederholte meine Frage. Sie schaute mich an, als ob sie hypnotisiert wäre. Ich dachte, dass sie mich vielleicht nicht verstanden hatte. Oder dass mein Akzent zu stark war.

Dann erkannte ich: Diese junge Frau hatte niemals jemanden wie mich gesehen. Ein kleiner Mann mit einem kahl geschorenen Kopf und in orangefarbene Roben gewickelt. Vielleicht dachte sie, ich sei eine Art Hippie-Freigeist, der indische Kleidung trägt – es waren immerhin die 1960er Jahre.

Ich gab auf und ging weg und schleppte dabei meine zwei schweren Koffer. Ich war müde und hatte einen Jetlag. Zu dieser Zeit war ich auf dem Flughafen schon mindestens eine Stunde umhergewandert. Aus Verzweiflung begann ich die Menschen, die an mir vorbeigingen, zu fragen, ob sie wüssten, wie ich zu dem chinesischen Tempel in der Bronx kommen könnte. Ich hielt einfach jeden an.

Später erfuhr ich, dass das etwas ist, was man in Queens natürlich nicht macht.

Die Menschen schauten mich an, als ob ich verrückt wäre. Oder sie ignorierten mich einfach und eilten weiter, ohne meine Frage zu beachten.

Schließlich hatte ein Mann Mitleid mit mir. Er sagte mir, ich solle nach draußen vor den Flughafen gehen und ein Taxi zur Bronx nehmen.

Ich tat, wie er mir gesagt hatte, und stand bald am Taxistand in einer langen Reihe mit anderen Menschen. Als ich dran war, weigerte sich der Taxifahrer aus irgendeinem Grund, mich in sein Auto steigen zu lassen. So ging es auch beim nächsten und beim übernächsten. Keiner von ihnen wollte mich mitnehmen.

Ich war völlig verwirrt. Was war an meiner Erscheinung so bedrohlich? Ich konnte Englisch sprechen, und ich hatte Geld, um den Fahrpreis zu bezahlen. Aber sie waren nicht interessiert daran, mich zu fahren. Schließlich willigte ein Fahrer ein, mich in sein Auto einsteigen zu lassen. Er schien wenig begeistert zu sein, so wie er meine Taschen in den Kofferraum warf. Wir fuhren an, und er fragte mich, wohin ich wolle.

„Zum chinesischen buddhistischen Tempel in der Bronx“, sagte ich.

Das Taxi bog ab, zurück zum Bordstein, und hielt quietschend an. Der Fahrer sprang hinaus.

„Steigen Sie aus dem Auto aus“, fuhr er mich an. „Ich fahre nicht zur Bronx.“

Niedergeschlagen und ratlos nahm ich mein Gepäck und trottete ans Ende der Schlange am Taxistand. Und wieder dieselbe frustrierende Szene: Als ich endlich an den Anfang der Schlange kam, weigerte sich ein Fahrer nach dem anderen, mich mitzunehmen. Inzwischen war es dunkel und sehr spät geworden. Ich begann, in Panik zu geraten. Wo sollte ich die Nacht verbringen, wenn noch nicht einmal ein Taxifahrer mich sein Auto besteigen lässt? Ich hatte gedacht, dass Amerika ein freundlicher und offener Ort sei, aber hier wurde ich mit so viel Grobheit und Argwohn behandelt. (Viel später verstand ich natürlich, dass am späten Abend in die Bronx zu fahren nicht die sicherste Sache der Welt ist. Das, gekoppelt mit meiner seltsamen Erscheinung, muss die Taxifahrer verunsichert haben.)

Als die Kunden gegen 22.30 Uhr knapper wurden und die Fahrer etwas bereiter waren, ein wenig von ihrer Routine abzuweichen, willigte ein Fahrer schließlich ein, mich zur Bronx zu fahren. Ich war gewaltig erleichtert.

Der Tempel war dunkel, als wir ankamen, aber sobald ich klingelte, ging ein Licht im Vorraum an. Ich stellte mich vor, und die Tür öffnete sich kurz und zeigte das Gesicht eines chinesischen Mönchs. Er sprach kein Englisch, aber er erkannte meine Roben und ließ mich hinein. Er gab mir eine Tasse dampfenden grünen Tees und einen behaglichen Raum zum Schlafen. Schließlich war es wunderbar, einfach einen Platz zu haben, um meinen Kopf darauf zu betten.

Nach dem Frühstück am nächsten Morgen erschien eine junge Amerikanerin. Sie hatte dunkles, kurz geschorenes Haar und trug eine Hornbrille. Sie stellte sich als Martha Sentnor vor und sagte, dass sie Buddhistin sei. Als ich ihr erzählte, dass ich in die Vereinigten Staaten gekommen sei, um in der Washington Buddhist Vihara zu leben, lächelte sie breit.

„Ich bin ein Mitglied dieser Vihara“, sagte sie. „Ich bin viele Male dort gewesen.“

Ich erzählte Martha von meinen Schwierigkeiten am Flughafen.

„Oh, Bhante“, sagte sie, indem sie den Ausdruck bei der Anrede benutzte, der ehrwürdiger Herr bedeutet, „das ist in einer großen Stadt wie New York normal. Die Menschen können sehr grob sein. Sie können sich glücklich schätzen, dass sie nicht ausgeraubt wurden.“ Sie musste mir erklären, was ausgeraubt bedeutet.

Die nächsten paar Tage führte mich Martha freundlicherweise herum, um die Sehenswürdigkeiten von Manhattan zu sehen: die Freiheitsstatue, das Empire State Building, der Hafen von New York. Die Größe, die Geschäftigkeit und der Lärm der Stadt überwältigten mich. Ich hatte niemals so etwas erlebt. Es schien wie das andere Ende der Welt von meinem kleinen Dorf Henepola aus zu sein.

Eine Woche später flog ich von New York nach Washington, die letzte Etappe meiner Reise. Ich kam am 26. September am National Airport an. Zwei Menschen waren dort, um mich zu begrüßen: der ehrwürdige Dickwela Piyananda und Michael Roehm, ein junger Amerikaner, ein Unterstützer der Washington Buddhist Vihara.

Mein neues Zuhause war ein heruntergekommenes, dreistöckiges Backsteingebäude in der 16. Nordwest-Straße. An einer Seite stand eine griechisch-orthodoxe Kirche, an der anderen ein

Privathaus. Die Straße hinunter lagen die russische und kanadische Botschaft.

Die Washington Buddhist Vihara war der erste Theravada buddhistische Tempel in den Vereinigten Staaten und wurde von der Sasanasevaka Society von Ceylon gegründet.

Im Jahr 1965 kam ein junger singhalesischer Mönch, der ehrwürdige Bope Vinita, nach Amerika, um mit einem Stipendium der Asia Foundation an der Harvard Divinity School zu studieren. Während er in Boston lebte und studierte, sah der ehrwürdige Vinita, dass die Amerikaner an östlichen Religionen interessiert waren. Es war die Zeit von Jack Kerouac und den Beatpoeten, Alan Watts und Zen, und Richard Alpert alias Ram Dass.

Als der ehrwürdige Vinita nach Ceylon zurückging, berichtete er dem ehrwürdigen Madihe Pannasiha Mahanayaka Thera, dem Oberhaupt der Sasanasevaka Society, von diesem Interesse. Im Jahr darauf, 1966, kam der ehrwürdige Pannasiha selbst in die Vereinigten Staaten und bereiste viele Städte. Auch er sah das Interesse am Buddhismus. Als er nach Ceylon zurückkehrte, überzeugte er die Society davon, Geld zu beschaffen, um einen Tempel in den Vereinigten Staaten zu errichten.

Anfang 1967 kehrte der ehrwürdige Vinita mit 16.500 US-Dollar nach Amerika zurück und zog Oliver Weerasinghe, den Botschafter von Ceylon in den Vereinigten Staaten, hinzu.

„Warum sollten wir den neuen Tempel nicht genau hier in Washington gründen?", sagte Weerasinghe. Sie entdeckten ein geeignetes Gebäude, die frühere Botschaft von Thailand, das zum Kauf stand. Während sie mit der thailändischen Regierung um den Kauf des Hauses verhandelten, kam ein weiterer singhalesischer Mönch, der ehrwürdige Dickwela Piyananda. Er und der ehrwürdige Vinita lebten in einem winzigen Appartement in der Harvard-Straße in Washington.

Die Verhandlungen dauerten viele Monate. Als es schließlich so aussah, dass der Kauf durchging, erlaubte die thailändische Regierung dem ehrwürdigen Piyananda einzuziehen, obwohl das Geschäft noch nicht abgeschlossen war. Der ehrwürdige Vinita blieb in dem Appartement.

Und genau zu dieser Zeit, im Herbst 1968, kam ich an.

An meinem allerersten Abend in der Vihara sagte der ehrwürdige Piyananda zu mir: „Ich bin der alte Großvater hier. Aber du bist jung und kräftig und hast viel Erfahrung. Dieser Platz braucht viel Arbeit, und ich will, dass du diesen Job machst. Ich werde repräsentieren und dich beraten, wann immer du Hilfe brauchst. Aber ich will, dass du das Sagen hast."

Der ehrwürdige Piyananda war gar nicht so alt, noch nicht einmal 60 Jahre, aber ich denke, dass er nicht an körperliche Arbeit gewöhnt war. Der Gedanke daran, dieses schäbige Gebäude zu renovieren, war zu viel für ihn. Also war er froh, einen jüngeren Mönch an Bord zu haben. Und so fing ich an, allein zu arbeiten. (Der ehrwürdige Vinita war nach Ceylon zurückgekehrt, gerade als ich in Amerika angekommen war.)

Das Haus war riesig: acht Schlafzimmer, vier Badezimmer, ein Dachboden und ein Untergeschoss. Die thailändische Botschaft hatte hier Collegeschüler untergebracht, und Schüler können grausam zu Gebäuden sein. Die Fenster und Türen waren zerbrochen. In vielen Zimmern wellte sich die Tapete an den Wänden. Der Putz kam von der Decke im Untergeschoss herunter. Einige der Türen hatten keine Schlösser. Das Dach war in schlechtem Zustand. Der Hof sah wie ein überwucherter Dschungel aus.

Der Warmwasserbereiter leckte und ebenso die Toiletten. In einem der Badezimmer war die Dusche nur grob zusammengesteckt. Wenn man das Wasser aufdrehte, schoss es zur Decke, also brachten wir eine Glasscheibe an, die das Wasser zurück nach unten umlenkte. Um zu duschen, wenn man es so nennen kann, saß ich unter diesem umgeleiteten Strahl.

Als es ans Renovieren ging, wusste ich nicht, was zu tun war. Ich hatte überhaupt keine Erfahrung beim Bau, also ging ich fast zwei Kilometer bis zur nächsten Eisenwarenhandlung und begann, Fragen zu stellen. Für große Projekte musste ich warten, bis genügend Spenden eingegangen waren, um das Material zu bezahlen. Dann musste ich das ganze Material, das ich einkaufte, einschließlich Bauholz, nach Hause tragen.

Nach einer Weile bekam ich Hilfe von ein paar Thailändern, die zum Tempel kamen. Und schließlich stießen auch einige burmesische und vietnamesische Familien hinzu. Unten rissen wir Wände ein und machten aus mehreren Räumen einen großen, der als Schreinraum für religiöse Zeremonien dienen sollte. Dann machten wir uns daran, die Schlafräume bewohnbar zu machen. Ich hämmerte und meißelte, stellte Pfosten auf und verblies Dämmstoffe, alles ohne einen Atemschutz zu tragen. Ich glaube, dass der ganze Staub und Schutt, den ich während dieser Monate einatmete, die Ursache für die Allergien waren, die ich entwickelte und die bis heute andauern.

Ich war auch für die anderen täglichen Pflichten im Tempel verantwortlich – Lebensmitteleinkäufe, putzen, den Rasen mähen, das Büro betreiben, Spenden sammeln und Dhamma-Unterricht geben. Um mehr Mitglieder anzuziehen, beschloss ich, eine monatliche Zeitschrift zu drucken. Ich stellte sie auf einer Vervielfältigungsmaschine mit Handkurbel her. Die erste Ausgabe war ziemlich einfach: Ich schrieb über meine Ankunft in Washington und über unsere Renovierungsarbeit. Auch rief ich um finanzielle Unterstützung für den anstehenden Kauf des Gebäudes auf.

Die meiste Zeit war ich erschöpft. Meine Tage gingen von 5.00 Uhr morgens bis 23.00 Uhr mit ununterbrochenen Verpflichtungen. Und wenn Besucher zum Tempel kamen, musste ich das Projekt, an dem ich gerade arbeitete, fallen lassen und sie empfangen.

Weil wir in Amerika waren, konnten wir natürlich nicht auf Almosenrunde gehen, um Essen zu erhalten. An der Tür der Menschen zu betteln, hätte uns wahrscheinlich ins Gefängnis gebracht. Einige der Familien, die zum Tempel gehörten, brachten uns Mahlzeiten als ein Akt von Dana oder Großzügigkeit, allerdings geschah das nicht jeden Tag. Also brachte ich mir selbst das Kochen bei.

Als Mönch in Asien wurde ich den größten Teil meines Lebens bedient. Niemals erwartete ich, nach Amerika zu kommen und Arbeiter, Koch und Handwerker zu sein. Um die Wahrheit zu sagen: Ich war ziemlich wütend. Aber natürlich konnte ich nicht umkehren und nach Asien zurückgehen. Es gab nichts, wohin ich hätte gehen können, und ich hatte geplant, für immer in Amerika zu bleiben. Glücklicherweise halfen mir die pure körperliche Übung und Anstrengung beim Herrichten des Hauses buchstäblich, meine Wut „abzuarbeiten“.

Schließlich begann ich, die Arbeit zu genießen. Es war interessant, so viele neue Fertigkeiten zu lernen. Und letztlich erkannte ich, dass Wut nicht mehr als eine Energieverschwendung war – Energie, die ich benötigte, um die Trockenbauwand aufzuhängen!

In der dritten Woche im Oktober, weniger als ein Monat nach meiner Ankunft, fuhr der ehrwürdige Piyananda für einen zweimonatigen Urlaub nach Ceylon. Jetzt war ich wirklich verantwortlich, und ich war alleine.

Am letzten Oktobertag schellte die Türklingel etwa um die Abendessenszeit. Ich öffnete die Vordertür und sah einen Haufen Kinder dort stehen, die gruselige Masken trugen. Kleine Teufel, Vampire und Hexen glotzten mich an. Vielleicht war das einer dieser „Überfälle“, von denen mir Martha Sentnor erzählt hatte.

„Wer seid ihr?", fragte ich nervös.

„Süßes oder sonst gibt's Saures!", schrien die Kinder.

„Wie bitte?", fragte ich. Ich hatte keine Ahnung, warum mich diese Kinder anschrien. Einer der älteren Jungen verdrehte seine Augen und erklärte, dass sie einige Süßigkeiten wollten. Wenn ich ihnen keine geben würde, würden sie Eier auf unser Haus werfen. Ich verstand immer noch nicht, aber dachte, dass ich den Kindern besser mit Humor begegnen sollte. Ich ging in die Küche und fand mehrere Schachteln mit Keksen, die Unterstützer des Tempels da gelassen hatten. Ich ging zurück zur Vordertür und gab jedem Kind, das dort stand, einen Keks. Zu meiner großen Erleichterung nahmen sie die Kekse und rannten davon.

Ein paar Minuten später klingelte es wieder an der Tür. Ich konnte es nicht glauben: Noch mehr Kinder, die noch mehr Süßigkeiten forderten! Und wieder verteilte ich Kekse.

So ging es den ganzen Abend weiter. Am nächsten Tag erzählte ich einem unserer amerikanischen Tempelmitglieder, was geschehen war. Ich dachte, er würde meine unglaubliche Geschichte nicht glauben. Er setzte sich zu mir und erklärte mir Halloween. Wir lachten lange.

An meinem 41. Geburtstag im Dezember war der Verkauf des Gebäudes schließlich abgeschlossen. Die Washington Buddhist Vihara, Verkaufspreis 33.000 US-Dollar, gehörte offiziell uns.

20. Kapitel

Verwechslung mit einer Frau

Während dieser ersten Jahre in der Vihara schien es immer so, als hätten wir gerade genug Geld, um die Rechnungen zu bezahlen. Unsere Hypothek betrug 172 US-Dollar im Monat. Zusammen mit Telefon, Elektrizität, Gas kamen unsere Ausgaben auf 500 oder 600 US-Dollar im Monat. Natürlich musste alles durch Spenden hereinkommen.

Jedes Mal, wenn Menschen den Tempel besuchten, warfen sie ein oder zwei Dollar in die Sammelbox. Wenn wir zu den Menschen nach Hause zum Chanting gingen, gaben sie uns gewöhnlich eine kleine Spende, vielleicht 10 oder 15 US-Dollar. Jeden Monat nahmen wir etwa 600 bis 700 US-Dollar ein.

Irgendwie waren wir immer auf der Plusseite. Ganz knapp.

Wir begannen, Menschen als offizielle Mitglieder der Vihara aufzunehmen. Wir schufen drei Arten von Mitgliedschaft – auf Lebenszeit, Standard und Studenten – und druckten Mitgliedskarten. Meine kleine Zeitschrift brachte fortwährend neue Mitglieder, und die Vihara wuchs langsam. Innerhalb einiger Jahre hatten wir die Hauptreparaturen des Gebäudes beendet.

An drei Abenden in der Woche unterrichtete ich Meditation. Am Sonntagnachmittag gab es eine religiöse Zeremonie. Wir publizierten ein Büchlein mit den Pali-Gesängen, Vandana genannt, damit die Menschen während der Zeremonie folgen konnten.

An buddhistischen Feiertagen gab es aufwändige Zeremonien im singhalesischen Stil. An Vesakh feierten wir die Geburt, Erleuchtung und den Tod des Buddha, die alle auf einen Vollmond des indischen Monats Visakh, etwa April oder Mai, fielen. Zur Vorbereitung für Vesakh putzten und schmückten die Menschen den Tempel, machten Laternen aus Bambusleisten und Seidenpapier und kochten eine Menge Essen – normalerweise vegetarisch. An dem tatsächlichen Festtag trugen sie alle weiß und verbrachten Stunden im Tempel, wo sie plauderten, aßen und dem Chanting der Mönche zuhörten. Es ist der feierlichste Tag des ganzen buddhistischen Jahres.

Kathina, eine andere beliebte Zeremonie, markiert das Ende der traditionellen „Regenzeit". Die Mönche bleiben für drei Monate (von Mitte Juli bis Mitte Oktober) in einem Tempel. Diese Praxis begann zur Zeit des Buddha, als er und seine Schüler ein jährliches, dreimonatiges „Regenzeit-Retreat" einhielten, während dem sie aufhörten, umherzuwandern, und an einem Platz blieben, bis die Monsunüberschwemmungen endeten. Heutzutage gibt es in jedem Oktober eine Kathina-Zeremonie, bei der die Laien den Mönchen neue Roben und andere Bedarfsgegenstände formal überreichen. Der Stapel an Geschenken, die im Schreinraum erscheinen, umfasst Zahnbürsten, Mundwasser, Rasiercreme, Seife und Toilettenpapier. Das wertvollste Geschenk von allen ist jedoch die Kathina-Robe. Eine handgenähte, orangefarbene Stoffbahn wird liebevoll gefaltet, in Folie eingewickelt und dann symbolisch der ganzen Sangha überreicht. Die Mönche entscheiden unter sich, wer sie ausdrücklich erhalten soll. Manchmal ist es der dienstälteste Mönch oder derjenige mit den am meisten zerrissenen und abgetragenen Roben. Oder manchmal wird sie einem Mönch gegeben, der von einem abgelegenen Ort zu Besuch ist, wo es vielleicht keine Laienunterstützer gibt, die Roben spenden.

Diese frühen Jahre in der Washington Vihara hindurch passte ich mich an das Leben in Amerika an, und Amerika passte sich an mich an. Ich war ziemlich klein, 1,62 m, in Roben gehüllt und hatte einen kahl rasierten Kopf. Das war in den späten 1960er Jahren jenseits des Erfahrungsbereichs eines durchschnittlichen Amerikaners.

Viele Male, wenn ich nach einer öffentlichen Toilette fragte, wies die Person auf den Damenbereich.

Eines Tages ging ich vom Lebensmittelgeschäft nach Hause, meine Arme voller Taschen, und ich kam an einem Mann vorbei, der sein Auto in einer Einfahrt wusch. Sein Hund rannte zu mir und bellte. Der Mann schimpfte mit ihm: „Belästige die nette Dame nicht!"

Selbst Menschen, die mich jeden Tag sahen, hielten mich fälschlicherweise für eine Frau. Während der 20 Jahre, die ich in Washington lebte, grüßte mich unser vergnügter Briefträger mit: „Hier ist Ihre Post, gnädige Frau."

Eines nachmittags im Februar 1969 klingelte ein Mann an der Vihara und fragte freundlich, ob er die Bibliothek benutzen könne. Ich war erfreut, dass sich jemand dafür interessierte, etwas über Buddhismus zu lesen, also bejahte ich natürlich.

Danach kam der Mann fast jeden Tag, trug oft ein Baby und brachte ein tragbares Bettchen. Während er Bücher über Buddhismus las, schlief sein Kind. Er sagte jemals kaum irgendetwas zu mir, also ließ ich ihn in Ruhe.

Als wir im Mai Vesakh feierten, schloss sich der Mann einer kleinen Gruppe an, die weiß gekleidet war und den Tag im Tempel verbrachte, wobei sie die acht Tugendregeln einhielt und meditierte. Michael Roehm, eines unserer amerikanischen Mitglieder sah ihn.

„Was macht Doktor Rodier hier?", fragte cr mich.

„Wer ist Doktor Rodier?", sagte ich.

Michael erzählte mir, dass der Mann David Rodier heiße und

Philosophieprofessor an der American University sei, die nur ein paar Kilometer entfernt liegt.

Am nächsten Tag konnte ich es kaum erwarten, dass Doktor Rodier zu seinem üblichen Nachmittag in der Bibliothek erscheint. Als er kam, wandte ich mich an ihn.

„Stimmt es, dass Sie Professor an der American University sind?“, fragte ich.

Er nickte lächelnd. Ich erzählte ihm, wie gerne ich meine Studien fortsetzen wollte. Ich berichtete ihm von den Schulen, die ich in Ceylon und Indien besucht und versucht hatte, eine Ausbildung zusammenzuschustern. Und dann sprach ich darüber, dass ich die externen Prüfungen von Cambridge bestanden hatte, aber bei der Aufnahmeprüfung der Universität von Malaysia durchgefallen war. Rodier empfahl mir, Cambridge zu bitten, meine Ergebnisse an die American University zu senden. Auch schlug er vor, dass ich mich in seinen Unterricht setze, damit ich mein Englisch verbessern könne. Monatelang holte mich Doktor Rodier täglich in der Vihara ab und fuhr mich zur Universität, damit ich seine Philosophiekurse als Gasthörer besuchen konnte. Es war herrlich, wieder in einem Unterrichtsraum zu sitzen!

Etwa zu dieser Zeit begann meine linke Niere wieder zu schmerzen. Schließlich ging ich zu einem Arzt, der mich zu einem Urologen überwies. Dieser Arzt sagte, genau wie der in Malaysia, dass ich einen Nierenstein hätte, aber dieses Mal brauchte ich eine Operation.

Glücklicherweise waren der ehrwürdige Piyananda und ich durch die Sammelpolice der ceylonesischen Botschaft versichert. Ich war zehn Tage lang im Krankenhaus. Die Versicherung bezahlte 80 Prozent der Rechnung, und Michael Roehm zahlte großzügigerweise den Restbetrag.

Im Jahr 1971 wurde ich im Alter von 43 Jahren an der American University als Studienanfänger zugelassen. Michael Roehm bezahlte meine Studiengebühren und spendete auch das Geld, das ich für Lehrbücher benötigte. Darüber hinaus konnte ich etwas von den 100 US-Dollar des monatlichen Stipendiums für Essen der ceylonesischen Regierung sparen und verwendete dies auch für Ausgaben des Studiums.

Wegen meiner Pflichten in der Vihara hatte ich in einem Semester nur Zeit für zwei Lehrveranstaltungen.

Die nächsten paar Jahre verbrachte ich damit, die Vihara zu betreiben, Student an der Universität zu sein und zu anderen Universitäten zu reisen, um Vorträge über Buddhismus zu geben. Ich fuhr überallhin, von Miama nach Saint John in Neufundland. Einige Orte hörten durch die American University von mir; andere sahen die kleine Anzeige, die wir in der Washington Post schalteten, um für den Dienst und den Unterricht der Vihara zu werben.

Im Jahr 1972 begann ich, an der American University eine Gruppe in Meditation anzuleiten. Mehr als zwei Dutzend Studenten meldeten sich an. Der Geistliche der Universität gab uns für unsere Zusammenkünfte einen großen Raum in der Kapelle. Wir statteten ihn mit bequemen Meditationskissen aus.

Etwa eine Woche, nachdem wir begonnen hatten, kam ich eines Tages früh an und sah, dass jemand jedes einzelne Kissen mit einem Messer aufgeschlitzt hatte. Die fusselige weiße Kapokfüllung verteilte sich wie Schnee überall auf dem Fußboden. Ich war so enttäuscht! Der Geistliche veranlasste es für uns, dass wir neue Kissen erhielten, aber der Punkt war: Jemand war nicht glücklich mit dem, was wir taten.

Etwa zur selben Zeit brauchte die Vihara neues Briefpapier mit Briefkopf. Ich ging zu einer Druckerei, zeigte ihnen unser Logo und erteilte den Auftrag. Als ich es in der darauf folgenden Woche abholen wollte, war eine andere Person hinter dem Schalter – der Inhaber der Druckerei.

„Raus hier!“, schrie er, sobald ich den Namen der Vihara erwähnte. „Ich werde gar nichts drucken, was das Wort buddhistisch enthält.“

Das waren einige meiner frühesten Kostproben religiöser Diskriminierung nach amerikanischer Art. Davor hatte ich eine märchenhafte Vorstellung von den Vereinigten Staaten als liberalem Ort, der von mutigen Patrioten, die Freiheit für alle wollten, gegründet worden war. Ich hatte von George Washington und Abraham Lincoln gelesen. Ich wusste, dass die Geschichte der Vereinigten Staaten ganz im Zeichen des Kampfes für Gleichheit stand. Ich glaubte, dass hier jeder frei war, jede beliebige Religion zu praktizieren.

Aber so einfach war es nicht.

Im Jahr 1973 ernannte mich die American University zu ihrem buddhistischen Kaplan, einer neuen Position, die für mich geschaffen worden war. Die Universität hatte für andere Glaubensrichtungen Kaplane, aber noch niemals einen buddhistischen. Ich denke, dass es tatsächlich die erste Universität in den Vereinigten Staaten war, die einen buddhistischen Kaplan ernannt hatte. Diese Neuigkeit wurde in der Campus-Zeitschrift abgedruckt. Sofort schrieb jemand an den Präsidenten der Universität und verlangte zu erfahren, warum er einen „Heiden“ zu einem Kaplan ernannt hätte.

Einige Jahre lang ging ich einmal im Monat zu einem Ort im Hinterland von New York, der Missionary Orientation Center hieß. Sie luden mich ein, um über Buddhismus zu sprechen. Oft wurde ich von Richard Stoneham, einem Mitglied der Vihara, der in New York lebte, begleitet.

Immer wenn ich dort sprach, achtete ich pfleglich darauf, den Buddha nicht mit irgendeinem anderen religiösen Lehrer zu vergleichen. Ich wollte respektvoll sein. Und doch meldete sich einmal eine junge Studentin am Ende meines Vortrags zu Wort und sagte: „Das ist wunderbar. Ich wusste alle diese Dinge über den Buddha nicht."

Ein älterer Pfarrer aus dem Publikum sagte bestimmt: „Dennoch ist unser Herr Jesus Christus dem Buddha überlegen."

„Inwiefern?", fragte Richard.

Der Pfarrer stand auf.

„Ich lebte acht Jahre in Thailand", sagte er. „Ich sah diesen Buddha, wie er mit gekreuzten Beinen in geschmückten Räumen sitzt und nichts tut. Ich sah Männer in orangefarbenen Roben, die in den Straßen betteln gingen. Sie tun nichts für die Welt. Jesus Christus opferte sein ganzes Leben für die Menschheit."

Richard und der Pfarrer diskutierten ein wenig darüber. Ich blieb still. Schließlich begann die junge Studentin zu weinen. Sie sagte: „Wir haben diesen Mönch eingeladen, den ganzen Weg von Washington bis hierher zu kommen und uns etwas über den Buddhismus beizubringen und uns zu erzählen, woran er glaubt. Behandeln wir so einen Gast?"

Als die Sitzung am Nachmittag begann, kam der Direktor des Instituts und fragte mich, ob es irgendwelche Schwierigkeiten gäbe. Ich sagte ihm, dass alles in Ordnung sei. Dann sprach ich den älteren Pfarrer direkt an.

„Herr, Sie sagten, dass der Buddha nichts tut, außer in einem geschmückten Raum zu sitzen. Was Sie sahen, waren Bilder des Buddha und nicht der wirkliche Mensch. Der wirkliche Buddha war sehr aktiv. Er opferte sein Königreich, seinen Thron, seinen Wohlstand und seine Familie – alles, um ein sehr einfaches Leben zu führen. Sogar nachdem er Erleuchtung erlangt hatte, schlief er nur zwei Stunden pro Tag. Er war voll damit ausgefüllt, Menschen zu lehren. Er arbeitete 45 Jahre lang 22 Stunden pro Tag für die Menschheit, bis er starb."

„Und diese Männer mit orangefarbenen Roben, die Sie betteln sahen, sind Mönche, die sich einem einfachen Leben wie der

Buddha verschrieben hatten. Sie sind keine Bettler, wie Sie es sich vorstellen; sie werden von den Menschen für das spirituelle Leben, das sie führen, respektiert. Die Laien bieten ihnen Essen, Roben, Unterkunft und Medizin an. Umgekehrt bieten die Mönche den Laien spirituelle Nahrung an. Sie sammeln ihr Essen zusammen, indem sie bei jedem Haus nur ein wenig nehmen. Auf die Art ist es für niemanden eine Belastung."

Ich überzeugte ihn wahrscheinlich von gar nichts, aber vielleicht konnte ich einige seiner falschen Vorstellungen zerstreuen.

Die frühen 1970er waren die Jahre des Vietnamkrieges, der Blumenkinder und der Kriegsgegner mit ihren Protesten.

Viele Male, wenn ich an Colleges und Universitäten Vorträge hielt, fragten mich die Studenten, was Buddhisten über Selbstmord denken, weil sie in den Nachrichten Geschichten über vietnamesische Mönche, die sich selbst in Brand gesetzt hatten, um gegen den Krieg zu protestieren, gehört hatten.

Ich antwortete immer, dass in der Buddhalehre Selbstmord nicht befürwortet wird. Tatsächlich war der Buddha vollkommen dagegen. Die dritte Regel des Patimokkha, der Richtlinien für monastisches Verhalten, besagt, dass jeder Mönch, der ein menschliches Wesen tötet oder an einem Mord beteiligt ist, automatisch von der Sangha ausgeschlossen wird. Sich selbst umzubringen ist dasselbe wie jedes andere menschliche Wesen zu töten, was zu den zehn schwersten Vergehen gehört. Aber wenn Menschen angesichts religiöser Diskriminierung oder sozialer Ungerechtigkeit verzweifelt werden, geben sie manchmal ihre religiösen Prinzipien auf.

Diejenigen, die zu dieser Zeit in Vietnam an der Macht waren, missbrauchten unverfroren ihre Autorität. Die Mehrheit der Buddhisten wurde von der römisch-katholischen Regierung von Ngo Dinh Diem unmenschlich behandelt. Buddhisten wurde das Recht verweigert, öffentliche Zusammenkünfte oder religiöse

Prozessionen abzuhalten, und sie wurden als Kommunisten abgestempelt, um die U.S.-Regierung gegen sie einzunehmen. Im Grunde nutzte Diem die Bereitwilligkeit der Vereinigten Staaten, den Kommunismus auszumerzen aus, um ihm zu helfen, den Buddhismus in seinem Land zu unterdrücken. Es war eine brillante und ziemlich böse Strategie.

Aus Verzweiflung töteten sich vietnamesische Mönche öffentlich selbst, um der Welt mitzuteilen, was geschieht. Ihre Handlungen hatten nichts mit Buddhismus zu tun, sondern alles mit Nationalismus.

Im Unterschied dazu versuchte ich, den Studenten zu helfen, die wahre Bedeutung der Buddhalehre zu verstehen. Ich erzählte ihnen, dass der Buddhismus eine friedliche Religion ist.

21. Kapitel

„Offizier Bhante G."

Viele der Dinge, die ich in der Vihara tat – Rasen mähen, kochen, Klempnerarbeit, einen Hammer schwingen –, üben Mönche traditionell nicht aus. Wir sollten ein ruhiges und einfaches Leben führen. Aber Amerika war eine neue Welt, und ich war gezwungen, eine neue Rolle einzunehmen.

Schließlich musste ich sogar Auto fahren lernen!

Eines Tages kamen eine junge Amerikanerin und ihr Freund zur Vihara. Sie waren regelmäßige Besucher. Ich fragte sie, ob sie mich zur Eisenwarenhandlung fahren könnten. Es war nicht das erste Mal, dass ich um einen solchen Gefallen gebeten hatte. Immer wenn jemand zur Vihara kam, bat ich gewöhnlich um eine Fahrt zum Lebensmittelladen, zum Postamt, zum Waschsalon – wohin auch immer ich gehen musste.

Es schmerzte mich, das zu tun, denn buddhistische Mönche sollten Laien nicht um irgendetwas zu ihren eigenen Gunsten bitten. Das würde als zu raffsüchtig und gierig angesehen werden.

„Bhante", sagte die junge Frau, „das ist sehr unfair. Wir kommen zum Tempel, um zu entspannen, zu lesen und zu meditieren. Aber sobald wir hereinkommen, bitten Sie uns, dass wir Sie überall hinfahren."

Ich spürte, wie mein Gesicht vor Wut errötete.

„Oh, ich soll also wie ein Sklave arbeiten, damit ihr hierher kommen und bequem sitzen und entspannen könnt? Ich bitte euch lediglich um eure Hilfe. Ich kann diese Besorgungen sonst nicht erledigen."

Sie dachte einen Moment nach.

„Wie wäre es, wenn wir Ihnen das Autofahren beibringen würden?", fragte sie. „Dann können Sie jederzeit dahin fahren, wohin auch immer Sie müssen."

Nun war ich wirklich verärgert.

„Wie kann ich das tun? Ich habe gar kein Auto. Und außerdem darf ich als Mönch niemanden bitten, mir das Autofahren beizubringen."

„Sie bitten nicht", stellte sie klar. „Ich biete es Ihnen an."

Obwohl die meisten Mönche nicht Auto fahren, gibt es tatsächlich keine Regel, die das verbietet, obwohl der Buddha seinen Schülern sagte, dass sie aus Mitgefühl für andere lebende Wesen keine Tiere reiten oder in Karren, die von Tieren gezogen werden, fahren sollten. Wir können nur vermuten, was er über ein modernes Automobil sagen würde. In Asien würde ein Mönch, der Auto fährt, missbilligt werden, aber für Westler scheint es nicht unangemessen zu sein. Ich denke, dass es wichtig ist, dass wir uns an unsere monastischen Prinzipien des Nicht-Verletzens, der Nicht-Gier und des Nicht-Hasses erinnern. Wenn wir ein Auto für rein praktische Zwecke benutzen können, ohne es übermäßig zu mögen oder daran anzuhaften, dann glaube ich nicht, dass wir den Geist unserer Gelübde beeinträchtigt haben.

Also rückte am darauf folgenden Tag der Freund der jungen Frau in einem großen Dodge an. Der Dodge war das Auto der jungen Frau, aber sie hatte ihren Freund dazu bestimmt, mir das Autofahren beizubringen. Noch niemals in meinem Leben hatte ich hinter dem Lenkrad eines Autos gesessen, und so glitt ich aufgeregt auf den Fahrersitz.

Nach ein paar Anweisungen brach ich in einer Seitenstraße auf, und es ging recht gut. Dann fuhren wir auf die 16. Straße, eine belebte Verkehrsstraße. Mein Lehrer versuchte, dass wir zu einer anderen Nebenstraße entlang des Rock Creek Parks gelangen, wo ich üben konnte, ohne mit dem Verkehr zu kämpfen. Wir kamen zur Kreuzung der 16. und der Colorado Straße, die die 16. Straße diagonal kreuzt. Ich sollte links abbiegen, und während ich mich darauf konzentrierte, wohin ich fuhr, fuhr ich mit derselben Geschwindigkeit über die Ecke.

„Langsam!“, schrie mein Lehrer. „Langsam!“

Aber es war zu spät. Ich prallte auf einen blauen Saab, der an der Kreuzung anhielt.

Ich sprang aus dem Auto und ging zu dem Saab. Zu meiner großen Erleichterung schien es dem Fahrer, einer jungen Frau, gut zu gehen.

Das Auto jedoch war nicht in so ausgezeichneter Form. Der Zusammenprall hatte komplett den vorderen Teil – die Stoßstange, die Kotflügel, die Lampen, alles – zerstört. Und unter der verbeulten Motorhaube leckte aus dem Kühler Wasser.

Ich entschuldigte mich reichlich und erzählte der jungen Frau, dass ich ein Fahrschüler sei. Sie lächelte.

„Machen Sie sich keine Sorgen“, sagte sie. „Solche Dinge können jedem passieren.“

Die Polizei kam, und ich erhielt ein Strafmandat über 25 US-Dollar. Ich vermute, ich bin noch gut dabei weggekommen, wenn man bedenkt, dass ich noch nicht einmal einen Führerschein hatte.

Als wir im Tempel zurück waren, rief ich die Frau an, der der Dodge gehörte. Ich fühlte mich hinsichtlich ihres Autos sehr schlecht.

„Bitte machen Sie sich keine Sorgen“, sagte sie immer wieder. „Ich habe eine Versicherung, und meine Eltern werden sich darum kümmern. Es ist keine große Sache.“

Glücklicherweise gab mich mein Fahrlehrer nicht auf. Die

darauf folgenden paar Wochen kam er zur Vihara, immer wenn er Zeit hatte, und ich übte, sein Auto zu fahren. Er war ziemlich geduldig mit mir.

Nach einer formalen Unterrichtsstunde in einer Fahrschule war ich bereit, mich für meine Fahrerlaubnis anzumelden. Beim ersten Mal fiel ich durch die Fahrprüfung. Ich überholte einen Lastwagen, der an einer grünen Ampel angehalten hatte. Der Prüfer sagte, dass die Ampel eigentlich auf Rot umgesprungen sei, aber ich konnte es nicht sehen, weil ich so klein bin und der Lastwagen mir die Sicht versperrte. Bei meinem zweiten Versuch war ich vorsichtiger und bestand die Prüfung. Ich war der stolze Besitzer eines U.S.-Führerscheins!

Aber natürlich konnten wir uns in der Vihara kein Auto leisten, also war ich noch lange nicht unabhängig. In dringenden Fällen lieh ich mir ein Auto von der ceylonesischen Botschaft. Bis zum heutigen Tag fahre ich selten Auto, obwohl ich es kann – zumindest denke ich, dass ich es kann!

Eines Tages im Mai 1975 erzählte mir der Hauptkaplan der American University, dass jemand vom Auswärtigen Amt anrief, der nach mir suchte. Ich rief zurück und sprach mit einem Mann, der mich fragte, ob ich einigen vietnamesischen Flüchtlingen, die gerade in den Vereinigten Staaten angekommen waren, helfen wolle. Das Auswärtige Amt brauchte einen buddhistischen Geistlichen, der sich um eins der Flüchtlingslager, die in Florida errichtet wurden, kümmerte.

Ich hatte null Erfahrung bei der Arbeit mit Flüchtlingen, und ich sprach weder Vietnamesisch noch Französisch, aber ich sagte zu. Dann rief ich einen Freund von mir an, John Garges, eins der amerikanischen Mitglieder der Vihara. John hatte mit Flüchtlingen gearbeitet, und er sprach ein wenig Französisch. So meldete er sich freiwillig, mit mir zu kommen und zu übersetzen, falls nötig.

Am nächsten Tag meldeten wir uns bei der Andrews Air Force Base, wie angewiesen. Wir füllten Formulare aus und wurden von mehreren Offizieren befragt. Dann sagten sie uns, wir sollten uns gegen Hepatitis impfen lassen und uns am darauf folgenden Tag zurückmelden.

Wir hatten immer noch keine Ahnung, wie lange dieser Einsatz dauern würde und wo wir wohnen würden. Ich wusste noch nicht einmal genug, um solche Fragen stellen zu können.

Am nächsten Tag flog uns ein Jet der Luftwaffe zur Eglin Air Force Base bei Pensacola in Florida. Wir beide waren die einzigen Passagiere. Wir erhielten einen behaglichen Bungalow zum Wohnen, und mir wurden meine Pflichten erklärt. Ich war hauptsächlich dort, um die 10.000 vietnamesischen Flüchtlinge, die anzukommen begannen, zu trösten. Mit wurde gesagt, ich solle sie täglich besuchen, religiöse Zeremonien durchführen und ihnen den spirituellen Zuspruch bieten, den sie auch immer benötigten. Im Lager gab es auch katholische und protestantische Geistliche, die den Flüchtlingen dienten, die zu diesem Glauben konvertiert waren.

Etwa zwei Stunden, nachdem wir an diesem Nachmittag zur Basis gelangt waren, kam eine Flugzeugladung von Flüchtlingen an. John und ich gingen zu ihnen. Sie waren jung und alt, männlich und weiblich. Die meisten von ihnen, die aus dem Flugzeug stiegen, trugen abgerissene Kleidung und führten wenig bis gar nichts bei sich. Sie schienen unter Schock zu stehen, und viele weinten, besonders die Kinder. Manche waren offensichtlich krank oder verwundet; andere erschienen psychisch gestört. Zu viele von ihnen wurden von ihren lieben Angehörigen getrennt – von den Eltern, den Geschwistern, den Ehepartnern. Einige klammerten sich an den Händen vollkommen Fremder fest.

Als sie mich in meinen orangefarbenen Roben sahen, lächelten viele von ihnen. Andere brachen in Tränen aus und verbeugten sich immer wieder vor mir.

Jeden Tag begegneten wir ganzen Flugzeugladungen von Flüchtlingen, und jeden Tag wiederholte sich dieselbe Szene. Der vertraute Anblick eines buddhistischen Mönchs schien für viele der Flüchtlinge, die vom Krieg gezeichnet und nun in ein vollkommen fremdes Land deportiert worden waren, ein Rettungsanker zu sein.

Nach zwei Wochen musste John zu seiner Arbeit in Washington zurückkehren, und wieder einmal war ich alleine und ohne Auto. So bat ich meine Kontaktperson im Auswärtigen Amt, dass mich jemand täglich an meinem Bungalow abholen und zum Flüchtlingscamp bringen solle. Am nächsten Morgen fuhr ein Taxi der Luftwaffe vor meinem Bungalow vor, und der Fahrer stieg aus und schaute verwirrt.

„Ich bin hier, um Offizier Bhante G. abzuholen", sagte er und musterte meine orangefarbene Robe.

„Das bin ich", erwiderte ich.

„Dann kann ich Sie nicht fahren", sagte er. „Zivilisten dürfen nicht in diesem Auto fahren. Es ist nur für Offiziere."

Danach erhielt ich ein Auto des Auswärtigen Amtes und fuhr selbst. Ich hatte ein ähnliches Problem, als ich zum ersten Mal im Offiziersklub zu Mittag essen ging. Als Mitglied der Belegschaft des Luftwaffenstützpunktes war ich eingeladen, dort zu essen, obwohl ich nicht im Militär war. Aber meine „Uniform" löste Stirnrunzeln aus. Schließlich kam es doch dazu, dass die Menschen auf dem Stützpunkt mich und meine Robe anerkannten.

Meine Arbeit mit den Flüchtlingen war sehr lohnenswert. Ich spürte, dass ich den Menschen in einer sehr schwierigen Zeit in ihrem Leben notwendigen Zuspruch bereitstellen konnte. Das war der leichte Teil meiner Arbeit.

Der schwierige Teil bestand darin, mit einigen der anderen Geistlichen des Lagers zurechtzukommen. Einige von ihnen betrachteten dies als ideale Gelegenheit, die Menschen zum

Christentum zu bekehren. Dort gab es Tausende Seelen zu retten. Religiöse Zeremonien wurden in einem großen Zelt abgehalten, und die verschiedenen Konfessionen wechselten sich bei der Durchführung ab. Wenn ich die Zeremonien leitete, stellte ich eine Buddhastatue auf den Altar. Wenn die Katholiken oder die Protestanten ihre Gottesdienste abhielten, stellten sie ein Kreuz auf den Altar.

Das Zelt für die religiösen Zeremonien stand neben einem kleineren Zelt, in dem mein Büro war. Eines Tages, während ich arbeitete, sah ich etwa 30 Kinder, die in das große Zelt getrieben wurden. Die meisten von ihnen sahen nicht älter als zehn Jahre aus. Einer der protestantischen Geistlichen, ein besonders diensteifriger Mensch, war bei ihnen. Ich hörte, wie er die Taufzeremonie anzustimmen begann.

Ich eilte hinüber und unterbrach die Zeremonie.

„Joseph, was du hier tust, ist falsch", sagte ich. „Ich habe gesehen, wie du durch das ganze Lager gelaufen bist, zu den Eltern dieser Kinder gesprochen und versucht hast, sie zu bekehren."

Sowohl er als auch ich, wir beide wussten, dass die meisten der Kinder sich sowieso zu Christen entwickeln würden. Jede der religiösen Organisationen, die die Flüchtlinge sponserten, war christlich. Wenn sie schließlich das Lager verließen, würden sie umgesiedelt und gezwungen werden, christliche Kirchen zu besuchen. Aber das würde zumindest später kommen. Ich dachte, dass es falsch war, sie zum Bekehren zu beginnen, noch bevor sie das Lager verlassen hatten.

„Diese Flüchtlinge sind wie Ertrinkende", sagte ich ihm. „Sie greifen nach allem, was du ihnen erzählst, weil sie dringend aus diesem Lager herausgelangen wollen. Hast du jemals gesehen, wie ich christliche Flüchtlinge zurück zum Buddhismus zu bekehren versuchte?"

Ich war wütend. Ich ging direkt zum Büro des Auswärtigen

Amtes auf dem Stützpunkt und berichtete, was geschehen war. Ich erzählte dem Offizier, dass diese Art der Bekehrung der ganzen Handhabung der Flüchtlinge einen schlechten Ruf verschaffen würde. Am nächsten Tag stand in der Zeitschrift des Flüchtlingslagers ein Artikel, der eine strenge Anweisung erteilte, die es niemandem erlaubte, irgendjemandem aus dem Lager zu einer anderen Religion zu bekehren.

Zum Glück tolerierten die meisten der anderen Geistlichen einander. Eines Tages sprach ich mit zwei katholischen Priestern, einem Vietnamesen und einem Amerikaner. Der amerikanische hatte zwei Rosenkränze um seinen Hals hängen, den einen mit einem Kreuz daran und den anderen mit einer kleinen Buddha-Figur. Er sagte, dass sie an diesem Morgen so ineinander verschlungen waren, dass er sie kaum entwirren konnte.

„Das zeigt, dass der Buddha und das Kreuz niemals vermischt werden sollten", sagte der vietnamesische Priester.

„Nein, nein", sagte ich. „Es zeigt, dass sich der Buddha und Jesus so lieben, dass man sie kaum trennen kann."

Als ich neu in dem Lager ankam, plante ich, unser Chantingheft für buddhistische Zeremonien auf Pali zu verwenden. Ich nahm an, dass die meisten der vietnamesischen Buddhisten mit Pali vertraut sein würden. Unglücklicherweise war das nicht so.

Eines Tages ging ich durch das Lager, und ein Junge grüßte mich mit den Worten: „Namo ayidafat."

„Was hast du gesagt?", fragte ich ihn.

Er wiederholte es: „Namo ayidafat."

Ich fragte ihn nach der Bedeutung davon.

„Ich weiß es nicht", erwiderte er. „Es ist einfach das, was wir sagen, wenn wir buddhistischen Mönchen begegnen."

Als er hinzufügte, dass seine Eltern ein Buch hätten mit solchen

Sprüchen darin, bat ich ihn, mich mitzunehmen, um seine Eltern kennen zu lernen. Als ich zu ihrem Zelt kam, boten sie mir einen Platz an. Ich fragte sie, ob ich ihr vietnamesisches Andachtsbuch ausleihen dürfe. Sie waren erfreut, es mir zu borgen.

Ich nahm das Buch mit zur Druckerei des Stützpunktes und bat um 2000 Kopien. Innerhalb einiger Tage hatte ich die Hefte, und unsere Zeremonien begannen auf Vietnamesisch statt auf Pali stattzufinden. Ich ersuchte einen älteren Vietnamesen, das Chanting anzuleiten, und ich folgte, so gut ich konnte, ohne die Sprache zu können. Dann gab ich Dhammavorträge auf Englisch, und der alte Mann übersetzte sie auf Vietnamesisch. Ich konnte an ihren strahlenden Gesichtern sehen, dass die Flüchtlinge das ungeheuer schätzten.

Auch unterrichtete ich Englisch, was sowohl mir als auch den Kindern, die zum Unterricht kamen, viel Spaß machte. Meine Klasse schien immer voll zu sein.

Ein weiterer Teil meiner Arbeit bestand darin, Sponsoren ausfindig zu machen – Familien oder Einzelne, die zustimmen würden, einige Flüchtlinge in ihrer Gemeinde aufzunehmen und ihnen beim Finden von Wohnung und Arbeit behilflich zu sein. Ich erhielt ein Telefon, mit dem ich potenzielle Sponsoren irgendwo in den Vereinigten Staaten anrufen konnte.

Wir sollten die Sponsoren auf Zuverlässigkeit überprüfen, und ab und zu schlüpfte jemand mit schlechten Absichten durch das Netz. Eines Tages kamen drei Männer zum Lager und wählten drei Mädchen aus, die zwischen 14 und 18 Jahre alt waren. Die Männer wollten sie unterstützen, sagten sie. Sie unterschrieben die notwendigen Papiere und begannen, mit den Mädchen aus dem Lager zu gehen.

Sobald ich das sah, hielt ich sie an. Ich sagte, dass diese Mädchen das Lager nicht ohne ihre Eltern verlassen könnten. Wenn ihre Eltern nicht hier sind, dann müssen sie zusammen mit vietnamesischen Erwachsenen, die für sie verantwortlich sind, gesponsert werden.

Ich bin natürlich nicht sicher, aber ich glaube, diese Mädchen vor einem Leben als Prostituierte oder Schlimmerem bewahrt zu haben.

Ein anderes Mal brachte eine Frau, die in der Nähe lebte, einen jungen Vietnamesen, den sie sponsern wollte, zum Lager zurück und sagte, sie wolle ihn „zurückgeben". Sie hatte sich nur einen Monat um ihn gekümmert.

„Ich dachte, er sei ein guter Christ", sagte sie und kniff die Lippen zusammen.

„Ist er kein guter Christ?", fragte ich.

„Nein, überhaupt nicht", sagte sie offensichtlich enttäuscht.

„Welcher Religion gehört er an?"

„Er ist Buddhist", schnauzte sie. „Ich bin gerade dahinter gekommen."

„Nun, wieso dachten Sie, dass er ein Christ sei?", fragte ich.

„Weil er nett und freundlich ist. Er ist sehr geduldig und behandelt mich immer mit Respekt."

Ich hatte oft mit dieser Art Diskriminierung zu kämpfen. Kurz nach meiner Ankunft an dem Stützpunkt erschien ein scharf formuliertes Editorial in der lokalen Zeitung. Wie konnte die U.S.-Regierung das Geld der Steuerzahler verwenden, damit ein Heide den armen vietnamesischen Flüchtlingen im Lager hilft? Wenn diese unglücklichen Menschen keine Christen werden, erklärte der Autor, dann sollen sie zur Hölle fahren. Verwendet einfach nicht unsere Steuergelder, um ihnen eine satanische Religion beizubringen.

Meine Reaktion auf Diskriminierung ist gewöhnlich einfach: Metta beziehungsweise liebende Güte. Sie ist eine der vier Brahma

Viharas, der „göttlichen Verweilungsstätten", die vom Buddha beschrieben wurden. Sie ist ein reiner, unverfälschter Wunsch für das Wohlbefinden anderer, eine Liebe ohne Anhaften oder Erwartung, bedingungslos praktiziert. Sie ist das höchste zugrundeliegende Prinzip hinter allen heilsamen Gedanken, Worten und Handlungen.

Metta transzendiert die Schranken der Religion, Kultur, Geografie, Sprache und Nationalität. Es ist ein universelles und altes Gesetz, das uns alle miteinander verbindet. Wir brauchen es, um harmonisch zusammenzuleben und zu arbeiten. Besonders wegen unserer Unterschiede brauchen wir liebende Güte. Und wenn wir dieses Gefühl auf andere ausdehnen, dann wird ganz natürlich unser eigenes Leben glücklicher und friedlicher. Ich benutzte jeden Tag in diesem Lager die Kraft von Metta. Die Flüchtlinge brauchten es, damit ihre psychischen und emotionalen Wunden heilen konnten. Ich benötigte es auch, um stark genug zu bleiben, damit ich mit ihnen in solch schmerzlichen Umständen arbeiten konnte. Und diejenigen, die das ablehnten, was ich tat, nun, sie brauchten es, offen gesagt, auch.

Eines Tages gab es im Flüchtlingslager eine katholische Hochzeit, die von dem vietnamesischen katholischen Priester zelebriert wurde. Kurz darauf kam ein junges Paar zu mir und fragte, ob ich eine buddhistische Hochzeit für sie durchführen würde. Ich erzählte ihnen, dass Mönche keine Hochzeiten zelebrieren dürften, aber wenn sie einen erfahrenen Buddhisten finden könnten, der die Rituale rezitiert, dann würde ich ein Segenschanting für sie durchführen.

Der Hochzeitssegen ist in Wirklichkeit wie jeder andere – dieselben Verse chanten die Mönche auch bei einer Hauseinweihung, einem neugeborenen Baby, einem Geburtstag oder bei einer glücksverheißenden Gelegenheit. Der Segen beinhaltet das

Mangala Sutta („Segens-Sutta“, das 38 Arten des Segens aufzählt); das Ratana Sutta („Juwelen-Sutta“, das bewundernswerte Eigenschaften des dreifachen Juwels auflistet); das Karaniyametta Sutta („Liebende Güte-Sutta“, das die Tugenden von Metta rühmt); und das Jayamangala Atthagatha („Acht große Verse des freudigen Sieges“, das Szenen aus dem Leben des Buddha beschreibt, während derer er Eroberer besiegt, indem er seine Qualitäten der Großzügigkeit, Weisheit, Geduld, Wahrhaftigkeit und dergleichen verwendet).

Nach diesem Chanting für eine Hochzeit besprengt der jeweilige Mönch das Paar eventuell mit Wasser und bindet ein orangefarbenes „Segens“bändchen um jedes ihrer Handgelenke. Als dieses Flüchtlingspaar mich darum bat, eine Zeremonie für sie durchzuführen, wusste ich also, dass ich den Segensteil übernehmen konnte. Das andere Drumherum überließ ich Frau Longacre, einer ortsansässigen Frau, die oft freiwillig im Lager half. Sie brachte freundlicherweise ein Hochzeitskleid, einen Hochzeitsanzug, Ringe, einen Kuchen und Erfrischungsgetränke für einen kleinen Empfang. Das Paar, das gehofft hatte, genau solch eine Zeremonie im amerikanischen Stil durchführen zu können, war erfreut.

Danach brach das Hochzeitsfieber im Lager aus, und ich war der einzig verfügbare buddhistische Mönch. An manchen Tagen führte ich nicht weniger als drei Hochzeiten durch!

Fast jeden Tag rief ich in Washington an, um sicher zu gehen, dass in der Vihara alles in Ordnung war. Der ehrwürdige Piyananda sprach mit mir, aber widerwillig. Seine Antworten waren kurz und schroff. Ich nehme an, dass er sich ärgerte, weil ich nach Florida gegangen war und ihn mit all der Arbeit in der Vihara zurückgelassen hatte. Aber niemals sagte er das direkt, er schien einfach schweigend zu schmoren.

Einmal als ich anrief, ging Upali, mein Neffe, ans Telefon.

„Wie geht es Bhante Piyananda?“, fragte ich ihn.

„Er bereitet sich gerade darauf vor, nach Ceylon zu fahren“, war die Antwort.

„Was?! Lass mich ihn sprechen.“

Der ehrwürdige Piyananda kam ans Telefon.

„Bhante, stimmt das? Du gehst nach Celyon?“

„Ja“, sagte er.

„Wann wirst du abfahren?“

„Morgen.“

Ich konnte es nicht glauben.

„Du bist der einzige Mönch in der Vihara“, sagte ich. „Du kannst nicht einfach weggehen. Kannst du warten, bis ich zurückkomme?“

„Nein“, sagte er knapp. „Ich muss jetzt weggehen.“

„Warum tust du das?“, flehte ich. „Warum verlässt du die Vihara, obwohl dann kein Mönch mehr da sein wird?“

Er sagte nichts. Ich hielt das Telefon, wartete, aber da war nur Stille. Schließlich legte ich auf.

Dann erfuhr ich, dass ein singhalesischer Mönch, der ehrwürdige Piyadassi, in der Vihara in Washington zu Besuch war. Ich rief Michael Roehm an und bat ihn, die Einladung an diesen Mönch zu verlängern, damit er etwas länger als geplant blieb, solange, bis ich zurück sein würde. Ich rief auch einige andere Flüchtlingslager an und fragte, ob es buddhistische Mönche unter den Flüchtlingen gäbe. In Fort Chaffee in Akansas gab es einen Mönch, einen Vietnamesen, der spät in seinem Leben zur Sangha stieß, nachdem er geheiratet und Kinder aufgezogen hatte. Erstaunlicherweise sprach er ziemlich gut Englisch. Also fragte ich ihn, ob er nach Washington gehen und dort in der Vihara leben wolle. Er sagte Ja. Diese Stückwerk-Regelung musste so lange laufen, bis ich nach Hause zurückkehrte.

Im August sagte uns das Auswärtige Amt, dass wir uns beeilen und für die verbleibenden Flüchtlinge Sponsoren finden müssten. Sie wollten das Lager in Eglin abbauen, bevor die Hurrikansaison mit Wucht erscheinen würde.

Also waren gegen Ende August die meisten der 10.000 Vietnamesen übergeben, entweder in das Heim von Sponsoren oder in andere Lager, die außerhalb der Route eines Hurrikans lagen.

Ich war vier Monate lang von der Vihara weg gewesen. Und als ich zurückkam, warteten Schwierigkeiten auf mich.

22. Kapitel

Ein letzter Besuch bei meiner Mutter

In der Washington Buddhist Vihara bahnte sich ein kleiner Krieg an. Sobald ich nach Hause gekommen war, fielen einige Mitglieder des Vorstands über mich her. „Du hast die Vihara vernachlässigt", sagten sie. „Wir luden dich in die Vereinigten Staaten ein, um für uns zu arbeiten, und nun hast du die ganze Zeit für die Vietnamesen gearbeitet. Kommen wir nicht vor ihnen?

„Ich arbeite für Buddha, Dhamma und Sangha", teilte ich ihnen mit. „Als Mönch arbeite ich für alle lebenden Wesen. Ich kann nicht zwischen Singhalesen und Vietnamesen unterscheiden. Diese Menschen waren in Not, und ich wollte helfen."

Obwohl sie aufhörten zu schimpfen, wusste ich, dass es noch nicht das letzte Wort war, das ich dazu hören würde.

Ich war Anfang September nach Hause zurückgekehrt, gerade rechtzeitig, um ein neues Semester des Studiums an der American University zu beginnen. Ich erhielt ein volles Stipendium für einen Masterabschluss in religiöser Geschichte – welch wundervolles Geschenk!

Einige Monate nach meinem erneuten Studienbeginn erhielt ich einen Brief von meiner jüngeren Schwester, in dem es hieß, dass es unserer Mutter nicht gut gehe und sie kaum noch essen würde. In dem Brief steckte eine Mitteilung von meiner Mutter. Es waren nur ein paar Zeilen, aber am Ende davon schrieb sie, dass sie eine Woche gebraucht habe, um das zu schreiben. Sie war so schwach, dass sie nicht mehr als ein oder zwei Buchstaben auf einmal schreiben konnte. Es war schwer, nur den Stift zu halten. Aber sie war entschlossen, mir selbst zu schreiben. Wahrscheinlich wusste sie, dass es ihr letzter Brief an mich sein würde. „Ich wünsche, ich könnte dich sehen", schrieb sie.

„Du solltest nach Hause kommen", hieß es in dem Brief meiner Schwester. „Vielleicht lebt sie nicht mehr lange."

Das war im Spätherbst 1976. Ich informierte den Vorstand der Vihara, dass meine Mutter voraussichtlich bald sterben werde und ich nach Hause fahren müsse. Sie genehmigten den Erwerb eines Tickets für mich.

Im Dezember bestieg ich eine Pan Am 747 und flog nach Hause nach Sri Lanka. (Im Jahr 1972 änderte die ceylonesische Regierung offiziell den Namen zurück zum mehr traditionellen Sri Lanka, was auf Sanskrit „gedeihend und herrlich" bedeutet.) Ich saß auf einem Fensterplatz, wie ich ihn normalerweise wählte. Das Flugzeug flog zuerst nach Honolulu und dann nach Guam und Singapur.

Etwa eine Stunde, nachdem wir aus Honolulu abgeflogen waren, schaute ich zum Fenster hinaus und sah, wie aus einem der Triebwerke Feuer kam. Ich dachte, dass vielleicht ein Überschuss an Treibstoff verbrannte.

Das war es nicht.

Einige Sekunden später machte der Pilot die Durchsage, dass wir nach Hawaii zurückkehrten, weil eins der Triebwerke brannte. Dann demonstrierten die Stewardessen, wie wir nach der Landung aus dem Flugzeug aussteigen sollten. Die Notlanderutschen würden benutzt werden, damit wir uns so schnell wie möglich vom Flugzeug entfernen könnten. Offensichtlich machte sich jeder Sorgen, dass eine Explosion bevorstand.

Sie wiesen an, dass Eltern mit ihren Kindern zuerst gehen sollten. Dann schwangere Frauen und ältere Menschen, dann der

Rest der Passagiere. Sie sagte, wir sollten unser ganzes Handgepäck im Flugzeug lassen.

Ich bemerkte, dass einige der Passagiere das Kreuzzeichen auf ihrer Brust machten. Andere weinten oder kauten ihre Nägel oder flüsterten zu der Person neben ihnen. Ich sah mehrere aufgeschlagene Bibeln im Schoß.

„Nun", dachte ich, „ich habe in meinem Leben getan, was ich konnte. Ich lehrte viele Menschen das Dhamma, und ich habe Verdienste erworben. Ich befinde mich auf dem Weg zu meiner Mutter. Wenn ich jetzt sterbe, werde ich eine gute Wiedergeburt haben."

Ich war nicht wirklich verängstigt. Ich dachte, dass, wenn das Flugzeug abzustürzen begann, wir alle zu dem Zeitpunkt, da wir auf dem Boden aufschlagen würden, in jedem Fall bewusstlos sein würden.

Es schien keine allzu schreckliche Art zu sterben zu sein.

Dann begann ich automatisch daran zu denken, was der Buddha über Furcht lehrte. Er sagte, dass Furcht durch das Anhaften an den fünf Aggregaten – unserem Körper, den Gefühlen, der Wahrnehmung, den Gedanken und dem Bewusstsein – aufkommt. Wir haften an den Dingen an, die wir als „mich" und „mein" identifizieren. Wir wollen dieses „Selbst" nicht verlieren, deshalb werden wir verängstigt, wenn dieses Selbst in irgendeiner Weise bedroht ist.

„Sorgen entspringen dem Verlangen", heißt es in einem Vers der Dhammapada. „Furcht entspringt dem Verlangen. Es gibt weder Sorge noch Furcht für jemanden, der kein Verlangen hat."

Als das Flugzeug an Höhe verlor, wusste ich, dass ich friedlich wäre, wenn ich meinen Geist auf das dreifache Juwel konzentrieren könnte. Ein Geist voller Verunreinigungen wird von Furcht, Sorge, Spannung und Angst beherrscht. Aber ein Geist, der sich in Gedanken mit Buddha, Dhamma und Sangha beschäftigt, ist angefüllt mit Gelassenheit.

In Honolulu landete das Flugzeug quietschend. Löschfahrzeuge standen an der Landebahn aufgereiht, und sobald wir auf dem Boden aufkamen, begannen sie, überall auf das Flugzeug Schaum zu pumpen. Jeder sprang auf und steuerte einen der Ausgänge an. Wir wussten nicht, ob das Flugzeug nicht innerhalb von Sekunden in Flammen aufgehen würde.

Ich nehme an, dass ich in dem ganzen Flugzeug die einzige Person war, die noch niemals als Kind eine Rutsche hinuntergerutscht war. Es war natürlich ein wenig peinlich mit meinen Roben, die sich um mich bauschten, aber ich muss zugeben, dass es auch ein wenig Spaß machte! Als ich den Boden erreichte, sprang ich auf und rannte, so schnell ich konnte. In dieser Nacht blieben wir in einem luxuriösen hawaiianischen Hotel, aus Kulanz der Pan Am.

Am nächsten Tag flog ich nach Singapur weiter. Als ich dort landete, war ich überrascht, von mehreren Menschen des Sri Lankarama buddhistischen Tempels, einer singhalesischen Vihara, abgeholt zu werden. Sie baten mich, einen Monat in ihrem Tempel zu bleiben. Ich sagte ihnen, dass ich meine kranke Mutter besuchen wolle, ich aber meiner Schwester ein Telegramm mit bezahlter Rückantwort schicken könnte, um zu fragen, wie es meiner Mutter geht. Vielleicht musste ich mich nicht beeilen.

Am darauf folgenden Tag kam die Antwort meiner Schwester. Sie sagte, dass es unserer Mutter im Moment nicht so schlecht gehe, also blieb ich eine Woche in Singapur. Dann fuhr ich weiter nach Malaysia und verbrachte eine Woche dort. Diese Extrazeit war gut, weil sie mir erlaubte, für meine Mutter eine wunderbare Überraschung zusammenzustellen.

Einige Freunde in Malaysia spendeten einen Diaprojektor, und ich heimste auch ein FM-Radio mit einem schnurlosen Mikrofon ein. Ich hatte ungefähr 500 Farbdias von Orten, die ich in der ganzen Welt besucht hatte. Da gab es Tempel, Wolkenkratzer, Landschaften, Tiere und Feste. Ich wollte meiner Mutter zeigen, wo ich all diese Jahre gewesen war, während ich von zu Hause weg war.

Als ich in Sri Lanka ankam, zeigten wir in dem Haus meiner Schwester die Diashow. Weil es dort keine Elektrizität gab, mussten wir ein Verlängerungskabel vom Nachbarhaus legen. Meine Mutter saß da und war fasziniert, während sie sich die Dias anschaute und meiner Erzählung lauschte. Ihre Augen strahlten.

Wir begannen mit der Vorführung um 22.00 Uhr, und sie ging bis 2.00 Uhr am Morgen, aber meine Mutter schien niemals müde zu werden. Als es vorbei war, fragte sie, ob es noch mehr Dias gäbe. Das war unsere letzte schöne Zeit miteinander.

Am nächsten Tag rief ich ihren Arzt an und befragte ihn zu ihrem Zustand. Er erzählte mir, dass ihr Herz schwach sei. Sie sei 68 Jahre alt; sie könne jederzeit sterben. Wir sollten sie wirklich in ein Pflegeheim geben, wo man sich richtig um sie kümmern könne. Also beschlossen meine Schwester, mein Neffe und ich, sie in ein Pflegeheim in Kandy zu bringen. Dann verabschiedete ich mich von ihr und fuhr nach Colombo. Als ich abfuhr, waren sie auf dem Weg zum Pflegeheim. Am darauf folgenden Tag erhielt ich von meinem Neffen einen Anruf. Er weinte.

Das Pflegeheim hatte entschieden, dass sie meine Mutter nicht wollten, nachdem sie eine Nacht dort verbracht hatte. Wer weiß warum; vielleicht dachten sie, dass es dem Pflegeheim Unglück bringen würde, wenn sie bald nach ihrer Ankunft dort sterben würde. Aber inzwischen hatte sich ihr Zustand verschlechtert, vielleicht wegen der langen Fahrt zum Pflegeheim. Meine Schwester und mein Neffe wussten, dass sie ins Krankenhaus gehen müsste. Also fuhren sie zurück zum Pflegeheim und holten sie dort ab – es stand kein Krankenwagen zur Verfügung.

Sie bestand darauf, auf dem Rücksitz aufrecht zu sitzen, anstatt sich hinzulegen. Und sie sagten, dass sie auf der ganzen Fahrt stöhnte. Als sie zum Krankenhaus kamen, war sie still.

Sie war auf dem Rücksitz des Autos gestorben, kerzengerade aufrecht sitzend.

Ich dachte daran, wie oft meine Mutter meine Wunden gepflegt hatte, als ich Kind war, wie sie immer genau wusste, was zu tun war, damit es mir besser ging. Ich erinnerte mich daran, wie sich ihre Arme anfühlten, als sie um mich geschlungen waren. Ich dachte an diesen letzten Brief, den sie mir geschrieben hatte, nur ein paar Zeilen, so akribisch.

Es tat mir so leid, dass sie mit Schmerzen gestorben war, und bedauerte, dass ich nicht für sie da war.

„Von den geliebten Menschen getrennt zu sein, ist Leiden“, sagte der Buddha. Obwohl ich jahrelang Vorträge über Trauer und Sorgen gehalten hatte, darüber, wie man Begräbnisse durchführt und Menschen nach dem Tod von Angehörigen tröstet, denke ich nicht, dass ich diese Worte des Buddha vollkommen verstanden hatte, bis ich den Verlust meiner Mutter erlebte. Als sie starb, war meine Trauer so stark, dass sich mein Herz anfühlte, als ob eine bittere, schmerzhafte Substanz hineingespritzt worden wäre.

Durch meine ganze monastische Karriere hindurch bis zu diesem Punkt hatte ich mich immer bemüht, meiner Mutter zu gefallen. Ich wollte sie glücklich machen, mehr als jede andere Person auf der Welt. Sie war so stolz, dass ich Mönch war und überall auf dem Globus Dhamma lehrte. Deshalb hatte ich ihr jedes Mal, wenn ich etwas Neues erlangte oder etwas Gutes tat, einen Brief darüber geschrieben, nicht um zu prahlen, sondern weil ich wusste, wie viel Vergnügen ihr das bereiten würde.

Da sie verstorben war, wem würde ich jetzt versuchen zu gefallen?

Ich habe herausgefunden, dass Trauer den Geist wirklich verwirrt. Mein Anhaften an meiner Mutter war die stärkste Fessel, die ich hatte. Als ich sie verlor, vergaß ich vorübergehend alles von der Buddhalehre über Tod und Vergänglichkeit. Ich war einfach von Kummer überflutet.

Weil meine beiden älteren Brüder verstorben waren, fiel das Organisieren des Begräbnisses auf mich, den einzigen überlebenden Sohn. Meine Schwestern und ich beschlossen, sie verbrennen zu lassen. Die Zeremonie war einfach, mit Mönchen, die neben ihrem Scheiterhaufen auf dem Friedhof chanteten. Genau wie ich es beim Begräbnis meines Vaters getan hatte, hielt ich eine kurze Rede, in der ich jedem für sein Kommen dankte. Nur dieses Mal war es schwieriger. Viel schwieriger.

Sogar heute noch spüre ich tiefe Zuneigung im Gedenken an meine Mutter.

Im Jahr 1979 oder 1980 sprach ich in Dallas in Texas auf einer interreligiösen Konferenz. Weil es in der Zeit um Thanksgiving war, sollten wir über Dankbarkeit sprechen. Ich beschloss, über meine Mutter zu reden. Als ich aber auf dem Podium stand und die ersten Worte meiner Rede sprechen wollte, begann ich zu weinen. Es war peinlich. Ich schluchzte so stark, dass ich überhaupt nicht sprechen konnte. Das Publikum saß einfach da und beobachtete mich. Es brauchte lange Zeit, bis ich meine Fassung wieder erlangte. Alles, was ich ihnen sagen wollte, war, dass ich meine Mutter niemals vergessen würde und ich für ihre endlose Liebe dankbar war. Als ich dort vor dem Auditorium voller Menschen weinend stand, verstand ich auf einmal eine der Aussagen des Buddha über Tod und Trauern. Er sagte, dass all die Tränen, die wir über den Tod unserer Mutter auf dieser irdischen Ebene, Samsara, vergossen haben, einen See anfüllt, der größer ist als das Wasser in allen Ozeanen.

23. Kapitel

„Sind Sie Herr Gunaratana?"

Ich blieb nach dem Begräbnis meiner Mutter etwa einen Monat in Sri Lanka. Sieben Tage nach ihrem Tod gab es eine traditionelle Dana-Zeremonie für sie, zu der einige Mönche zu uns nach Hause zum Chanten und zum Essen kamen, das wir ihnen im Namen meiner Mutter offerierten. Am Abend davor kam ein Mönch ins Haus und gab für uns einen Vortrag.

Dann besuchte ich einige Wochen lang Freunde und die Tempel, in denen ich früher gelebt hatte.

Auf meinem Weg zurück in die Vereinigten Staaten fügte ich den Stempeln in meinem Reisepass etliche neue hinzu. Ich machte einen Zwischenstopp in Indien, Nepal, der Sowjetunion, Griechenland, Italien, Frankreich, Deutschland, Belgien und England. Von all diesen Orten war Russland vielleicht der interessanteste. Es war mein erster Besuch dort.

Am Moskauer Flughafen wurde ich von Stanley Liyanapatirana, einem Singhalesen, der an der srilankischen Botschaft arbeitete, abgeholt. Er hatte mir dabei geholfen, ein Visum für die Sowjetunion zu erhalten.

Am darauf folgenden Tag ging ich zum Fremdenverkehrsbüro in meinem Hotel und fragte sie, wie ich einen Ausflug nach Leningrad machen könne. Die Frau hinter dem Schalter bat mich, meinen Reisepass bei ihr zu lassen und am nächsten Tag wieder zu kommen.

Als ich am darauf folgenden Tag zurückkehrte, gab sie mir

meinen Reisepass und sagte, ich solle außerhalb des Hotels ein bestimmtes Taxi erwischen. Sie gab mir die Autonummer des Taxis. Ich fand das Taxi, aber es war kein Fahrer darin. Also setzte ich mich einfach auf den Rücksitz und dachte, dass ich warten würde, bis der Fahrer erschien.

Plötzlich riss ein Mann, ein sehr großer Mann, die Autotür auf. Bevor ich irgendetwas sagen konnte, beugte er sich halb über den Rücksitz und schnappte nach dem Riemen an meiner Kameratasche. Ich dachte nicht einmal, sondern reagierte instinktiv: Ich packte die Tasche und hielt sie fest.

„Nein, nein!“, schrie ich.

Er sagte nichts, sondern zerrte weiter an meiner Tasche. Er war viel größer als ich, und ich wusste, dass er schließlich gewinnen würde, wenn ich nichts tat.

Ohne meine Kameratasche loszulassen, hob ich meinen Ellbogen an und rammte ihn gegen seine Nase, so fest ich konnte. Ich vermute, mein Ziel war absolut richtig gewählt. Er jaulte auf, ließ den Riemen los und nahm die Beine in die Hand.

Ja, ich brach an diesem Tag definitiv eine der 227 Verhaltensregeln für Mönche. Ein Mönch sollte niemals physische Gewalt anwenden, und für Selbstverteidigung gibt es keine Ausnahme. Ich hätte ihm einfach die Kamera überlassen sollen, aber mein Anhaften daran hatte mich dazu veranlasst, unachtsam zu sein. Es war ein Film darin mit Aufnahmen, die ich überall in Europa fotografiert hatte. Ich wollte sie meinen Freunden zeigen, und das war alles, woran ich dachte, als ich instinktiv zuschlug.

Und wie wir wissen, geht die Achtsamkeit verloren, wenn der Instinkt an die Macht kommt.

Gerade als ich von dieser Aufregung verschnaufte, erschien der Taxifahrer.

„Sind Sie Herr Gunaratana?“, fragte er.

„Ja“, antwortete ich.

Er stieg ohne ein weiteres Wort ins Auto und fuhr mich zum Bahnhof. Sobald ich am Bahnhof aus dem Taxi ausgestiegen war, materialisierte sich ein Mann auf dem Bürgersteig neben mir.

„Sind Sie Herr Gunaratana?“, fragte er.

„Ja.“

„Bitte folgen Sie mir.“

Er begleitete mich bis zur Zugtür, nickte freundlich und verschwand dann.

„Sind Sie Herr Gunaratana?“, fragte der Schaffner.

„Ja.“

„Bitte folgen Sie mir.“

Der Schaffner zeigte mir ein Abteil mit einem Bett. Natürlich war es ziemlich komisch, von einem zum anderen, die alle nicht lächelten, weitergereicht zu werden, aber ich wusste genug über die Ära des Kalten Krieges in der Sowjetunion, um keine Witze darüber zu machen. Am nächsten Morgen waren wir in Leningrad. Als ich aus meinem Abteil trat, wartete eine junge Frau auf mich.

„Sind Sie Herr Gunaratana?“

„Ja.“

„Bitte folgen Sie mir.“

Sie half mir aus dem Zug und ging mit mir zu einem nahe gelegenen Restaurant. Dort zeigte sie mir einen besonderen Tisch und schob den Stuhl für mich zurecht.

Als der Kellner kam, stellte er eine Frage: „Sind Sie Herr Gunaratana?“

„Ja.“

Er brachte mir ein Frühstück mit zwei Eiern, Toast, Butter, Marmelade und Tee. Ich aß alleine, und als ich die Mahlzeit beendet hatte, erschien ein anderer Mann an meinem Tisch.

„Sind Sie Herr Gunaratana?“

„Ja.“

„Folgen Sie mir, bitte.“

Dieser Mann führte mich zu einem Reisebus, der außerhalb des Restaurants wartete. Ich stieg ein, und der Busfahrer fragte: „Sind Sie Herr Gunaratana?“

„Ja.“

Und endlich machte ich eine Stadtrundfahrt durch Leningrad.

Nach meiner Rückkehr nach Washington im Frühjahr 1977 nahm ich den Unterricht an der American University wieder auf. Ich war in meinem zweiten Jahr des Masterstudiums. Doktor Rodier, mein langjähriger Berater, stellte klar, dass er erwartete, dass ich bis zum Doktorgrad in Philosophie weitermachte. Ich war begeistert und fühlte mich geschmeichelt. Also bewarb ich mich um ein weiteres Stipendium, und es wurde bewilligt. Meine Patchwork-Ausbildung, die vor so langer Zeit in einer Dorfschule im ländlichen Ceylon begonnen hatte, hatte mich den ganzen Weg bis zu den höchsten akademischen Graden des amerikanischen Ausbildungssystems geführt. Ich konnte es kaum glauben.

Mittlerweile gedieh auch die Vihara. In den nahezu zehn Jahren, seit ich dorthin gekommen war, vervielfachte sich die Zahl unserer Mitglieder hundertfach. Die Zeremonien und der Meditationsunterricht waren sehr beliebt, und sowohl Amerikaner als auch Singhalesen nahmen teil. Ich wurde gebeten, zweimal in der Woche Meditation für die Angestellten der World Bank zu unterrichten. Auch erhielt ich immer mehr Einladungen, um im ganzen Land zu lehren und Meditations-Retreats abzuhalten. Es waren die späten 1970er Jahre, und Meditationszentren schienen überall aus dem Boden zu schießen. Einmal wurde ich 1976 in einen Ort in Neu Mexiko eingeladen. Ich war niemals dort gewesen, und ich kannte die Organisatoren nicht, aber ich nahm ihre Einladung an.

Der Platz war wunderschön, hoch im Gebirge gelegen. Ich bekam eine kleine, private Hütte für meinen Aufenthalt, die nur über einen Wanderweg zugänglich war und vom Rest der Gebäude weit entfernt lag. Als ob die herrliche Sicht auf einen Teich vermarktet werden sollte, lag die Toilette des Häuschens im Freien und hatte keine Wände. Ich war etwas unsicher wegen dieser Regelung, aber weil das Häuschen ziemlich abgelegen lag, dachte ich, dass es in Ordnung sein könnte.

Als ich am nächsten Morgen dem Ruf der Natur folgte, war ich geschockt, drei junge Frauen zu sehen, die plötzlich erschienen waren, um im Teich zu schwimmen. Sie waren vielleicht 13 m von mir entfernt, direkt in meiner Blickrichtung. Jedoch schienen sie mich nicht zu sehen.

Ziemlich schamlos zogen sie alle ihre Kleider aus und standen auf einem Felsen, um sich in der Sonne aufzuwärmen, bevor sie in den Teich sprangen. Ich war schrecklich verlegen. Seit meinem 12. Lebensjahr bin ich zölibatärer Mönch gewesen, und ich hatte niemals in meinem Leben eine nackte Frau gesehen!

Sobald ich mein Toilettengeschäft beendet hatte, eilte ich zum Geschäftsführer des Retreat-Zentrums.

„Das ist komplett unangebracht“, sagte ich. „Ich muss sofort in eine andere Hütte umziehen.“

Er entschuldigte sich vielmals. Ich erhielt eine andere Hütte mit einem eigenen, privaten Badezimmer.

Als ich dieses Zentrum im darauf folgenden Jahr besuchte, um ein weiteres Zehntages-Retreat zu leiten, hatte meine Hütte eine Dusche daneben im Freien. Am oberen Ende wandten sich für die Solarheizung schwarze Rohre, und ein Vorhang hing am Eingang. Verlegen wegen des Toilettenvorfalls im Jahr zuvor, wusste der Geschäftsführer, dass er für meine Privatsphäre besondere Vorkehrungen treffen musste. Er fragte mich, zu welcher Zeit ich täglich duschen wolle, und hing dann ein Schild an die Wand der Dusche, auf dem stand: „Bhante G. duscht am Nachmittag. Bitte nicht stören.“

Am darauf folgenden Tag stand ich um 12.00 Uhr in der Dusche, als urplötzlich eine vollkommen nackte, junge Frau hereinkam. Sie sagte, sie wolle mir eine Frage zum Dhamma stellen. Ich war vor Wut entbrannt. Ich schrie sie an: „Du kannst Fragen zum Dhamma bei meinem Abendvortrag stellen! Nicht hier!“

Sie huschte weg, mit hochrotem Kopf.

Ich hoffte natürlich, dass dies das letzte Mal war, dass ich mit unbekleideten jungen Frauen zu tun hätte. Aber es war die Ära der freien Liebe.

Als ich im darauf folgenden Jahr zu dem Zentrum zurückkehrte, gab mir der arme Geschäftsführer die am meisten abgesonderte Hütte auf dem Gelände. Man brauchte einige Minuten, um vom Hauptretreat-Bereich dorthin zu laufen. Er versicherte mir, dass mich dort niemand belästigen würde.

Einige Abende später ging ich nach der letzten Meditations-Sitzung am Abend um 22.00 Uhr in meine Hütte zurück. Vor mir im dunklen Wald konnte ich ein Licht sehen, das im Fenster meiner Hütte leuchtete.

„Wie nett“, dachte ich. „Jemand von der Belegschaft hat eine Kerze angezündet, damit ich nicht in ein dunkles Zimmer kommen muss.“

Als ich das Häuschen betrat, sah ich, wer die Kerze angezündet hatte. Eine Frau lag in meinem Bett. Sie war sehr jung, sehr attraktiv und sehr nackt.

„Verschwinde!“, zischte ich.

Sie sagte kein Wort, sie lag einfach nur lächelnd da. Offensichtlich dachte sie, dass ich scherze.

„Ich meine es so“, sagte ich. „Wenn du jetzt nicht sofort gehst, dann muss ich den Geschäftsführer holen gehen.“ Ich drehte ihr meinen Rücken zu.

Ich vermute, ihr schimmerte dann, dass ich nicht einer „dieser" Gurus war. Sie sprang auf, weinte, raffte ihre Kleider zusammen und rannte zur Tür hinaus.

In all diesen Episoden könnten Sie erwarten, dass ich von Lust überwältigt oder zumindest ein wenig sexuelle Erregung spürte. Aber ich kann ehrlich sagen, dass ich so peinlich berührt und so wütend war, dass jene beiden Emotionen komplett meinen Geist beherrschten.

Es schien mir, dass jede Person, die mich zu verführen versuchte, mich als Mönch und als Lehrer missachtete. Es war eine Ohrfeige angesichts der 2500 Jahre Tradition und eine schwerwiegende Beleidigung der Lehren des Buddha. Vielleicht klingt es unglaublich, aber für mich ist das Gelübde des Zölibats keine Belastung. Als Mönch ist es meine Wahl, so zu leben. Es ist mein Leben gewesen, seit ich ein Junge war. Ich dachte nicht daran, das aufs Spiel zu setzen.

Im Jahr 1980 erwarb ich meinen Doktortitel in Philosophie. Am Tag der Graduierung war ich erstaunt, zwei Dutzend singhalesische Freunde im Publikum zu sehen.

„Bhante", sagte einer von ihnen, „wann haben Sie jemals die Zeit gefunden, einen Doktorgrad zu erwerben?"

Ich lachte über die Wahrheit seiner Frage. Wenn Menschen die Vihara besuchten, sahen sie mich normalerweise den Rasen mähen, einen Dhammavortrag geben oder einen undichten Wasserhahn reparieren. Ich hatte dort einen Vollzeitjob.

Aber mein anderer Vollzeitjob war und ist immer gewesen, Student zu sein. Ich denke nicht, dass wir jemals unsere „Ausbildung" beenden, nur weil wir akademische Grade erwerben, sondern dass wir immer weiter lernen, wenn wir aufmerksam sind. Wir sind alle Schüler, bis wir Erleuchtung erlangen.

Verglichen mit den fortgeschritteneren Ebenen der spirituellen Errungenschaften, die vom Buddha beschrieben wurden, sind wir „weltliche“ Schüler tatsächlich noch nicht einmal qualifiziert, um Schüler genannt zu werden. Wir sind sozusagen in der Vorschule.

Dem Buddha zufolge ist ein wahrer Schüler jemand, der den Stromeintritt erlangt hat. Was bedeutet der „Strom“? Nun, jemand, der ein wenig Buddhismus studiert hat, ist mit dem Edlen achtfachen Pfad vertraut: rechte Erkenntnis, rechte Gesinnung, rechte Rede, rechte Handlung, rechter Lebenserwerb, rechte Anstrengung, rechte Achtsamkeit und rechte Sammlung.

Der achtfache Pfad ist die Grundlage des Buddha für spirituelle Praxis, etwas, wofür jeder von uns jeden Tag arbeiten kann. Aber es ist nur der Anfang, denn wie stark wir auch arbeiten, um diese verschiedenen Glieder zu vervollkommnen, so sind wir doch immer noch Zweifel unterworfen. Wir mögen Großzügigkeit, liebende Güte, Mitgefühl und Wahrhaftigkeit praktizieren. Wir können vielleicht sanft und behutsam sprechen. Wir mögen achtsam sein und uns gut konzentrieren können. Aber all das unterliegt dem Wandel – Zweifel können sich einschleichen, wenn wir gestresst sind und auch zu anderen Zeiten.

Eine höhere Ebene der Praxis wird überweltlicher achtfacher Pfad genannt. Das ist der „Strom“, auf den sich der Ausdruck Stromeintritt bezieht. Es ist eine Ebene, auf der Zweifel hinweggespült werden, auf der eine Person die Wahrheit des dreifachen Juwels sicher weiß und kennt.

An dem Punkt des Stromeintritts beginnt eine Person, sich entlang eines Pfades zu bewegen, den ihn oder sie zu immer höheren Stufen der Errungenschaft führt. Wenn die Praktizierenden schließlich den Glauben an ein beständiges Selbst loslassen, erlangen sie die Verwirklichung des Stromeintritts. Man könnte sagen, sie haben die Eintrittsprüfung zum überweltlichen Edlen achtfachen Pfad bestanden. Sie werden entweder in diesem Leben Erleuchtung erlangen, oder sie werden nicht öfter als siebenmal wiedergeboren werden, in dieser Welt oder in den göttlichen Bereichen.

Nachdem der Zweifel aufgegeben worden ist, sind als Nächstes die Fesseln des Hasses und das Greifen nach Sinnesvergnügen loszulassen – mit anderen Worten Ablehnung und Gier. Nachdem der Praktizierende diese bezwungen hat, wird er oder sie ein Einmalwiederkehrer genannt, jemand, der nur noch einmal wiedergeboren wird. Wenn sich das zweite Hindernis auflöst, wird er oder sie ein Nichtwiederkehrer.

Selbst dann auf dieser extrem verwirklichten Stufe gibt es immer noch fünf Fesseln zu überwinden. Es sind die Begierde, in materieller Form zu existieren, die Begierde, in immaterieller Form zu existieren, Dünkel, Rastlosigkeit und Unwissenheit. Der Nichtwiederkehrer hat eine hohe Stufe des überweltlichen Edlen achtfachen Pfades erreicht, hat aber immer noch nicht den spirituellen Doktortitel, die höchste Errungenschaft, erworben.

Dieser Durchbruch tritt ein, wenn diese letzten fünf Fesseln zusammenbrechen. Dann erreicht der Praktizierende endlich die Verwirklichung des ganzen Weges: Er oder sie ist ein Arahant, ein vollkommen erleuchtetes Wesen.

Dann und erst dann ist das Lernen vervollständigt.

Sobald ich meinen „weltlichen" Doktortitel erworben hatte, war ich mehr als Lehrer gefragt. Mehrere Universitäten boten mir Stellen an: die Georgetown University, University of Maryland, American University und Bucknell University. Von diesen Angeboten hatte ich nichts angenommen, denn meine Hauptverantwortlichkeit war die Vihara, aber ich gab innerhalb der nächsten zehn Jahre gelegentlich Kurse in Buddhismus an den meisten dieser Universitäten.

Seit den späten 1970ern Jahren kamen einige weitere singhalesische Mönche, um in Washington zu leben, und das große Haus in der 16. Straße wurde ein ziemlich lebhafter, geschäftiger Ort. Inzwischen hatten wir fast 3000 Mitglieder in einer guten Mischung aus Amerikanern und Asiaten (Singhalesen, Thailänder, Burmesen, Kambodschaner, Laoten, auch einige Koreaner). Die wöchentlich stattfindenden Gruppen und Zeremonien waren voll, und täglich kamen zu jeder Zeit Menschen vorbei für Meditation und zu Besuch. Das Telefon klingelte unaufhörlich.

Ungefähr zu dieser Zeit begann ein ernsthafter junger Mann namens Matthew Flickstein, die Vihara regelmäßig zu besuchen. Er war Psychotherapeut in Maryland und hatte eine Ehefrau und zwei Kinder. Er war auch sehr ernsthaft beim Erlernen der Meditation. Er stellte mir viele Fragen. Aber ich war mit meinen Pflichten in der Vihara so angefüllt, dass es schwer war, eine ungestörte Zeit zu finden, die Matt inständig von mir erbat.

Also begann er, mich in Motels mitzunehmen, um auf diese Art Zeit miteinander zu haben. Er mietete ein Zimmer, und wir verbrachten mehrere Stunden dort, während wir meditierten und über die Praxis sprachen. Wir begannen mit Anapanasati, der Achtsamkeit auf den Atem.

Ich erzählte Matt, dass wir jedes Mal, wenn wir ein- und ausatmen, die Vergänglichkeit erleben können. Zuerst spüren wir, dass wir einatmen müssen. In unserer Lunge wächst immer mehr eine feine Spannung, während der Sauerstoff weiter verbraucht wird, bis wir gezwungen sind, einzuatmen. Dann gibt es einen Moment der Pause. Aber sie dauert nicht lange. Bald lässt uns das wachsende Unbehagen der vollen Lungen ausatmen. Genau hier in einem Atemzyklus befindet sich die ganze Bandbreite von Schmerz und Vergnügen. Wir haben darüber überhaupt keine Kontrolle.

Diese Art des Flusses zu erkennen, ist unsere Fahrkarte zur

Freiheit. Wir sind jederzeit bereit, Vergnügen oder Schmerz, was auch immer erscheint, anzunehmen. Wenn sich Freude unvermeidlich verändert, dann sind wir nicht erschüttert, weil wir wissen, dass sie vergänglich ist. Und wenn Schmerz aufkommt, sind wir nicht bedrückt, weil wir wissen, dass auch er vergänglich ist. Wir können beide annehmen, ohne von einem der beiden überwältigt zu werden.

Ich genoss die Zeit, die ich mit Matt verbrachte, die Pausen von der Vihara, diese Sitzungen mit Belehrungen aus dem Stegreif, und er freute sich über die persönlichen Anweisungen. Es entwickelte sich eine Freundschaft zwischen uns beiden.

Im Jahr 1979 erzählte ich ihm eines Tages: „Matt, ich möchte ein Meditationszentrum gründen. Irgendwo auf dem Land, wo es ruhig ist. Ein Waldkloster."

Er schaute mich mit leuchtenden Augen an.

„Wirklich? Meinst du das ernst?"

„Ja, ich meine das ernst. Das einzige Problem ist, dass ich weder genügend Geld noch Menschen habe, die einen solchen Platz unterstützen."

„Ich kann helfen", sagte Matt sofort.

An diesem Tag hatten wir nicht mehr viel darüber gesprochen. Ich denke, dass wir beide wussten, dass es ein großer Traum war, der einige Zeit zur Erfüllung benötigen würde. Wir mussten ihn uns noch ein wenig länger durch den Kopf gehen lassen. Doch Matt ist ein energischer Mann, eine Person, die will, dass die Dinge gleich geschehen statt später. Er konnte kaum lange warten.

Einige Monate später fuhr er mich eines nachmittags irgendwohin, als er plötzlich sagte: „Bhante, was ist mit diesem Waldkloster? Meinst du es immer noch ernst damit?"

„Natürlich", antwortete ich.

„Warum legst du dann nicht los?"

„Weil wir immer noch nicht die wichtigsten Dinge geregelt haben. Wir haben weder genug Geld noch Menschen, und wir haben auch keinen Platz dafür.“

„Bhante“, sagte Matt mit ungeduldiger Stimme, „jetzt ist es an der Zeit. Das Leben ist kurz, und wir müssen damit loslegen.“

Ein listiges Schmunzeln hob seine Mundwinkel.

„Wenn du nicht bereit bist, dieses Zentrum aufzubauen, werde ich mir einen anderen Meditationslehrer suchen müssen“, meinte er.

Er lächelte.

„Okay. Lass uns beginnen.“

24. Kapitel

Befreiung

Als Matt und ich uns auf die Suche nach einem Grundstück machten, hatte ich 50.000 US-Dollar auf der Bank. Ich hatte das während der letzten zehn Jahre gespart. Es war das Geld, das mir das Auswärtige Amt für meine Arbeit im Flüchtlingslager in Florida bezahlt hatte, und Honorare für Vorträge, die ich gehalten hatte, und Unterricht, den ich an den Universitäten gegeben hatte – alles, was ich außerhalb meiner Arbeit in der Washington Buddhist Vihara selbst verdient hatte.

Matt und ich begannen, in Virginia herumzufahren und nach Grundstücken, die zum Verkauf standen, zu suchen. Eines Tages, im Jahr 1983, fanden wir eine wunderschöne Anlage mit 189 Morgen und zwölf Gebäuden. Der Kaufpreis betrug 1,5 Millionen US-Dollar. Wir dachten beide, dass es perfekt war. Matt, ein charismatischer Redner, konnte den Eigentümer auf 700.000 US-Dollar herunterhandeln. Auf der Stelle gaben wir ihnen einen Scheck über 2000 US-Dollar als Anzahlung, damit sie die Liegenschaft vorübergehend vom Markt nahmen. Innerhalb von drei Monaten würden wir 100.000 US-Dollar weitere Anzahlung schulden.

Wir gingen zum Auto zurück, und ich sagte: „Wir müssen verrückt sein. Wir haben diesen Geldbetrag nicht. Und wir haben keine Möglichkeit, diesen Geldbetrag in drei Monaten aufzubringen."

Matt schien unbeirrt.

„Ich kenne einen Spendenbeschaffer", sagte er, „ein Bursche, der uns helfen wird, diese 100.000 US-Dollar zu erhalten."

Ein paar Tage später saßen wir zusammen und schauten uns eine Grafik an, die der Spendensammler für uns gezeichnet hatte. Es war eine Pyramide. Die Menschen am Fuß der Pyramide gaben zehn Dollar. Dort gab es viele von ihnen. Während sich die Pyramide zu jeder höheren Ebene erhob, gaben weniger Menschen mehr: 20, 50, 100 Dollar.

Wenn alles zusammengezählt wurde, ergab alles zusammen mehr als eine Million US-Dollar.

„Das sieht sehr nett aus", sagte ich zu Matt. „Aber dieser Mann hilft uns nicht unbezahlt, dieses Geld zu erlangen. Er will 5000 US-Dollar pro Monat. Woher sollen selbst die ersten 5000 US-Dollar kommen? Und was wäre, wenn er nur 5000 Dollar aufbringen würde? Wir werden schneller Geld verlieren, als er es erwerben kann."

Matt sah, wie nervös ich war. Er wusste, dass ich die Vorstellung von Hypotheken und Darlehen hasste. Wenn wir Geld leihen würden, wären wir verpflichtet, es mit Zinsen zurückzuzahlen.

Also schlug er eine Reiseroute zum Spendensammeln vor. „Lass uns in mein Auto steigen", sagte er, „und lass uns jeden besuchen, den du kennst, und jeden, den ich kenne. Und lass uns sie fragen, ob sie uns helfen können."

Im Laufe des nächsten Monats durchkreuzten wir in Matts Toyota Cressida den Nordosten der Vereinigten Staaten. Wir fuhren nach New York, New Jersey, Rhode Island, New Hampshire und Massachusetts. Wir durchquerten Kanada und besuchten Menschen in Montreal, Ottawa und Toronto. Wir fuhren sogar bis nach Neufundland und Neuschottland.

Manchmal fuhren wir 14 Stunden am Tag und kamen um Mitternacht bei Menschen an. Sie gaben uns 10, 15 oder 20 Dollar, ich glaube, manchmal einfach, um uns los zu werden. Manchmal taten wir ihnen leid, und sie luden uns ein, die Nacht bei ihnen zu verbringen.

Manche Menschen waren ziemlich großzügig. Eine Person stellte uns einen Scheck über 500 US-Dollar aus. Ein anderer spendete 1000 kanadische Dollar. Matts überzeugende Art gewann viele Menschen für sich.

„Wir tun etwas Gutes für das Wohl Vieler", sagte er, während er am Küchentisch bei jemandem saß. „Bitte helfen Sie uns, wenn Sie können."

Am Ende der Reise zeigte der Kilometerzähler in Matts Auto 8000 km mehr. Und wir hatten 5000 US-Dollar gesammelt.

„Das scheint vielversprechend zu sein", sagte ich ihm.

Wir eröffneten ein Bankkonto auf den Namen unseres neuen Vorhabens: Bhavana Society. (Das Wort Bhavana – geistige Entfaltung – schien unsere Absichten für das Waldkloster zusammenzufassen.)

Aber es war unübersehbar, dass wir in den nächsten beiden Monaten keine 95.000 US-Dollar aufbringen könnten. Wir annullierten den Vertrag für das Grundstück in Virginia und verloren unsere 2000 US-Dollar Anzahlung.

Inzwischen hatte ich den Mönchen in der Vihara und den Mitgliedern des Vorstands erzählt, dass wir Geld für ein neues Meditationszentrum irgendwo außerhalb von Washington sammelten. Ich sagte niemals, dass es unter der Schirmherrschaft der Washington Buddhist Vihara stehen würde, aber das nahmen sie an.

Nachdem wir genügend Geld aufgebracht hatten, um ein Grundstück zu kaufen, fragten sie mich ohne Umschweife, ob der neue Platz der Vihara angegliedert sein würde.

„Nein", sagte ich.

„Warum nicht?", fragten sie.

„Weil es nicht die Art ist, die ich will", sagte ich.

In Wahrheit war ich von der Tempelpolitik müde geworden. Der ursprüngliche Gründer der Washington Buddhist Vihara gehörte zur Schule des Amarapura Nikaya des Theravada-Buddhismus. Ich gehörte zu Siyam, einer anderen Schule. Leider brachte das über die Jahre einen Konflikt hervor.

Ein Mönch, der im Jahr 1980 zur Vihara geschickt worden war, hatte eine Abneigung gegen mich. Er sagte, weil ich von der Siyam Nikaya-Schule war, gehörte ich nicht einem Tempel der Amarapura Nikaya-Schule an. Er versuchte, die anderen Mönche mit Argumenten gegen mich aufzuhetzen.

Gegen Mitte der 1980er Jahre war ich von dem Gezänk ermüdet. Ich spürte, dass keiner der neuen Mönche die ganze Arbeit, die ich über die Jahre zum Aufbau der Vihara geleistet hatte, schätzte. Im Jahr 1985 bat ich das Oberhaupt der Amarapura Nikaya-Schule, von Sri Lanka zu kommen und den Streit zu schlichten. Er kam, aber nichts wurde erreicht. Er war mehr daran interessiert, seine Angehörigen zu besuchen und einen Kurzurlaub zu machen.

Ich begann, immer öfter über ein Weggehen nachzudenken, über ein Leben an einem friedvollen Ort, wo ich einfach Dhamma lehren könnte und mir über die Politik hinsichtlich des Betreibens eines Tempels keine Sorgen machen müsste.

Im Mai 1984 hatten wir 18.000 US-Dollar auf dem Bankkonto der Bhavana Society. Ich schlug Matt vor, dass wir kleiner denken sollten. Ich sagte, dass wir nach 10 oder 15 Morgen suchen sollten. Und wir sollten in West Virginia suchen. Dort ist Land günstiger.

Matt vereinbarte einen Termin mit einem Immobilienmakler in einem Café an der Route 50, in den Hügeln des östlichen West Virginia. Als wir an dem verabredeten Tag aufkreuzten, war der Immobilienmakler nicht dort. Matt fragte einige Menschen in dem Café, ob sie ihn gesehen hätten. Einer der Gäste fragte Matt, wie viel Land wir suchen würden.

„Etwa 10 bis 15 Morgen", sagte Matt.

„Ich habe 13 Morgen", sagte der Mann. „Ich will 18.000 US-Dollar dafür. Sind Sie daran interessiert?"

Matt und ich fuhren auf der Back Creek Road, einer kurvenreichen, einspurigen Piste mit schwarzem Belag, hinaus, um das Grundstück zu sehen. Es gefiel uns, und der Preis war genau das, was wir uns leisten konnten. Wir gaben dem Mann einen Scheck über 8000 US-Dollar und unterzeichneten noch an demselben Tag einen Vertrag.

Im Juli machten wir eine Art Gruppenpilgertour zu dem neuen Grundstück. Jeder, der für das neue Meditationszentrum gespendet hatte, wurde eingeladen. Wir verließen Washington in einer Kolonne von zehn Autos. Zwei Mönche aus der Vihara begleiteten mich. Jemand brachte ein Schild mit, das wir auf dem Grundstück aufstellen konnten. Darauf stand „Dhamma Village", der Name, den wir für diesen neuen Platz ausgewählt hatten.

Das Grundstück sah in der Fülle des Sommers wunderschön aus. Es war dicht mit Bäumen bewachsen, und ein kleiner Bach mit Quellwasser schlängelte sich hindurch. Wir setzten uns auf den Boden, und jeder von uns drückte seine Dankbarkeit für diesen Platz aus. Die beiden anderen Mönche und ich chanteten Suttas.

Sobald sich herumgesprochen hatte, dass wir ein Grundstück gekauft hatten, empörten sich einige der Mitglieder der Washington Vihara. Einige hörten auf zu spenden; andere weigerten sich, sich vor mir zu verbeugen. Geheime Zusammenkünfte, zu denen ich nicht eingeladen wurde, wurden abgehalten.

Weil ich mehrere Meditationsgruppen in Washington begonnen hatte und andere Pflichten bezüglich Lehren dort hatte, dachte ich, dort wohnen zu bleiben, während sich das Grundstück in West Virginia entwickelte. So vergingen mindestens eineinhalb Jahre, ohne dass auf dem Dhamma Village-Platz viel geschehen wäre. Manche Menschen teilten mir mit, dass sie sich sorgten, ich hätte einen Fehler begangen.

„Bhante, warum hast du Hunderte von Kilometern von Washington entfernt ein Grundstück gekauft?", fragten sie. „Wer wird sich jemals auf den ganzen Weg bis dorthin begeben? Das war eine furchtbare Geldverschwendung."

Ich lag nachts gewöhnlich wach und fragte mich, ob das stimmte. Es war bedrückend.

Gegen Ende1984 beschloss ich, Sri Lanka zu besuchen. Seit neun Jahren war ich nicht dort gewesen, und meine Familie bat mich, an einer Dana-Zeremonie im Gedenken an unsere Mutter teilzunehmen. Auch hatte ich mehrere Einladungen, um in anderen Ländern zu sprechen, und ich dachte, ich könnte alles auf einer Reise miteinander kombinieren.

Auf dieser Reise erlebte ich eine Menge Abenteuer. In Schweden weihte ich einen neuen buddhistischen Tempel ein. In Frankreich wohnte ich in einem singhalesischen Tempel, wo der Bürgerkrieg, der sich in Sri Lanka aufzuheizen begann, während einer Nacht auf die herrlichen Straßen von Paris überging. An allen Autos, die vor dem srilankischen Tempel geparkt waren, waren die Reifen durchstochen, höchstwahrscheinlich von hinduistischen Tamilen, die wussten, dass der Tempel von buddhistischen Singhalesen besucht wurde.

In Malawi half ich bei der Einweihung eines neuen buddhistischen Tempels, der direkt neben einem Sikh-Tempel lag. In Nairobi ging ich in das Masai Mara Wildtier-Reservat. Und in Australien begegnete ich einem buddhistischen Wunderkind.

Viele Jahre zuvor hatte ich schon von diesem Kind gehört, als jemand eine mysteriöses Tonband auf meinem Schreibtisch in der Washington Vihara hinterließ. Als ich dem Band lauschte, hörte ich die klare, wunderschöne Stimme eines Kindes, das mit perfekter Aussprache Pali-Suttas rezitierte. Ich stellte einige Nachforschungen an und fand heraus, wer dieses Kind war. Zu der Zeit, als dieses Band aufgenommen worden war, war es erst vier Jahre alt. Es lebte in Sri Lanka. Es soll diese Suttas spontan ohne jede Anleitung oder Aufforderung durch einen Erwachsenen gechantet haben.

Als ich im Jahr 1984, einige Jahre nachdem ich zum ersten Mal diese erstaunliche Chanting-Kassette gehört hatte, nach Hause fuhr, beschloss ich zu versuchen, diesen Jungen zu finden. Jemand gab mir seine Adresse in Kandy, aber ich konnte das Haus nicht finden, obwohl ich es drei verschiedene Mal versuchte.

Nachdem ich Sri Lanka verlassen hatte, fuhr ich nach Malaysia, Singapur, Thailand und Australien. In Australien gab ich in Canberra, Perth, und Sydney Dhammavorträge. Am Bahnhof von Sydney holte mich eine junge Frau namens Elizabeth Gorski ab und fuhr mich zum thailändischen Tempel, wo ich bleiben sollte. Bei ihr im Auto war ein dunkelhaariger Junge im Teenageralter. Sie stellte ihn als Ruwan vor.

Am nächsten Tag holte sie mich am Tempel ab, um mich irgendwo hinzubringen. Der Junge saß wieder auf dem Rücksitz, genau wie am Tag zuvor.

„Elizabeth", sagte ich, „hast du von einem Jungen in Sri Lanka, der Pali-Suttas chantet, gehört?"

„Bhante, er sitzt ganz dicht bei dir", sagte sie.

Ich war verdattert. Ich hatte diesen berühmten singhalesischen Jungen in Australien gefunden. Elizabeth erklärte, dass sie den Jungen, der Ruwan Seneviratne hieß, in Sri Lanka getroffen hatte und von seinem Chanting gebannt war. Jeden Sommer während seiner Schulferien ließ sie ihn mit der Erlaubnis seines Stiefvaters nach Australien fliegen, um sie zu besuchen.

„Wie hast du das Chanting gelernt?", fragte ich Ruwan. „Hat es dir jemand beigebracht?"

„Nein, Bhante“, sagte er. „Als ich sehr klein war, saß ich gewöhnlich jeden Morgen auf einem Kissen und chantete einfach. Ich tat es, als ob ich mich daran erinnern würde.“

Elizabeth bat mich, niemandem zu erzählen, dass ich Ruwan begegnet war. Wenn es sich herumsprechen würde, dass er dort war, würden die Menschen zu ihrem Haus strömen, um ihn chanten zu hören. Auf der Grundlage der eigenen Aussage des Jungen glaubten viele Menschen, dass er in einem früheren Leben im 5. Jahrhundert unserer Zeitrechnung ein Assistent des berühmten Gelehrten Buddhaghosa gewesen war und er deshalb so klar und spontan Pali chanten konnte.

Heutzutage treffe ich Ruwan immer, wenn ich nach Sri Lanka fahre. Er ist verheiratet, hat zwei Kinder und ist ein aufrichtiger Buddhist. Eigentlich möchte er ein Meditationszentrum gründen.

Als ich im Mai 1985 nach Washington zurückkehrte, war die Atmosphäre in der Vihara eiskalt. Während ich abwesend war, begann man über unser neues Meditationszentrum in West Virginia zu tratschen. Die Gerüchte besagten, dass Matt und ich eine Art Unternehmen dort draußen aufbauen würden.

Der Vorstand verlangte, dass ich mich sofort mit ihnen treffen sollte. Ich hatte mich noch nicht einmal vom Jetlag erholt, aber ich stimmte zu, mich mit ihnen zusammenzusetzen. Es war mehr ein Verhör als ein Treffen. Die Fragen flogen wie Pfeile auf mich.

Warum hast du die Bhanava Society gegründet?

Wie wird sie finanziert?

Wer ist der Vorstand?

Warum musst du so weit weggehen, um Dhamma zu lehren?

Ich beantwortete die Fragen, so gut ich konnte. „Schaut“, sagte ich, „ich gründe doch dort weder ein Bordell, noch eine Spirituosenhandlung, noch ein Kasino. Es wird ein Meditationszentrum werden. Warum fühlt ihr euch dadurch so bedroht?“

Dann kamen sie zum Kern des Streits: „Warum hast du diesen neuen Platz nicht der Washington Buddhist Vihara angeschlossen?"

„Weil ich will, dass es ein monastisches Meditationszentrum ist", sagte ich, „und kein kulturelles Zentrum. Und ich will nicht, dass es durch srilankische Politik gestört wird. Ich will, dass dieser Platz vollkommen unabhängig ist."

Saure Mienen starrten mich an.

Danach verschlechterten sich die Dinge immer mehr. Eines abends sagte mir unvermittelt der Schatzmeister des Vorstands, dass es in der Vihara eine Zusammenkunft geben und es erwartet würde, dass ich teilnehme.

An diesem Abend erschienen etwa 20 Menschen. Sobald wir saßen, stand ein Singhalese auf und begann, mich anzuschreien.

„Niemals tust du irgendetwas für diesen Platz", sagte er. „Du sitzt immer nur herum und bist am Studieren. Du kümmerst dich noch nicht einmal um die Kakerlaken in der Küche. Du lässt deine Angehörigen aus Sri Lanka hierher kommen und besorgst Arbeitsstellen für sie, aber du findest keine Jobs für irgendjemand anderen. Du hättest unseren Kindern Singhalesisch beibringen sollen, aber du reist die ganze Zeit in der Weltgeschichte umher und lehrst die Westler, die noch nicht einmal Buddhisten sind, Dhamma."

Ich war sprachlos. Dieser Mensch war normalerweise sehr freundlich und ruhig, und ich betrachtete ihn als einen Freund.

Ich wusste, dass er von den Menschen, die mich aus der Vihara vertreiben wollten, beeinflusst worden war. Und ich wusste, dass meine Reaktion sehr genau beobachtet wurde. Deshalb beantwortete ich nicht seine Anschuldigungen. Stattdessen begann ich einfach, der Gruppe die dreifache Zuflucht und die fünf Tugendregeln zu erteilen und chantete dabei, so ruhig ich konnte.

Bei einem späteren Treffen des Vorstands wurden Matt Flickstein und Albert Cambarta, ein anderer Freund von mir, gebeten, zurückzutreten. Als das geschah, wusste ich, dass das Ende in Sicht war.

Aber auf dem Grundstück in West Virginia gab es noch keine Gebäude. Wenn ich für immer aus der Vihara hinausgehen würde, hätte ich keinen Platz zum Wohnen. Ich musste in Washington bleiben, zumindest so lange, bis wir einige bewohnbare Unterkünfte an dem neuen Platz haben würden.

Tatsächlich stand ich es noch drei weitere Jahre durch, aber es war nicht einfach. Wir fuhren damit fort, getrennt von der Washington Vihara Geld für die Bhavana Society aufzubringen. Und das erzeugte oft eine unerfreuliche und feindselige Atmosphäre.

Schließlich stellte mich der Vorstand vor die Wahl von drei Dingen. Ich könnte als Präsident von der Washington Buddhist Vihara zurücktreten, ich könnte vom Vorstand der Bhavana Society zurücktreten, oder ich könnte die Bhavana Society in die Vihara integrieren.

Ich antwortete ihnen auf der Stelle: „Ich trete von der Vihara zurück."

Ich konnte an ihrem betroffenen Gesichtsausdruck sehen, dass sie niemals erwarteten, dass ich sie bloßstellte. Ich war 20 Jahre lang dort gewesen, mit einem Auftrag, der nur fünf Jahre dauern sollte. Ich hatte sie alle selbst für den Vorstand ausgewählt. Wahrscheinlich dachten sie, dass ich an meiner Position dort so anhaften würde, dass ich es kaum ertragen könnte, sie loszulassen.

Aber es war wirklich eine einfache Entscheidung. Wenn sie unverschämt genug waren, mich zu bitten zurückzutreten, weshalb sollte ich dort bleiben wollen? Und ich war begeistert, wenn ich daran dachte, künftig im Dhamma Village zu leben, auch wenn wir erst den Rohbau des ersten Gebäudes fertiggestellt hatten.

Ich schickte sofort meinen Brief mit meinem Rücktrittsgesuch an das Oberhaupt der Amarapura Nikaya-Schule in Sri Lanka. Ich bat ihn, dem ehrwürdigen Maharagama Dhammasiri, einem Gast der Vihara, meine Stelle einnehmen zu lassen. Die Antwort kam mit Einwilligung zurück, also half ich dem ehrwürdigen Dhammasiri, ein permanentes Visum zu beantragen. Am 26. Mai 1988 erhielt er seine Green Card.

Am darauf folgenden Tag überreichte ich dem ehrwürdigen Dhammasiri meinen Schlüsselbund mit all den Schlüsseln der Vihara. Ich sagte ihm, bei welcher Bank das Konto der Vihara war und wie viel Geld es enthielt. Ich teilte ihm mit, wo all die wichtigen rechtlichen Papiere lagen.

Dann stieg ich in ein Auto und fuhr eigenhändig davon.

Ich fühlte nichts außer Erleichterung sowie große, umfassende Entlastung.

25. Kapitel

Ein Kloster aufbauen

Als ich auf unser neues Grundstück zog, hatten wir schon einen Brunnen für Wasser gebohrt, und es gab Elektrizität. Aber nur der Rohbau eines langen, schmalen Gebäudes war im Wald entstanden.

Am Anfang würde alles in diesem einen Gebäude sein: eine Küche, drei Schlafräume und ein paar Badezimmer. Wir verwandelten ein Schlafzimmer in einen Schreinraum, in den etwa zehn oder zwölf Menschen passten. Der Speisesaal, eine große Fläche, die an die Küche grenzte, musste als zweite Aufgabe als Meditationshalle dienen.

Die Küche war mit einem zweiflammigen Gaskocher ausgerüstet. Für Wasser schleppten wir Eimer von unserem Brunnen oder von der Quelle, die vom höchsten Punkt unseres Grundstücks hervorsprudelte. Wir folgten dem Ruf der Natur in einem gemieteten Toilettenhäuschen.

Trotz der mageren Ausstattung war ich glücklich. Ich spürte, dass ich an diesem Ort dem Dhamma wirklich dienen könnte, ungestört von Bürokratie, der Tempelpolitik und all den weiteren Unannehmlichkeiten, die mich von Washington vertrieben hatten. Hier in diesem abgelegenen Gebirgstal konnte ich einen Ort schaffen, zu dem Menschen kommen könnten, um Frieden zu erfahren.

Ich hatte es nicht getan, um berühmt zu werden oder Schüler anzuziehen oder eine Menge Geld aufzutreiben. Alles, was ich wollte, war, Mönche, Nonnen und Laien-Meditierende auf den Wegen in tiefer Meditation und Kontemplation des Dhamma wandeln zu sehen. Ich hoffte, dass schließlich so viele von ihnen da sein würden, wie es Bäume in diesem Wald gab!

In diesen frühen Tagen war mein einziger Begleiter der ehrwürdige Yogavacara Rahula, ein junger amerikanischer Mönch, der durch Asien umhergestreift und Mitte der 1970er Jahre in Sri Lanka ordiniert worden war. Der ehrwürdige Rahula hatte von unserem Plan, ein Waldkloster zu bauen, gehört und schrieb mir nach Washington, um zu fragen, ob er sich uns anschließen könne. Er zog im April 1987 auf das Grundstück, während ich noch in der Vihara in Washington war. Er lebte in dem teilweise fertiggestellten Gebäude. Bhante Rahula bewährte sich im Laufe der Jahre als meine rechte Hand und als der tatkräftigste, zuverlässigste Bhikkhu, dem ich jemals begegnet bin.

Eines der ersten Projekte, die Bhante Rahula in Angriff nahm, war das Lichten einer Stelle für einen Gemüsegarten. Dazu musste er zahllose Steine aus dem Gebirgsboden auflesen. Als ich ihn einmal besuchte, hatte er gerade begonnen. Als ich zwei Wochen später zurückkehrte, hatte er diese Steine dazu verwendet, um eine Stützmauer zu bauen. Ich dachte: Dies ist die Art von fleißigem Arbeiter, die wir brauchen, um diesen Platz zu realisieren.

Matthew Flickstein blieb auch ein treuer Freund. Gegen Ende 1987 kaufte er zehn Morgen Land, die zum Verkauf standen, neben unserem Grundstück und spendete es der Bhavana Society. John Hitchings, ein anderer Unterstützer, kaufte dann den Streifen mit zwei Morgen, der zwischen den beiden lag und spendete ihn der Society. Damit hatten wir insgesamt 25 Morgen.

Schon früh, sogar noch bevor ich auf das Grundstück zog, hatten wir mit einem lokalen Bauunternehmer ein Abkommen getroffen. Jedes Mal, wenn wir genügend Spenden gesammelt hatten, würden wir ihn bezahlen und er würde an dem ersten

Gebäude etwas weiterarbeiten. Zum Glück schien er nichts gegen diese Art Ablauf zu haben.

Das Fundament für das erste Gebäude wurde in drei Etappen gegossen, so wie wir das Geld aufbrachten. Beim Rahmen und den Wänden ging es genauso. Als es an der Zeit war, ein Dach auf das Gebäude zu setzen, schlug der Bauunternehmer vor, dass wir den Dachstuhl selbst bauen sollten, um Geld zu sparen. Er sagte, wir bräuchten 40 gleichmäßige und 40 Scherenträger. Wir könnten die gleichmäßigen bauen, aber die Scherenträger zu bauen wäre viel komplizierter, deshalb würde er sie in Auftrag geben. Dann zeichnete er uns einen Plan für die gleichmäßigen Träger.

So begannen wir, freiwillige Helfer anzuwerben, und baten Menschen, uns Elektrowerkzeuge zu vermieten und Bauholz und Nägel zu kaufen. Wir bauten diese 40 Träger an einem Wochenende. Leider waren sie nicht alle gleichmäßig. Der Bauunternehmer musste viele von ihnen erneuern.

Als das Dach fertiggestellt war, vollständig mit herrlichen dunkelroten Schindeln, kam ein Gebäudeinspektor vom Landkreis, um es sich anschauen. Er schüttelte seinen Kopf.

„Einmal Schneefall und das ganze Dach wird einstürzen“, sagte er.

„Was sollen wir tun?“, fragte ich.

„Sie müssen alles abnehmen und es neu aufbauen“, sagte er.

Ich bin sicher, ich muss ausgesehen haben, als sei ich in Panik geraten.

„Wir sind keine wohlhabende Organisation“, sagte ich. „Wir haben nicht das Geld, um es nochmal zu bauen.“

„In Ordnung“, sagte der Inspektor. „Ich gebe Ihnen eine Alternative. Fertigen Sie einen A-Rahmen und befestigen diesen an den Trägern. Aber bevor Sie das tun, stellen Sie sicher, dass der Rahmen der Träger fugenlos ist, indem Sie Sperrholzstücke daran verleimen.“

Natürlich mussten wir warten, bis wir genügend Geld gesammelt hatten, um das Bauholz für diese Reparaturen zu kaufen. Und dann dauerte es einige Monate, um jemanden zu finden, der die Fachkompetenz hatte, um den A-Rahmen zu bauen.

Währenddessen erhielt ich in der Vihara einen Brief von Russell LaFollette, einem unserer Nachbarn in West Virginia. Er sagte, er hätte bemerkt, dass wir eine Menge Bauholz im Rohbau des Hauptgebäudes auf unserem Grundstück ohne Sicherheitsschlösser lagerten. „Das ist nicht sicher", meinte er. „Wenn Sie wollen, werde ich Ihr Grundstück für drei Dollar am Tag im Auge behalten." Wir waren einverstanden.

Andere Nachbarn waren nicht so hilfsbereit. Manche waren ausgesprochen wütend, dass wir in ihr Revier eindrangen.

Bald nachdem wir das Grundstück gekauft hatten, gingen wir uns dem nächsten Nachbarn vorstellen. Wir standen auf der einen Seite der Grundstücksgrenze. Er stand auf der anderen Seite.

„Das ist Bhante Gunaratana", sagte Matt. „Wir haben gerade dieses Land gekauft, und wir wollen ein Meditationszentrum gründen."

Der Mann sagte kein Wort. Er stand einfach stocksteif da und starrte uns an.

„Herr, wann immer Sie Zeit haben, sind Sie willkommen, mit uns zu meditieren", sagte ich.

„Sie können jedes verdammte Ding tun, was Sie wollen", schnauzte der Mann. „Ich bin ein guter Christ."

Sobald wir einen Briefkasten an der Hauptstraße aufgestellt hatten, wurde er abgerissen. Tatsächlich blieb der Briefkasten über die Jahre eine Zielscheibe. Er wurde voller Löcher geschossen, mit Klebeband zugeklebt, mit Hundekot gefüllt und gestohlen. Ich glaube, wir haben heute unseren fünften oder sechsten Briefkasten.

Wir stellten auch an das Ende unserer Zufahrt ein Schild mit einem Pfeil und den Worten „Dhamma Village“ auf. Innerhalb von ein oder zwei Tagen wurden die Buchstaben gezielt geschwärzt, sodass auf dem Schild „Dam Village“ (verdammtes Dorf) stand. (Schließlich beschlossen wir, diesen Namen nicht weiter zu verwenden, sondern unser Kloster einfach als Bhavana Society bekannt zu machen.)

Sogar noch bevor es Gebäude auf dem Grundstück gab, begannen wir, dort Meditations-Retreats abzuhalten. Am Anfang gab es Eintages-Retreats. Wir saßen draußen unter den Bäumen. Später luden wir Menschen ein, Zelte mitzubringen und über Nacht zu bleiben.

Vom allerersten Mal an, als Meditierende dort zu sitzen begannen, wurden wir von unseren nächsten Nachbarn belästigt. Die Menschen, die dort wohnten, waren der Mann, der uns so unfreundlich begrüßt hatte, seine Ehefrau und ihre beiden Söhne. Sie schossen mit Gewehren in die Luft, schrien Obszönitäten und ließen ihre Hunde endlos jaulen. Die Ehefrau stand oft in ihrem Hof und sang mit sehr lauter Stimme Hymnen. Und ihre Söhne schienen immer während unserer Abend-Meditation Schlagzeug zu spielen. Wir beklagten uns niemals, weil wir die Dinge nicht verschlimmern wollten, aber andere Nachbarn riefen manchmal den Sheriff an. Er kam, und die Geräusche hörten für eine Weile auf – aber nur für eine Weile.

Eine Zeit lang hatten wir einen afrikanischen Amerikaner als Koch. Jedes Mal, wenn er nach draußen ging, wo die Nachbarn ihn sehen konnten, schrie der Mann von nebenan: „Geh heim, Nigger!“

Auch eine deutsche Nonne lebte eine Weile im Kloster. Sie wohnte in einer Einzimmer-Kuti im Wald, ziemlich nah am Grundstück dieser Familie. Eines nachmittags saß sie auf der kleinen Vorderveranda ihrer Hütte, als die Kugel einer Schrotflinte an ihrem Kopf vorbeiflitzte. Sie ging direkt durchs Fenster und blieb in einer Wand stecken. Die Schikanen dauerten sechs oder sieben Jahre an, bis sich das Paar scheiden ließ und der Mann wegzog. Inzwischen waren die Kinder erwachsen geworden. So wohnte nur noch die Frau dort. Interessanterweise kam vor ein paar Jahren einer der Söhne nach Hause zu Besuch. Er kam zu unserem Grundstück herüber und begrüßte den ehrwürdigen Rahula.

„Ich bin in der Marine gewesen", sagte er, „und ich war in einigen buddhistischen Ländern. Jetzt verstehe ich also, worum es sich bei Ihnen handelt. Es tut mir leid, dass wir Ihnen das Leben so schwer gemacht haben. Wir taten einfach das, was mein Vater uns auftrug. Er sagte, Sie seien schlechte Menschen."

Unsere anderen Nachbarn, Bernard und Aveline Denise, waren immer freundlich. Sie lebten hinter uns und verkauften uns schließlich 1991 ihre sieben Morgen. Das Haus, in dem sie gelebt hatten, wurde unser Schlafsaal für Männer.

Am 2. Oktober 1988 eröffneten wir offiziell das Hauptgebäude. Es gab auch drei Holzkutis, die nach dem Modell der kleinen Einraumhütten, die in Klöstern in Asien zum Standard gehören, gebaut worden waren. Bis zu diesem Zeitpunkt hatten wir Elektrizität und Wasserleitungen – das Zentrum war eröffnet und funktionierte.

Ein Monat nach der Eröffnungszeremonie kam Matt zu mir und kündigte an, dass er nach Thailand oder Sri Lanka gehen wolle, um als Mönch ordiniert zu werden.

„Das ist eine ziemlich seltsame Idee", sagte ich.

„Warum?", fragte er.

„Weil ich dich genau hier ordinieren könnte."

„Aber ich dachte, du hättest gesagt, du würdest mich nicht ordinieren", meinte er.

„Das war vor zehn Jahren“, erwiderte ich. „Damals waren deine Kinder noch klein. Sie brauchten dich noch. Es war wichtig für dich, bei ihnen zu Hause zu bleiben. Jetzt sind sie älter, und solange du die Zustimmung deiner Frau hast, wäre ich glücklich, dich hier zu ordinieren. Du kannst für einen Monat oder zwei Mönch sein.“

Matt strahlte.

Die Idee, „vorübergehend“ Mönch zu sein, ist nicht so fremd, wie es klingen mag. In einigen buddhistischen Ländern wird es von jungen Männern erwartet, dass sie eine Zeitspanne bis zu einem Jahr in der Sangha verbringen. Danach legen sie die Robe ab und kehren zum Laienleben zurück. Manchmal lassen sich erwachsene Männer, die eine Ehefrau und Familie haben, für einen Monat oder zwei während der Regenzeit oder vielleicht nur für ein paar Wochen zu Ehren ihrer verstorbenen Eltern ordinieren.

Aber bevor ich Matt oder sonst jemanden ordinieren konnte, mussten wir eine Sima in der Bhavana Society errichten.

Eine Sima ist ein geweihter Bereich, in dem besondere monastische Zeremonien durchgeführt werden. Das kann ein Haus sein, ein Boot, eine Höhle oder sogar einfach ein offener Bereich, der durch Begrenzungslinien markiert wird. Das Pali-Wort *sima* bedeutet Grenze. Mönche und Nonnen treffen sich zweimal monatlich in der Sima, um ihre Überschreitungen der Regeln zu gestehen und die monastischen Regeln zu rezitieren. Laien dürfen an diesen Zusammenkünften nicht teilnehmen. Bei anderen Gelegenheiten, wie bei Ordinationen, sind Laien in die Sima eingeladen, um mitzuerleben, was vor sich geht.

Die Sima ist sogar noch heiliger als der Schreinraum. Eine neue Sima zu etablieren ist eine solch heilige Zeremonie, dass ein Mönch, der dazu eingeladen wird, das nicht verweigern darf. Wenn er zu spät kommt, darf er an der Zeremonie nicht teilnehmen, sondern muss draußen warten.

Die Sima ist immer von acht Steinen umgeben. Es gibt besondere Richtlinien für die Abmessung dieser Steine und deren Platzierung. Matt nahm mich mit zu einem Steinbruch, und ich erzählte dem Steinmetz, was wir brauchten: acht Steine mit dem Maß: 30 cm breit, 75 cm hoch und 8 cm dick.

Weil wir es uns nicht leisten konnten, ein neues Gebäude für die Sima zu bauen, beschlossen wir, sie in meiner kleinen Kuti, die früher in diesem Jahr dank einer Spende von Matt gebaut worden war, zu etablieren.

Ich dachte, dass wenn wir die beiden Zeremonien für die Errichtung der Sima und seine Ordination am selben Tag durchführen würden, das ganz besonders glücksverheißend wäre. Wir legten das Datum auf den 22. Juli 1989 fest.

Inzwischen erschienen zwei weitere Kandidaten für die Ordination in unserem Zentrum: Misha Cowen, eine junge Frau aus Kalifornien, die davon geträumt hatte, eine Nonne zu werden, und Tom West aus Vancouver, Kanada, der die Gelübde eines Bhikkhu nehmen wollte. Nachdem ich beide einige Monate lang beobachtet hatte, befand ich, dass sie für das hauslose Leben bereit waren. Ich wollte sie bei derselben Zeremonie wie Matt ordinieren.

Wir wollten, dass so viele Mönche wie möglich an dieser großen Zeremonie teilnahmen. Also luden wir 35 Theravada-Mönche aus den ganzen Vereinigten Staaten ein: Singhalesen, Thailänder, Laoten, Kambodschaner, Vietnamesen und Burmesen und auch einen japanischen Mahayana-Mönch und zwei Mahayana-Nonnen.

An dem Morgen des Tages, an dem die Zeremonie stattfinden sollte, versammelten wir uns alle auf der Plattform aus Sperrholz, die wir an der Stelle der Sima errichtet hatten. Ein Fotograf der Smithsonian Institution war da, um den gesamten Tag zu dokumentieren. Ich bat drei Menschen – Matt, John Hitchins und Daniel Cory – die Handlungen den drei Teilen Land, das wir besaßen, formal zu schenken. Dann war es Zeit, die Sima zu weihen.

Die acht Steine waren sorgfältig in einem Kreis um die Sima platziert worden. An jedem Stein stand ein Mönch.

Mit großem Prunk schritt der ranghöchste Mönch, der ehrwürdige Doktor Havenpola Ratanasara Mahathera, von einem Stein zum nächsten, wobei er im Osten begann. Sobald er dem Bhikkhu, der an dem jeweiligen Stein stand, gegenübertrat, sagte dieser: „Dies ist der Stein des Ostens, ehrwürdiger Herr." Oder: „Dies ist der Stein des Südostens, ehrwürdiger Herr."

Nach zwei Umrundungen des Steinkreises hielt der Mönch an und stimmte formal an: „Dies ist die Grenzlinie der Sima."

Danach kündigte ich an, dass die Ordinationen nach dem Mittagessen um 14.00 Uhr stattfinden würden. Während des Mittagessens wandte sich der japanische Mönch an mich und bat, dass ich ihn auch ordinierte. Er wollte ein Theravada-Mönch werden, und ich gab mein Einverständnis.

So ordinierten wir an diesem Tag drei Männer und eine Frau. Ich gab Matt den Ordinationsnamen Sumati, was „rechte Weisheit" bedeutet. Tom West erhielt den Namen Sona oder „Gold" – den Namen eines Mönchs, der als früher buddhistischer Missionar von König Ashoka ausgesandt worden war. Und die junge Frau aus Kalifornien erhielt den Namen Schwester Sama, „eine Friedvolle". Sumati und Sona nahmen beide an einem Tag sowohl die Novizen- als auch die höhere Ordination. Und weil der japanische Mönch bereits in Robe war, erhielt er nur die höhere Ordination. Schwester Sama wurde jedoch zur Novizin ordiniert.

Die buddhistische Tradition verlangt, dass mindestens fünf weitere Ordinierte bei jeder Ordination zugegen sind. Als der Nonnenorden des Theravada im 10. Jahrhundert unserer Zeitrechnung aufgrund von mangelnder Unterstützung ausstarb, gab es keine vollordinierten Nonnen mehr, um die Ordination von neuen Nonnen zu bezeugen. Das ist für moderne Frauen, die sich als

Theravada-Nonne ordinieren lassen wollten, frustrierend gewesen. Bis vor Kurzem hatten sie sich mit einer Art Zwischenstatus als Novizen-Nonnen, die zehn Regeln einhalten, zufrieden geben müssen. Viele Jahre lang ist das ein Zankapfel in der theravadabuddhistischen Gemeinschaft gewesen.

Ich wusste, dass diese Frage aufkommen würde, sobald wir damit beginnen würden, Menschen in der Bhavana Society zu ordinieren. Frauen würden vollordinierte Nonnen werden wollen. Ich musste entscheiden, was ich tun würde.

Der Buddha legte ausführliche Anweisungen für die Ordination von Frauen fest, aber er sagte niemals, dass nur andere Nonnen die Zeremonie durchführen könnten. Auch sagte er niemals, dass, wenn der Nonnenorden jemals ausgestorben sein sollte, er nicht wieder begonnen werden könnte. Daraus schloss ich, dass es keinen Grund dafür gab, dass ein Mönch eine Nonne nicht ordinieren könnte.

Auch wusste ich, dass der ehrwürdige Havenpola Ratanasara Mahathera, der höchst verehrte singhalesische Mönch, der unsere Sima eröffnete, eine thailändische Frau in Kalifornien ordiniert hatte.

Als Misha Cowen also zur Bhavana Society kam und fragte, ob sie Nonne werden könnte, sagte ich Ja. Da sie neu war im Buddhismus, erzählte ich ihr, dass sie zuerst jedoch eine Novizin werden solle. Ich wusste, dass ich ohne Unterstützung des Sangha keine höhere Ordination für sie hätte durchführen können. Aber ich hoffte, dass sie mit der Zeit bereit werden würde, eine richtige Bhikkhuni zu werden, und dann jemand anderes Frauen ordinieren würde, wohin ich sie schicken könnte.

Ein paar Mönche hörten, was ich plante, und sie baten mich, sie nicht zu ordinieren. Ich sagte höflich, dass ich mir meine Meinung gebildet hatte, und so wurde sie an diesem ersten Ordinationstag in der Bhavana Society Schwester Sama.

Seitdem habe ich fünf weitere Frauen ordiniert. Alle von ihnen haben Novizen-Status erhalten. Manche beabsichtigten, nur vorübergehend Nonne zu sein, und verließen schließlich die Bhanava Society. Eine von ihnen, eine deutsche Frau, die Schwester Sucinta wurde, ging 1997 nach Bodh-Gaya, Indien, um dort ihre höhere Ordination zu empfangen. Sie nahm an einer Massenordinations-Zeremonie mit Dutzenden weiterer Novizinnen teil. Sowohl Mahayana- als auch Theravada-Mönche standen dieser Ordination vor.

Vor unserem ersten Ordinationstag im Juli 1989 in der Bhavana Society hatte ich erst eine andere Person ordiniert, einen 15-jährigen Jungen in der Washington Buddhist Vihara, der für einen kurzen Zeitraum die Robe anlegen wollte. Während ich in Asien war, hatte ich niemals Ordinationen durchgeführt.

Dies war also ein großer Tag für uns alle. Die Bhavana Society hatte ihre Sima geweiht und hatte auch ihre ersten Mönche und Nonnen.

Mein Traum eines Waldklosters nahm Formen an. Ich war so begeistert und entzückt, dass es nicht mit Worten ausgedrückt werden kann.

26. Kapitel

Kein Preisschild

In den späten 1980er und den frühen 1990er Jahren intensivierte sich mein Reiseprogramm. Ich wurde eingeladen, um überall in den Vereinigten Staaten zu lehren und außerdem in Kanada, Südamerika, Skandinavien, Europa, Australien und Asien. Ich nahm fast jede Einladung an, die mir zusagte – je weiter entfernt desto besser. Ich liebte es zu reisen.

An vielen Orten wurde für meine Dhammavorträge ein Übersetzer bereitgestellt. In vielen Ländern sprachen genügend Menschen im Publikum Englisch, sodass ich in dieser Sprache lehren konnte.

Nach einem Retreat oder Vortrag kamen oft Menschen zu mir, um zu danken. Manchmal wollten sie meine Hand schütteln oder mich umarmen. Natürlich waren die Hälfte von ihnen Frauen. Das brachte mich immer in Verlegenheit. Theravada-Mönche dürfen Frauen nicht berühren.

Während ich meine Handflächen zusammenlegte und lächelte, sagte ich: „Entschuldigung. Ich meine es nicht respektlos, aber so grüßen wir buddhistischen Mönche jemanden oder drücken unsere Wertschätzung aus."

Manche Frauen waren verwirrt und andere erröteten. Einige nahmen es übel und wandten sich ab, ohne ein weiteres Wort zu sagen. Das machte mich immer traurig.

Ich weiß, dass viele Menschen denken, buddhistische Mönche würden Frauen nicht berühren, weil wir glauben, sie seien „unrein". Ich wurde männlicher Chauvinist genannt, Sexist, stolz, eine gefühllose Person, verkrampft und prüde. Nichts davon stimmt.

Ich vermeide es nicht deshalb, Frauen zu berühren, weil ich denke, dass sie ekelhafte, scheußliche Kreaturen seien. Im Gegenteil, Frauen sind die wunderschönsten lebenden Wesen auf Erden. Und das ist genau das Problem.

Es gibt eine Geschichte über den Buddha, die das gut erklärt. Einmal fragte der Aufwärter des Buddha, Ananda, ihn: „Ehrwürdiger Herr, wie sollten wir Mönche uns gegenüber Frauen verhalten?"

„Schaut sie nicht an", war die Antwort des Buddha.

„Manchmal können wir nicht vermeiden, sie zu sehen", sagte Ananda. „Was sollen wir dann tun?"

„Sprecht nicht mit ihnen."

„Wenn aber die Situation erfordert, dass wir mit ihnen reden", bohrte Ananda nach. „Was sollen wir dann tun?"

„Sprecht achtsam nur ein paar Worte", erwiderte der Buddha.

Der Buddha war ein Mensch, ein Mann aus Fleisch und Blut. Er wusste sehr gut, dass kein anderer Anblick den Geist eines Mannes so faszinieren kann wie der Anblick einer Frau. Keine andere Stimme, kein anderer Geruch, kein anderer Geschmack. Kein anderer Gedanke kann den Geist eines Mannes so anfüllen wie der Gedanke an eine Frau, der keinen Platz für etwas anderes lässt.

Dasselbe gilt für eine Frau, wenn sie einen Mann sieht.

Deshalb legte der Buddha strenge Regeln sowohl für Mönche als auch für Nonnen fest. Ein Mönch sollte eine Frau niemals körperlich berühren, und eine Nonne sollte niemals einen Mann körperlich berühren.

Bei der Ordination nehmen die theravada-buddhistischen Ordinierten das Gelübde des Zölibats auf sich. Diese Verpflichtung ist schwer genug einzuhalten, aber es ist fast unmöglich, wenn man beginnt, Menschen des anderen Geschlechts zu berühren. Eine einfache Umarmung oder ein Kuss können Begierde und Anhaften hervorrufen. Und das sind genau die Dinge, die wir zu überwinden versuchen, wenn wir ein Leben im Dhamma auf uns nehmen.

In der Bhavana Society nehmen wir die monastische Disziplin sehr ernst. Gäste und Laienbewohner werden gebeten, acht Tugendregeln einzuhalten. Das sind die fünf grundlegenden Tugendregeln und zusätzlich einige monastische Regeln: nach Mittag nicht mehr essen, keine sexuellen Handlungen, keine Unterhaltung wie Fernsehen schauen oder tanzen.

Die Tugendregeln sind mehr ein Schutz als eine Einschränkung. Sie schützen uns durch die Beseitigung von vielem, was uns von ernsthafter Meditationspraxis ablenken würde.

Ich habe immer geglaubt, dass wir unsere Disziplin nicht lockern müssen, um mehr Menschen auf unser Zentrum aufmerksam zu machen. Wenn Menschen glauben, dass die Tugendregeln zu streng seien und sie nicht hierher kommen wollten, dann kommen sie eben nicht her, und das ist in Ordnung. Es gibt immer noch genug Menschen, die kommen. Menschen haben gewaltigen Respekt vor Disziplin. Wenn sie sehen, wie wir hier leben, inspiriert sie das. Sie nehmen bereitwillig die Tugendregeln auf sich, sei es für ein Wochenend-Retreat oder für einen längeren Aufenthalt.

Menschen begrüßen auch die Tatsache, dass wir die Bhavana Society nur auf Dana-Basis (Spenden) statt mit Gebühren betreiben. Wir berechnen niemals etwas für eine Veranstaltung – seien es Dhammavorträge, Retreats oder Zeremonien. Im Speisesaal steht eine Spendenbox mit einem Schlitz im Deckel und daneben liegen Umschläge. Es ist jedem Gast überlassen, wie viel oder ob überhaupt er oder sie beitragen will.

Das ist eine Tradition, die so alt ist wie die Buddhalehre. Dana, frei aus Pali übersetzt, bedeutet „Großzügigkeit“. Das Dhamma wurde immer als unbezahlbar betrachtet, also kann kein Preisschild daran angebracht werden; es wird frei angeboten.

In Amerika ist natürlich auf allem ein Preisschild. Das ist schließlich ein kapitalistisches Wirtschaftssystem. Jemand sagt Ihnen, wie viel er für sein Produkt will, und Sie, der Konsument, entscheiden, ob Sie das Geld ausgeben wollen, um dieses Produkt zu erwerben. Dahingegen bedeutet Dana, dass Sie, der Konsument, selbst entscheiden, wie viel Ihnen dieses Produkt wert ist. Sie suchen sich aus, wie viel Sie bezahlen wollen, und hoffentlich werden Sie fair sein.

In dieser Kultur macht Dana eine sehr kraftvolle Mitteilung. Wenn Menschen zuerst davon hören, reagieren sie oft mit Ehrfurcht. Sie können kaum glauben, dass dieses ganze Kloster und Retreat-Zentrum nur durch den Glauben und die Großzügigkeit der Menschen errichtet worden ist. Unser Vertrauen in Dana, das Vertrauen, dass Hilfe da sein wird, wenn sie gebraucht wird, ist in Amerika so selten, dass dies das Herz und den Geist der Menschen zu öffnen scheint. Ich denke, sie vertrauen uns mehr, weil wir deutlich nicht versuchen, etwas von ihnen zu nehmen. Stattdessen bieten wir ihnen etwas an.

Von Anfang an war ich auch sehr entschieden darin, dass es in der Bhavana Society nur wenig kulturelles Drumherum geben würde. Ich wollte nicht, dass das Zentrum wie ein singhalesischer Tempel oder wie ein amerikanisches Meditationszentrum oder wie ein japanisches Zendo aussieht. Ich wollte, dass es ein Ort ist, an dem sich Menschen aller Traditionen, aller ethnischen Gruppen und Nationalitäten behaglich und zu Hause fühlten.

Das erfordert manchmal Flexibilität seitens unserer Gäste. Traditionell rufen asiatische Menschen nicht vorher an oder melden sich für Aufgaben in einem Tempel. Sie kommen einfach vorbei, wenn sie ein paar Dinge zu spenden haben, einen Rat von einem

Mönch oder Nonne brauchen oder wollen, dass die Ordinierten ein neugeborenes Kind segnen. An Vollmondtagen kommen sie immer zum Tempel. Für sie ist es ein wunderbarer Ort, um sich mit Familie und Freunden zu erholen.

Hingegen erwarten Amerikaner eine besser strukturierte Umgebung. Sie nehmen eine Reservierung vor, bevor sie im Zentrum ankommen. Sobald sie hierher gelangen, sehen sie den Tagesplan durch, sodass sie genau wissen werden, was sie zu jeder Stunde des Tages tun sollen. Sie erwarten, Stille und Kontemplation zu finden.

In den frühen Tagen der Bhavana Society, als nur eine einzige Tür die Meditationshalle von der Küche trennte, prallten oft zwei Kulturen aufeinander. Die Westler saßen in der Meditationshalle still mit geschlossenen Augen auf ihrem Kissen. Im nächsten Raum schwatzten ausgelassen eine Schar singhalesischer und thailändischer Erwachsener und Kinder miteinander, während sie für die Mönche und Nonnen eine große Mahlzeit zubereiteten.

Heutzutage haben wir alle gelernt, mit den Unterschieden eines jeden anderen etwas leichter zu leben, und ich denke, das ist eine gute Sache. Die Asiaten haben die Hingabe der Westler an die Meditationspraxis bewundert, und die Westler haben Anerkennung für die aufrichtig guten Absichten und die Großzügigkeit der asiatischen Besucher entwickelt. Leider ist diese Art gegenseitiger Wertschätzung allzu ungewöhnlich in unserer Welt.

Im Jahr 1983 brach in Sri Lanka der Bürgerkrieg aus. Der Konflikt hatte gebrodelt, seit das Land im Jahr 1948 die Unabhängigkeit von Großbritannien erlangte. Die beiden herausragenden ethnischen Gruppen – die Singhalesen (die größtenteils Buddhisten sind) und die Tamilen (die hauptsächlich Hindus sind) – begannen sofort, sich zu zanken.

Die Singhalesen glaubten, die Briten hätten die Tamilen bevorzugt, indem sie ihnen bessere Schulen und Arbeitsstellen gaben. Deshalb wollten sie eine Art Wiedergutmachung. Im Jahr 1956 gewann ein Singhalese namens Bandaranaike eine umkämpfte Parlamentswahl. Sobald er im Amt war, führte er ein Wahlversprechen aus, um Singhalesisch zur offiziellen Amtssprache in Sri Lanka zu machen.

Das erbitterte die Tamilen und ließ sie sich wie Außenseiter fühlen. Eine geheime, regierungsfeindliche Bewegung spross unter den Tamilen hervor. Ein militanter junger Mann namens Prabhakaran rekrutierte junge Menschen als Selbstmordbomber. Er tötete mehrere andere Tamilenführer, die er als Rivalen betrachtete. Im Jahr 1983 führten die tamilischen „Tiger" von Prabhakaran ihren ersten Angriff durch, bei dem sie 13 Soldaten töteten. Als Reaktion darauf brachen im ganzen Land Unruhen aus.

Seitdem ist zwischen Singhalesen und Tamilen immer eine blutige Schlacht gewesen. Während der fast 20 Jahre des zivilen Konflikts sind 65.000 Menschen getötet worden.

Die Gewalt betrübt mich, und ich versuche, keine Partei zu ergreifen. Aber im Jahr 1983 las ich, dass 500.000 Flüchtlinge, vorwiegend Tamilen, im Norden Sri Lankas in Flüchtlingslagern gestrandet waren. Zu dieser Zeit wohnte ich noch in der Washington Buddhist Vihara. Ich schrieb an alle Mitglieder der Vihara einen Brief, mit dem ich sie einlud, für diese Flüchtlinge in einen Hilfsfonds zu spenden. Viele Menschen kritisierten mich für die Unterstützung der Tamilen.

Ich antwortete, indem ich sagte, dass es mich nicht kümmert, ob sie Tamilen oder Singhalesen sind – es sind lebende Wesen, die leiden. Nur aus diesem Grund wollte ich helfen.

Ein anderes Mal gab ich in Ottawa einer Gruppe von Singhalesen einen Dhammavortrag. Jemand stellte eine Frage zu den fünf Tugendregeln. Als ich über die erste Tugendregel sprach, vom

Töten abzustehen, sagte ich, dass es eine bedingungslose Regel sei. Das bedeutet, dass es keine Umstände gibt, unter denen das Töten verziehen wird.

Die dritte (sexuelles Fehlverhalten) und die fünfte (Alkohol und Drogen) seien bedingte Tugendregeln, teilte ich mit. Sie können zur Anpassung an bestimmte Situationen „umgelenkt“ werden. Zum Beispiel genießt ein Haushälter sexuelle Aktivitäten mit seiner Ehefrau. Und eine Person kann eine bestimmte Medizin, die Alkohol enthält, einnehmen oder sogar in Maßen Alkohol trinken, wenn es die Achtsamkeit nicht beeinträchtigt.

Aber diese erste Regel, vom Töten abzustehen, hat keine Bedingungen. Es ist noch nicht einmal in Ordnung zu töten, um sich selbst, seine Familie oder sein Land zu beschützen. Bei den Zuhörern sah ich mancherlei Stirnrunzeln, als ich das von mir gab.

Danach meinte ein Mann zu mir: „Bhante, wenn Sie diesen Vortrag in Sri Lanka gehalten hätten, dann würden Sie morgen nicht mehr am Leben sein. Gewaltlosigkeit zu predigen ist dort im Augenblick nicht gerade beliebt.“

In den Vereinigten Staaten jedoch waren es nicht meine vermeintlichen politischen Ansichten, die mich in Schwierigkeiten brachten; manchmal war es meine Robe.

Einmal besuchte ich einen wohlhabenden srilankischen Arzt, der in St. Louis lebte. Es waren auch vier weitere Mönche dabei, weil er uns zum Chanten für eine spezielle Zeremonie eingeladen hatte.

Wir beschlossen, vor der Zeremonie in einem Park auf der anderen Straßenseite spazieren zu gehen. Bald hielt ein Polizeiauto am Bürgersteig neben uns. Der Polizist stieg aus und fragte uns, was wir tun würden.

„Wir gehen spazieren“, sagte ich. „Haben wir etwas falsch gemacht?“

Der Polizist meinte, dass es dort in der Umgebung kürzlich einige Einbrüche gegeben hätte. Und einer der Bewohner hatte die Polizei gerufen und mitgeteilt, dass fremd aussehende Menschen im Park seien. Und dann fuhr der Polizist fort, mich so gründlich zu verhören, wie ich es noch nie erlebt hatte.

Woher ich komme, was ich in St. Louis tue, wo ich wohne, ob ich jemals für ein Verbrechen verurteilt wurde, was der Mädchenname meiner Mutter war, wie mein Vater hieß, was deren Beruf war, ob ich jemals verheiratet gewesen sei, ob ich Kinder habe, wer mich dorthin eingeladen habe und warum.

Er wollte auch wissen, wie groß ich war, wie viel ich wog und ob ich irgendwelche besonderen Merkmale an meinem Körper hätte. Dann wollte er mein Visum und meine Sozialversicherungskarte sehen.

Ich beantwortete alle seine Fragen, aber was ich wirklich tun wollte, war, ihm eine einfache Frage zu stellen: Wie viele Einbrecher, die sich in leuchtend orangefarbene Roben hüllen und am helllichten Tag durch einen Park bummeln, kennen Sie?

Manchmal ziehe ich auch die Aufmerksamkeit der Wachmänner am Flughafen an. Schließlich bin ich dunkelhäutig und seltsam gekleidet. Meine Robe hat eine Menge Falten, in denen ich Drogen oder eine Waffe verstecken könnte.

Einmal lauerte mir in Denver eine Sicherheitsbeamtin, die nicht glaubte, dass das Salz in dem Behälter in meinem Handgepäck wirklich Salz war, auf. „Ich verwende es zum Gurgeln", erzählte ich ihr. „Es ist für meinen Hals."

Sie bestand darauf, die Flughafenpolizei und einen Drogenexperten zu rufen. Als Resultat verpasste ich schließlich mein Flugzeug nach Vancouver und musste acht Stunden auf das nächste warten.

Als ich ein anderes Mal von einer Reise zum Lehren in Europa nach Hause zum Dulles Flughafen kam, holte mich ein amerikanischer Freund ab. Als er versuchte, mit mir durch den U.S.-Zoll zu gehen, fielen die Zollbeamten über uns her. Er erzählte ihnen, dass ich ein buddhistischer Mönch bin, der von einem Meditations-Retreat nach Hause zurückkehrt. Aber sie waren sicher, dass ich Kokain schmuggelte. Wir mussten viel reden, um an ihnen vorbeizugelangen.

In solchen Situationen blieb ich gewöhnlich still, aber nun kann ich mich besser durchsetzen. Ich erzähle den Zollbeamten, dass sie kein Recht dazu haben, mich zu belästigen, solange ich kooperiere und meine Tasche öffne.

„Ich habe nichts zu verbergen", sage ich immer. Dann lächele ich den Beamten freundlich an und strahle etwas Metta in seine Richtung aus.

27. Kapitel

Oberhaupt des Sangha Nayaka

Als ich im Jahr 1985 nach Sri Lanka fuhr, bat mich ein Nominierungsausschuss aus mehreren Mönchen, eine der höchsten Ehrungen, die meine monastische Schule verleihen kann, anzunehmen: den Titel des Oberhaupts des Sangha Nayaka Thera für Nordamerika.

Wörtlich bedeutet der Titel etwa „Oberhaupt der Gemeinschaft der Mönche und Nonnen“. Das entspricht vielleicht einem Erzbischof in der katholischen Kirche. Es bedeutet, dass man der Mönch von höchstem Rang in seiner Schule in dieser bestimmten Region (in diesem Fall in den Vereinigten Staaten und Kanada) ist. Und diese Position hat man bis zu seinem Lebensende inne.

Ich dachte über das Angebot nach, aber entschied, dass es für mich nicht angemessen sei. Ich dachte nicht, dass ich etwas Besonderes getan hätte, um diese Ehre zu verdienen. Und es gab einen Mönch unserer Schule, der älter war als ich, der in Kalifornien lebte und von dem ich dachte, dass er diesen Titel mehr verdiente als ich. Deshalb lehnte ich ab.

Als ich im März 1996 in Norwegen lehrte, kam wieder das Angebot. Dieselbe Gruppe von Mönchen rief mich an und fragte, ob ich meine Meinung ändern und einwilligen würde. Ich lehnte noch einmal ab. Dasselbe geschah, als ich zu meiner nächsten Zwischenstation meiner Tour gelangte: Während ich in Schweden war, riefen sie an, verlängerten das Angebot, und ich lehnte ab.

Als ich nach Frankreich kam, wartete dort ein Fax auf mich:

„Bitte überdenken Sie erneut“, stand darauf. Ich beantwortete das Fax noch nicht einmal.

Als meine Retreats beendet waren, kehrte ich zur Bhavana Society zurück. Ein Mönch aus Sri Lanka war zu Besuch dort. Er war gebeten worden, einen Brief an mich von dem Komitee, das so inbrünstig wollte, dass ich das Oberhaupt des Sangha Nayaka werde, persönlich zu überbringen. Vielleicht war es an der Zeit, dachte ich und wusste, dass meine Angehörigen und Freunde glücklich sein würden. Also gab ich nach. Ich war schon dabei zu planen, in jenem Sommer nach Australien zu reisen, um zu lehren. Ich sagte, ich würde auf dem Weg dorthin in Sri Lanka anhalten und das Zertifikat annehmen. Ich dachte nicht, dass es eine große Sache sein würde, und plante deshalb nur einen Tag dort ein.

Ich kam in Sri Lanka am 4. Juli 1996 um 1.30 Uhr nachts an. Die Nacht verbrachte ich in der Präsidentensuite des Vidyalankara Pirivena, des Mönchscolleges, das ich 1952 absolviert hatte.

Am nächsten Morgen wurde ich nach Kandy gefahren zum Hauptsitz der Siyam Nikaya-Schule des Theravada-Buddhismus in Sri Lanka. Als wir ankamen, war ich überrascht, eine Gruppe von etwa 200 Menschen zu sehen, die auf mich warteten, um mich zu begrüßen – und alles waren Angehörige oder alte Freunde. Ich hatte ein paar Familienmitgliedern geschrieben, um ihnen mitzuteilen, dass ich kommen werde, aber der ehrwürdige Doktor Vajira, der Organisator der Veranstaltung, hatte an viel mehr geschrieben.

Ich stieg aus dem Kleinbus aus und sah Gesichter, die ich seit 40 Jahren nicht gesehen hatte. Viele konnte ich noch nicht einmal erkennen, bis sie mir ihren Namen nannten. Meine jüngere Schwester, Sita, hatte ein Festessen für mich und die 50 weiteren Mönche, die zu dieser Zeremonie aus ganz Sri Lanka gekommen waren, arrangiert.

Nach dem Mittagessen versuchte ich, mit so vielen Gästen zu sprechen, wie ich konnte, als sich ein Mönch an mich wandte, um mir zu sagen, dass ich im Pahamune Tempel, dem Tempel des Lehrers meines Lehrers, erwartet würde. Dort erhielt ich eine Tasse Tee und ein brandneues Set orangefarbener Roben, die ich während der Zeremonie tragen sollte.

Bald kam ein Kurier an, um mitzuteilen, dass die Prozession bereit sei. „Welche Prozession?", dachte ich. Ich hatte keine Ahnung, was so aufwändig geplant worden war. Neugierig ging ich nach draußen.

Da war eine lange Reihe Hunderter Menschen. Ich wusste nicht, wer sie waren oder woher sie gekommen waren. Ich sollte an der Spitze dieser Parade gehen, direkt hinter der großen Fahne, auf der stand: „Willkommen Oberhaupt des Sangha Nayaka Thera". Hinter mir waren Tänzer, Musiker, Trommler, Muschelhornbläser und bunt gekleidete Kinder. Jeder war in extrem festlicher Stimmung. Auch sah ich in der Parade einige Regierungsbeamte, einschließlich des Verteidigungsministers.

Die Strecke der Prozession war ungefähr 800 m lang und führte uns zur Sima des Malwatta Tempels. Dort sollte ich 20 hochrangigen Mönche der Siyam Nikaya-Schule Tabletts mit Geschenken überreichen, was dem ähnelte, was ich 49 Jahre zuvor an dem Tag meiner höheren Ordination getan hatte. Genau wie damals war der Raum brechend voll mit Menschen, und ein Seil war durch die Mitte gespannt, um die Laien von den Ordinierten zu trennen. Es war so heiß, dass ich übermäßig schwitzte. Ich hatte noch einen Jetlag und die Nacht zuvor sehr wenig geschlafen. Der starke Duft der Blumen auf dem Altar und der Moschusrauch der Räucherstäbchen machten die Luft stickig. Ich hoffte, ich würde nicht ohnmächtig werden.

Der ehrwürdige Doktor Vajira überreichte mir das erste Tablett und bat mich, es dem höchsten Patriarchen der Schule, der zur

Rechten der Buddhastatue auf einem Kissen saß, zu offerieren. Ich nahm das Tablett, näherte mich dem Patriarchen und kniete mich vor ihm nieder. Er sprach mit leiser Stimme ein paar Worte zu mir und drückte seine Dankbarkeit für meine Dhamma-Arbeit aus.

Dann überreichte mir Vajira nach und nach Tabletts, um sie den 19 weiteren Mönchen, die in der Reihenfolge ihrer Seniorität auf der linken Seite saßen, zu präsentieren. Nur einer meiner Lehrer lebte noch und konnte an diesem Tag dort sein – der ehrwürdige Parawahera Pannananda Nayaka Mahathera. Er war 88 Jahre alt und aus Colombo gekommen, um zu sehen, wie ich diese Ehrung erhielt. Als ich ihm das Tablett hinhielt und mich vor ihm verbeugte, sah ich Tränen in seinen Augen. Auch in meinen Augen standen Tränen.

Nachdem ich mich hingesetzt hatte, öffnete ein Schriftführer-Mönch einen silbernen Behälter und rollte das Zertifikat, das mich zum Oberhaupt des Sangha Nayaka ernannte, aus. Er las es sowohl auf Singhalesisch als auch auf Englisch laut vor; dann wurde ich gebeten, nach vorne zu kommen und das Zertifikat von dem höchsten Patriarchen zu empfangen.

Mehrere Mönche hielten auf Singhalesisch Ansprachen. Der Verteidigungsminister sagte ein paar Worte, bevor er von seinen Sicherheitsleuten hinausgeführt wurde. Und dann war alles vorüber.

Eine Menschenmenge drängte sich um mich, um mir zu gratulieren. Nach zehn Minuten wurde ich zu einem Kleinbus gebracht und zum Zahntempel gefahren, wo wir eine besondere Zeremonie hatten. Ich durfte die Reliquie des Buddha sehen, bevor ich eine spezielle Opfergabe eines Silbertabletts, auf dem sich frische Blumen häuften, darbrachte.

Als letzte Verpflichtung an diesem Tag zollte ich dem Patriarch des anderen Verbands unserer Schule meinen Respekt. Auch er drückte seine Freude darüber aus, dass ich mit dieser Ehrung ausgezeichnet worden war, und ich überreichte ihm als Geschenk eine neue Robe.

Offensichtlich würde ich länger als einen Tag in Sri Lanka bleiben, also ließ ich mich nieder und genoss diese Zeit mit meinen Freunden, meiner Familie und meinen Mitmönchen. Am darauf folgenden Tag begannen die Empfänge, jeder an einem anderen Ort. Innerhalb von vier Tagen waren es insgesamt sieben. Ich ging einfach von einer Veranstaltung zur nächsten, wohin auch immer ich gefahren wurde.

Ein Empfang war im Vidyalankara Pirivena, meiner alten Alma Mater, in der Nähe von Colombo. Dort wurden wir von einem berühmten Orchester unterhalten, das normalerweise nur bei Staatsempfängen spielt. Die Premierministerin, Sirimavo Bandaranaike, überreichte mir ein Zertifikat.

Ein anderer Empfang war in dem Tempel, in dem ich meine erste Ordination erhalten hatte. Auch sie machten eine Prozession für mich. Der alte Schullehrer aus dem Dorf Malandeniya war dort, nun ein ziemlich alter Mann, der mich gekannt hatte, als ich ein junger Novize war. Er ging während der ganzen Prozession neben dem Auto, in dem ich fuhr, hielt sich am Auto fest und sprach durch das offene Fenster mit mir. Ich bat ihn, zu mir ins Auto zu steigen, aber er wollte nicht. Dann sagte ich, dass ich aussteigen und mit ihm gehen würde, aber davon wollte er auch nichts hören.

Eines abends gab es in einem Tempel außerhalb von Kandy ein Chanting, das zu meinen Ehren die ganze Nacht dauern sollte. Ich beteiligte mich nicht; ich hörte einfach zu. Zwölf Mönche chanteten Suttas, um mich zu segnen. Nachdem ich diese Suttas in meinem Leben so viele Male gechantet hatte, um andere Menschen zu segnen, war es ein merkwürdiges Gefühl, der Empfänger zu sein.

Die fünf Tage der Festlichkeiten hindurch war ich berührt, dass so viele Menschen meine Arbeit ehren wollten, obwohl das meiste davon nicht in Sri Lanka stattgefunden hatte. 45 Jahre lang hatte ich meine ganze Energie dem Lehren des Dhamma in anderen Ländern statt in meinem eigenen gewidmet. Aber ich hörte, dass viele ältere Mönche ihre jungen Schüler ermutigten, meinem Beispiel zu folgen und Sprachen zu lernen, damit sie im Ausland lehren und somit dem Buddhismus und Sri Lanka Ehre erweisen könnten.

Doch ist Stolz eine gefährliche Sache. Er ist mit starkem Anhaften verbunden und schwer zu überwinden. Um ihn zu bekämpfen, erinnerte ich mich selbst daran, dass ich die ganzen Jahre lang einfach versucht hatte, im Einklang mit dem Dhamma zu leben und anderen das Dhamma zu lehren, so gut und so viel wie ich konnte. Es gab also wirklich nichts, worauf ich stolz sein konnte.

Der letzte Empfang war in dem Dorf meiner Kindheit, Henepola. Er wurde in der Versammlungshalle des Tempels abgehalten.

Die Witwe meines Bruders Rambanda war mit vier ihrer Kinder da. Auch kam einer meiner Onkel, und einige seiner Enkelkinder waren ebenso da.

Drei meiner Schwestern, Bisomanike, Bandaramenike und Sita Ekanayaka, und ihre Kinder waren nach Kandy gereist, um die aufwändige Zeremonie, bei der ich den Titel des Oberhaupts des Sangha Nayaka erhielt, mitzuerleben. Aber ich glaube, dass diese einfache Zusammenkunft in unserem Dorf für uns alle mehr bedeutete.

Ein alter Mann aus Henepola stand da, um die Menge willkommen zu heißen, und ich erkannte ihn kaum. Es sagte, er sei 83 Jahre alt und heiße Puncibanda, was zufällig der Name meines Vaters war.

„Ich erinnere mich daran, als diese Versammlungshalle gebaut worden war", sagte er mit von tiefer Ergriffenheit brüchiger Stimme. „Der Vater von Bhante Gunaratana baute sie. In jenen Tagen hatte niemand irgendwelches Elektrowerkzeug, und man konnte kein gutes Bauholz kaufen. Wir hatten nur rohe, selbst gemachte Backsteine."

Tränen rannen die Wangen des alten Mannes herunter.

„Aber der Tempel brauchte eine Versammlungshalle. Wir hatten nichts im Dorf, wo wir alle zusammenkommen konnten, also baute Herr Puncibanda für uns diese Halle. Er baute sie so gut, dass sie sogar heute, 75 Jahre später, noch steht. Und jetzt sind wir hierher gekommen, um seinen Sohn zu ehren, der sich der Sangha anschloss und weit reiste, um das Dhamma zu lehren, und sich diese große Ehre verdient hat."

Meine Schwestern weinten zu diesem Zeitpunkt. Auch ich spürte einen Kloß in meinem Hals, aber ich schluckte ihn hinunter. Natürlich dürfen Mönche weinen und tun es auch. Der ehrwürdige Ananda, der persönliche Aufwärter des Buddha, weinte, als sein Lehrer starb. Ich hatte einige Tage zuvor geweint, als ich meinem alten Lehrer das Silbertablett offerierte. Auch weinte ich bei dem Begräbnis meiner Eltern und sogar, wie ich schon gesagt habe, einmal während einer Rede über meine Mutter.

Doch dieses Mal war ich ein Oberhaupt des Sangha Nayaka Thera. Nur die Äußerung dieses Titels brachte schon Achtung hervor, und diesen Titel würde ich den Rest meines Lebens innehaben. Ich wollte der Bedeutung dieses Tages gerecht werden und diejenigen würdigen, die mir diese Ehrung haben zuteil werden lassen. Ich wollte die Kraft und die Schönheit einer 2500-jährigen Tradition verkörpern.

Trotzdem wurden meine Augen feucht. Ich konnte nicht anders. Schließlich war ich einfach ein Sohn. Ein Sohn, der nach Hause nach Henepola zurückgekehrt war.

Nachwort

In diesem Jahr (2003) feierte ich meinen 75. Geburtstag. Wenn ich auf mein Leben zurückschaue, bin ich erstaunt. Vor 70 Jahren war ich ein barfüßiger Junge in einem Dschungeldorf auf einer Insel im indischen Ozean, der mit einem Stock Bilder in den Sand malte. Heute bin ich ein promovierter, gebildeter Mönch mit Tausenden Vielfliegermeilen und einem Power-Book G4 Laptop, versteckt in meinem Handgepäck.

Auf der ganzen Welt habe ich Freunde und Schüler, und der einzige Kontinent, den ich nicht gesehen habe, ist die Antarktis. Mein erstes Buch *Mindfulness in Plain English* ist ins Chinesische, Koreanische, Spanische, Italienische, Deutsche (*Die Praxis der Achtsamkeit. Eine Einführung in die Vipassana-Meditation*, Kristkeitz Verlag) und Französische übersetzt worden.

Ich erwähne das nicht, um zu prahlen, sondern um zu veranschaulichen, wie weit eine Person kommen kann, wenn sie entschlossen ist und gutes Karma hat. Und ich glaube, dass viele meiner Abenteuer und Errungenschaften aufgrund meines Karmas aus früheren Leben zustande gekommen sind.

Aber ich bin auch immer angetrieben worden, zur nächsten Sache weiterzuziehen. Wenn ich auf mein Leben zurückschaue, dann fühlte ich mich zunächst wie ein Mensch, der beim Gehen Schwierigkeiten hat. Dann lernte dieser Mensch, langsam und mühsam ein paar Schritte zu machen. Als er auf seinen Füßen stabiler wurde, schaute er schließlich auf und sah einen 30 m hohen

Hügel. Also bestieg er ihn. Dann sah er einen weiteren Hügel, der etwas höher war, 60 m. Auch diesen bestieg er.

Es gab weitere Hügel, von denen jeder höher war als der vorhergehende, und er bestieg sie alle, einen nach dem anderen. Schließlich sah er den höchsten Berg, den er jemals gesehen hatte – gewaltig und beeindruckend. Er nahm einen tiefen Atemzug, setzte einen Fuß vor den anderen und erklomm ihn.

An der Spitze schaute er sich um und sah weitere Gipfel. Er erkannte, dass er schließlich zu alt war, um weiter zu klettern.

Nun, da ich mein achtes Lebensjahrzehnt erreicht habe, denke ich, ich werde mich ein wenig ausruhen. Ich kann bis zu meinem nächsten Leben warten, um weitere Berge zu besteigen.

Natürlich muss ich noch den größten von allen erklimmen. Alles, was ich erlangt habe, ist unbedeutend verglichen mit dem Berg, der vor mir liegt, der höchste Berggipfel – vollständige, unübertroffene, vollkommene Erleuchtung.

Unterdessen ist dieses Leben herausfordernd genug. Eine meiner Aufgaben hat darin bestanden, die Disziplin eines Mönchs beizubehalten, während ich ein weltliches Leben führte.

Wenn ich reise, bringen mich manchmal die Menschen in königlichen Unterkünften unter. Ich wohne in Fünfsterne-Hotels und in immensen Anwesen mit Swimmingpool, der in die Mastersuite eingebaut ist. Wohlhabende Menschen fahren mich mit ihren Bentleys und Porsche herum. Einmal wurde ich in einem weißen Rolls Royce-Cabriolet abgeholt und ein anderes Mal in einem privaten Hubschrauber.

Auch wenn diese Menschen versuchen, mir Ehre zu erweisen, fühle ich mich wegen all dieses Luxus schuldig. Ein Mönch soll ein einfaches Leben führen. Kein Schnickschnack, keine Annehmlichkeiten über die bloßen Notwendigkeiten hinaus. Doch liege ich schließlich oft in Betten, die so weich sind, dass ich heimlich eine Decke nehme, sie auf dem Boden ausrolle und dort schlafe und hoffe, dass meine Gastgeber das niemals herausbekommen.

Viele meiner Angehörigen und Freunde leben immer noch in Sri Lanka. Sie laufen auf schmutzigen Fußböden, auf denen Kuhdung verteilt ist, so wie ich es in meiner Kindheit tat. Ich denke an sie, während ich auf einem bequemen Platz der ersten Klasse in einem Flugzeug sitze, und Tränen steigen in meine Augen.

Obwohl ich versucht habe, meine Reisen in den letzten paar Jahren einzuschränken, kommen immer noch Einladungen, zu lehren und Meditations-Retreat zu halten, aus der ganzen Welt. Einige Orte – Kanada, Brasilien, Malaysia, Singapur, Australien, Skandinavien, Europa – besuche ich fast jedes Jahr. Die Visaseiten meines Reisepasses sind schon lange voll.

Im Jahr 1977 wurde ich Staatsbürger der Vereinigten Staaten, also ist Amerika jetzt mein Zuhause. Ich habe mein Ziel verwirklicht, das Dhamma in der Sprache, die in der Welt am meisten gesprochen wird, zu lehren.

Die Bhavana Society hat, wie jedes andere spirituelle Zentrum, ihre Schwierigkeiten: sporadische Spenden, zwischenmenschliche Konflikte, verlorene Seelen, die hereinschneien und fragen, ob sie bleiben können, und die sich dann mit dem Scheckbuch oder dem Auto der Gemeinschaft aus dem Staub machen.

Aber diejenigen, die im Vorstand sind, freuen sich über die Entwicklung. Im Jahr 1997 bauten wir eine wunderschöne Meditationshalle, hauptsächlich dank der etwa 150.000 US-Dollar, die von unseren thailändischen Unterstützern sowohl in den Vereinigten Staaten als auch in Thailand gesammelt wurden.

Die Meditationshalle hat eine herrliche, Kathedralen ähnliche Struktur mit gewölbten gelben Kiefernbalken, die wie die Rippen eines Wals aussehen. Eine massive, 300 kg schwere Buddhastatue sitzt auf einem hohen Altar unter einem bunten Glasfenster. Dieses Fenster hat das Bild eines Bodhiblatts und bietet somit eine wunderschöne Erinnerung an den Baum, der den Buddha beschützte, als er in der Nacht seiner Erleuchtung in Meditation saß. Ich hoffe, dass dies alle, die zur Praxis hierher kommen, inspiriert.

Die Meditationshalle bietet ebenso mehr weltlichen Komfort: Sogar in den bitterkalten Wintern von West Virginia werden die Meditierenden von Rohrleitungen unter dem Boden, die erhitztes Wasser mit sich führen, gewärmt.

In der Bhavana Society habe ich ein Dutzend Ordinationen sowohl für Mönche als auch für Novizen-Nonnen durchgeführt. Einige waren Asiaten, andere Westler. Manche blieben in der Robe, andere nicht.

20 Kutis übersäen jetzt den Wald auf unserem Grundstück, und wir haben mehrere neue Schlafsäle gebaut und renoviert, insgesamt neun Gebäude. Unsere Kapazität reicht für 60 Übernachtungsgäste.

Ich glaube, dass ich schließlich in dem Lebensstil, den ich mir für meine späten Jahre vorgestellt habe, sesshaft geworden bin. Ich muss nicht mehr undichte Rohre reparieren, in die Wände Isolierungsmaterial einblasen oder Rasen mähen. Ich muss nicht mehr Auto fahren oder ein Scheckbuch abgleichen. Es gibt Menschen hier, die das tun.

All die Autorenhonorare aus meinen Büchern und die Spenden, die mir Menschen bei Retreats geben, zahle ich auf das Bankkonto der Bhavana Society ein. An meinem Geburtstag und im Urlaub erhalte ich oft Schecks von Angehörigen und Freunden.

„Bhante, bitte nimm das für dich persönlich", sagen sie. „Zahle es nicht auf das Bhavana-Konto ein."

Ich lächele nur, danke ihnen und hinterlege den Scheck im Bhavana-Konto. So soll es sein. Ich bin ein Mönch; ich habe kein Vermögen. Ich werde so sterben, wie ich in diese Welt gekommen bin – ohne Besitztümer. Die einzige Sache, die jeder von uns wirklich besitzt, ist unser Karma.

Ich kann mir für mich kein anderes Leben als das eines Mönchs vorstellen, der Dhamma lehrt. Dafür wurde ich geboren, und ich fühle mich so dankbar für die Gelegenheiten, die mir gegeben wurden. Ich habe mich mit den Ärmsten der Armen und den Reichsten der Reichen, mit Berühmten und Unberührbaren, mit Heiligen und Bösewichten verbunden.

Von ihnen allen habe ich gelernt, dass nichts so wichtig ist, wie in allem, was uns umgibt, die vier Edlen Wahrheiten zu sehen. Gier, Hass und Verblendung beherrschen das Leben der Menschen. Wir müssen sehr hart arbeiten, um diese Verunreinigungen zu überwinden, wenn wir das Leiden auslöschen wollen.

Das Dhamma ist mein Schutzdach, mein Regenschirm im schlimmsten Sturm. Es ist ein Schutz, auf den wir uns immer verlassen können, wenn wir uns einfach daran erinnern.

Ich hoffe, Sie finden in Ihrem Leben auch diesen Schutz.

Bhante Henepola Gunaratana
High View, West Virginia
Frühjahr 2003

Über die Autoren

Bhante Henepola Gunaratana, in Sri Lanka geboren, ist Autor der Titel *Mindfulness in Plain English* (deutsch: *Die Praxis der Achtsamkeit. Eine Einführung in die Vipassana-Meditation*, Kristkeitz Verlag), *Eight Mindful Steps to Happiness: Walking the Buddha's Path* (deutsch: *Acht Schritte zum Glück. Mit Achtsamkeit auf dem Pfad des Buddha*, Kristkeitz Verlag) und *Beyond Mindfulness in Plain English. An Introductory Guide to Deeper States of Meditation* (deutsch: *Von der Achtsamkeit zur Sammlung. Eine Einführung in die tieferen Stadien der Meditation*, Kristkeitz Verlag), die bei Wisdom Publications erschienen sind. Seit fast 65 Jahren ist er buddhistischer Mönch und der ranghöchste Mönch der Siyam Nikaya-Schule des Theravada-Buddhismus in Nordamerika. Nachdem er 1968 in die U.S.A. gekommen war, erwarb er einen Doktorgrad in Philosophie an der American University in Washington, D.C. Er reist nach Europa, Asien, Australien und Südamerika, um Meditations-Retreats zu leiten. Im Jahr 1988 gründete er die Bhavana Society, ein Kloster und Retreat-Zentrum in West Virginia, wo er jetzt lebt.

Jeanne Malmgren, langjährige Buddhistin, ist seit 23 Jahren als Journalistin bei Magazinen und Zeitungen tätig. Ihre Veröffentlichungen gewannen Preise der *Florida Society of Newspapers Editors*, der *American Association of Sunday and Feature Editors* und der *Society of Professional Journalists*. Sie lebt mit ihrem Ehemann und drei Töchtern aus Kambodscha in Seminole, Florida.

Weitere Titel im Jhana Verlag

Ayya Khema

Ein Leben in Liebe und Weisheit

Begegnung mit einer Mystikerin

Hardcover, 144 Seiten,
mit zahlreichen Farbabbildungen
ISBN 978-3-931274-38-2

Ayya Khema

Meditation ohne Geheimnis

Eine Führung ins Innerste

Klappenbroschur, 208 Seiten
ISBN 978-3-931274-41-2

Ayya Khema

Ohne mich ist das Leben ganz einfach

Der Weg des Buddha zur vollkommenen Freiheit

Klappenbroschur, 264 Seiten
ISBN 978-3-931274-37-5

Weitere Titel im Jhana Verlag

Ayya Khema

Ich schenke euch mein Leben

Die Lebensgeschichte einer deutschen Buddhistin

Klappenbroschur, 240 Seiten,
mit zahlreichen Abbildungen
ISBN 978-3-931274-34-4

Ayya Khema

Die Kunst des Loslassens

Der Weg der meditativen Vertiefungen

Klappenbroschur, 208 Seiten
ISBN 978-3-931274-33-7

Achtsame Schritte der Liebe

Geleitete Meditationen von Ayya Khema auf CD

CD, kartoniert im Digi-Pack
ISBN 978-3-931274-42-9

Interessenten wenden sich bitte an:

BUDDHA-HAUS
Meditations- und Studienzentrum e.V.
Uttenbühl 5 · 87466 Oy-Mittelberg
Tel. 08376/502 · Fax 08376/592
info@buddha-haus.de
www.buddha-haus.de
www.buddha-haus-shop.de